ro
ro
ro

Frank Thompson ist Schriftsteller und Filmhistoriker. Er hat mehr als dreißig Bücher veröffentlicht und lebt zusammen mit seiner Frau Claire in North Hollywood.

Frank Thompson

King Arthur

Historischer Roman

Das Buch zum Film nach dem Drehbuch
von David Franzoni

Deutsch von Joachim Peters

Rowohlt Taschenbuch Verlag

Die Originalausgabe erschien 2004 unter dem Titel
«King Arthur» bei Hyperion, USA, Canada

2. Auflage August 2004

Deutsche Erstausgabe
Veröffentlicht im Rowohlt Taschenbuch Verlag,
Reinbek bei Hamburg, August 2004

Redaktion Karolina Fell

Umschlaggestaltung any.way, Cathrin Günther

Satz aus der Adobe Garamond PostScript InDesign bei
Pinkuin Satz und Datentechnik, Berlin
Druck und Bindung Clausen & Bosse, Leck
Printed in Germany
ISBN 3 499 23878 0

Für Claire
Meine ganz persönliche Guinevere

Vorwort

Die klassischen mittelalterlichen Erzählungen um König Arthur und seine Ritter der Tafelrunde regen seit Jahrhunderten die menschliche Phantasie an, denn es sind Geschichten von Ritterlichkeit und romantischer Liebe, von Heldentum und Verrat, von Kämpfern in schimmernden Rüstungen und den Damen ihres Herzens.

Um König Arthur ranken sich zahlreiche Legenden, die alle auf der folgenden Erzählung basieren:

Vor langer Zeit lebte ein mächtiger britischer König mit Namen Uther Pendragon. In dem Bewusstsein, dass sich Rivalen aus aller Herren Länder nach seinem Ableben Hoffnungen auf seinen Thron machen würden, gab Uther seinen erstgeborenen Sohn Arthur in die Obhut eines Zauberers namens Merlin. Vor seinem Tod bat Uther Merlin darum, mit einem Zauber zu erwirken, dass ihm kein anderer als Arthur auf dem Königsthron folgen würde.

Merlin nahm Uthers gewaltiges Schwert, rammte es in einen bleiernen Amboss, der auf einem großen Felsbrocken stand, und belegte es mit einem mächtigen Zauber. Auf einer Platte seitlich am Stein war zu lesen:

Wer ziehet dieses Schwert
aus diesem Stein und Amboss,
soll rechtmäßiger König von England sein.

Die Jahre vergingen, und Arthur wuchs unter Merlins Obhut heran. Schließlich verstarb König Uther in hohem

Alter. Als sich die Nachricht von seinem Ableben verbreitete, eilten seine Konkurrenten und diejenigen, die sich als seine Nachfolger sahen, sofort zu dem Felsen und versuchten sich einer nach dem anderen mit aller Kraft an dem gewaltigen Schwert. Keiner von ihnen aber vermochte es herauszuziehen, und niemandem gelang es auch nur, die Klinge das kleinste Stückchen zu bewegen.

Der junge Arthur wusste nicht das Geringste von dem Zauber oder seiner königlichen Abstammung. Als er eines Tages zufällig an dem Felsbrocken vorbeiritt, erblickte er verwundert das riesige Schwert in dem bleiernen Amboss. Das Schwert gefiel ihm, und da es niemandem zu gehören schien, zog er es kurzerhand aus dem Amboss und ritt seines Weges. Als sich der Bericht von diesem Geschehnis ausgebreitet hatte, wurde ein sehr verblüffter Junge zum König von England erklärt.

Kurze Zeit später überreichte die geisterhafte Dame vom See Arthur ein weiteres, noch furchterregenderes Schwert: Excalibur. Merlin erklärte ihm, die Scheide, in der Excalibur stecke, sei noch mächtiger als das Schwert selbst. Solange beide zusammen blieben, würde Arthur nie auch nur einen Tropfen Blut verlieren, so schwer er auch verwundet sein mochte.

Bald verliebte sich Arthur in die schöne Prinzessin Guinevere, die Tochter eines benachbarten Königs, und heiratete sie. Sein Schwiegervater schenkte ihm zur Hochzeit einen großen runden Tisch. Arthur beschloss, jeden der dazugehörigen Stühle für einen der bedeutendsten Ritter der Welt zu reservieren, und machte sich auf die Suche nach achtundzwanzig solchen Männern, zu denen auch Sir Gawain, Sir Galahad und Sir Lancelot gehörten.

Arthur und seine Ritter der Tafelrunde schlugen viele

Schlachten und errangen zahlreiche Siege. Ihr höchstes Ziel jedoch war, den Heiligen Gral zu finden – jenes Trinkgefäß, das Jesus und seine Jünger beim heiligen Abendmahl benutzt hatten und in dem später, als Christus am Kreuz hing, dessen Blut aufgefangen wurde.

Während der langen, vergeblichen Suche verlor Arthur viele seiner tapferen Gefährten. Zu seinem größten Kummer aber verlor er auch seine Frau Guinevere an seinen besten Ritter, Sir Lancelot.

Als Arthur schließlich seinen Tod nahen fühlte, schleuderte er Excalibur in das geheimnisvolle Gewässer zurück, in dem die Dame vom See hauste. Sie fing die Waffe auf und winkte dreimal mit ihr, bevor sie mit dem Schwert in der Tiefe verschwand.

Dies ist die Geschichte von König Arthur. Doch so beliebt sie auch sein mag – es ist nur eine Legende.

Die wahre Geschichte des Königs Arthur spielte sich an einem ganz anderen Ort und zu einer ganz anderen Zeit ab. Dennoch war sein Leben nicht weniger abenteuerlich und phantastisch als in den alten Mythen. In den vergangenen Jahrhunderten wurde mehrfach in Frage gestellt, dass es überhaupt je einen König Arthur gab. Doch mittlerweile glauben zahlreiche Historiker, dass Arthur tatsächlich gelebt hat, auch wenn der romantische Mythos um seine Person auf die Geschichte eines Helden zurückgeht, die sich rund tausend Jahre zuvor ereignete – in jener Zeit also, die oft als das «finstere Mittelalter» bezeichnet wird. Jüngere archäologische Entdeckungen in Großbritannien und neue Erkenntnisse von Historikern zeigen seine wahre Identität in einem anderen Licht: Arthur war offenbar tatsächlich der Sohn von Uther Pendragon, eines sarmatischen Ritters, sowie einer britischen Frau namens Igraine von Cornwall.

Im Jahr 183 nach Christus erstreckte sich das Römische Reich von Arabien bis nach Britannien. Von all den Völkern aber, die Rom unterworfen hatte, war keines so bedeutend wie das der einst so mächtigen sarmatischen Reiter. Im Tausch gegen ihr Leben und das ihrer Familien wurden die sarmatischen Krieger in das römische Heer integriert.

Viele von ihnen glaubten allerdings, dass es besser gewesen wäre, zu sterben. Der zweite Teil ihrer Abmachung mit Rom nämlich betraf nicht nur sie selbst, sondern auch all ihre männlichen Nachfahren, die für alle Zeiten verpflichtet waren, dem Römischen Reich fünfzehn Jahre lang als berittene Söldner in Britannien zu dienen.

Zweihundert Jahre lang hielt sich dieser brutale Brauch, und jede Generation schickte Söhne aus ihrer sarmatischen Heimat nach Britannien, um dort im Dienst des Reiches zu kämpfen.

Jeder dieser sarmatischen Reiter war einem römischen Befehlshaber in Britannien unterstellt, und jeder dieser Befehlshaber wurde nach dem ersten benannt: Artorius oder Arthur.

König Arthur

Lancelot

Die lang gezogenen Felder und Hügel schienen kein Ende zu nehmen. So weit das Auge reichte, erstreckte sich die Ebene vom Fuß der schneebedeckten Höhen des Kaukasus bis hin zum Schwarzen Meer, an dessen Ufer sich eine Siedlung sarmatischer Krieger schmiegte.

Der Ort lag ausgesprochen idyllisch, und die nomadisierenden Sarmaten hatten davon geträumt, in dem fruchtbaren Tal ihr Glück zu finden. Nach ihrer Niederlage gegen das römische Heer waren die einst so stolzen Krieger allerdings kaum mehr als Gefangene und Sklaven: Jeder von ihnen musste dem Reich anderthalb Jahrzehnte lang zu Diensten sein – sofern er überhaupt so lange am Leben blieb.

Die wenigen Bewohner des kleinen sarmatischen Dorfes hofften, aufgrund der Abgeschiedenheit ihrer Siedlung der Aufmerksamkeit des römischen Heeres zu entgehen. Eine ganze Generation von Knaben war bei der Feldarbeit groß geworden, und Blut hatten sie allenfalls auf der Jagd vergossen. Die älteren Männer jedoch, die ihre Dienstzeit als sarmatische Reiter abgeleistet hatten, wussten sehr wohl, dass es nur eine Frage der Zeit war, bis eine Abteilung römischer Legionäre in ihr Tal reiten und alle Jungen über zehn Jahre in ein Leben voller Grausamkeit und Entbehrungen entführen würde – in eine Zukunft, die sehr wahrscheinlich mit einem plötzlichen, gewaltsamen Tod in der Schlacht oder allmählichem Dahinsiechen infolge von Krankheit oder Strapazen des Militärdienstes enden würde.

Als die Legionäre dann eines Tages am Horizont auftauchten, rief Landsdowne, ein hinkender kleiner Mann mit zwei Söhnen, die anderen Sarmaten in der Mitte des Dorfes zusammen.

«Hierher!», brüllte er. «Sie kommen! Wir wissen, warum.»

Riskin – einst ein unfehlbarer Bogenschütze, der nun seinen Garten und seine Schweine versorgte – nickte mit entschlossener Miene. «Sollen sie nur kommen. Wir werden dafür sorgen, dass sie nie wieder gehen», rief er. «Sarmaten, an die Waffen!»

«Das ist doch Wahnsinn», tönte es aus der Gruppe der Umstehenden. «Es sind viel zu viele. Wenn wir uns wehren, werden wir alle sterben.»

«Und wenn schon!», schrie Landsdowne. «Wir sind schließlich Sarmaten! Ein ehrenvoller Tod im Kampf ist immer noch besser, als sich feige zu ergeben!»

«Genau!», brüllte Riskin. «Sie werden uns die Söhne nehmen und unsere Töchter schänden. Oft brennen sie auch ganze Dörfer nieder. Wir werden in jedem Fall alles verlieren, also können wir ebenso gut bis zum letzten Blutstropfen kämpfen!»

«Nein, das können wir nicht», widersprach jemand mit ruhiger Stimme. Alle Augen wandten sich Henzil zu, einem stämmigen alten Mann von vierzig Jahren mit feuerrotem Haar und wild wucherndem Bart, der ihm bis auf die Brust fiel. «Warum sollten wir fürchten, dass unsere Söhne in römischer Gefangenschaft sterben könnten?», fragte er. «Wenn wir gegen die Römer kämpfen, werden unsere Söhne mit Sicherheit von ihnen getötet. Und unseren Frauen und Töchtern wird es nicht anders ergehen … wir werden alle sterben.» Er sah sich in der Runde um. «Jeder von uns Männern wurde Krieger, als er nicht älter war als unsere Jungen jetzt.»

«Aber kein römischer Krieger!», rief Riskin.

Henzil schüttelte den Kopf. «Das ist wahr.» Er legte den Arm um seinen zwölfjährigen Sohn Lancelot. «Doch auch unsere Söhne werden keine Römer sein. Sie kämpfen nur im Heer des Römischen Reiches, und die Feinde des Reiches werden auch ihre Feinde sein. Aber sie werden bis zu ihrem Tod immer Sarmaten bleiben.»

Lancelot blickte mit ernster Miene zu Henzil auf. «Lass mich gehen, Vater», bat er. «Meine Zeit ist gekommen.» Dann trat noch ein weiterer, noch nicht einmal elf Jahre alter Junge vor. «Meine auch», erklärte er, und all die anderen Jungen aus der Menge scharten sich unter großem Jubel um Lancelot.

Ihre Väter waren wie vor den Kopf gestoßen, und viele Mütter ließen laut klagend ihrem Kummer und ihrer Angst freien Lauf. Die Knaben aber in ihrer jugendlichen Unbeschwertheit grinsten einander an, erregt von der Aussicht auf bevorstehende Abenteuer. Schließlich wartete Großes auf sie: Schlachten, Siege, Triumphzüge – all der Lohn, mit dem ein siegreicher Krieger rechnen durfte.

Henzil umfasste seinen Sohn fester und erklärte: «Unsere Söhne werden zu Helden, und wir werden stolz auf sie sein.» Er blickte Lancelot ins Gesicht und fügte hinzu: «Mögen die Götter mit euch sein auf all euren Wegen.» Henzil löste ein Amulett von seinem Hals und hängte es Lancelot behutsam um. Der Talisman hing dem Jungen tief auf die Brust herab. Er nahm ihn in die Hand und musterte den Anhänger. Auf dem Amulett war ein karmesinroter

Drachen abgebildet. «Das hat mir durch viele Schlachten geholfen», erklärte Henzil ruhig, «und ich schwöre, dass es auch dich beschützen wird.»

Nervös und kampfbereit ritten die römischen Legionäre ins Dorf. Umso überraschter registrierten sie, dass sie auf keinerlei Widerstand trafen, auch wenn ihnen das nicht ganz geheuer schien. Entschlossen trieben sie die Knaben zusammen, ohne dass es zu besonderen Vorfällen kam; die meisten Jungen hatten ihre Sachen schon gepackt und waren zur Abreise bereit.

Die Leichtigkeit, mit der sie ihren Auftrag erfüllen konnten, verblüffte die Römer so sehr, dass sie vergaßen, Hütten niederzubrennen oder Frauen zu schänden.

Innerhalb weniger Stunden verließen zwanzig Knaben das Dorf. Zehn von ihnen ritten auf eigenen Pferden, während sich die übrigen auf Karren zusammendrängen mussten. Flankiert wurden sie von berittenen römischen Legionären unter dem Kommando eines strengen römischen Offiziers. Die Jungen waren alle zwischen zehn und dreizehn Jahren alt. Ihre Eltern und Verwandten sahen zu, wie sie von dannen zogen. Einige wirkten gefasst, andere weinten hemmungslos. Wieder andere, wie Landsdowne, ergaben sich ihrem Zorn und wünschten, sie könnten die Römer mit Gewalt daran hindern, ihre Söhne zu verschleppen.

Sie alle hofften das Beste, doch tief in ihren Herzen wussten sie, dass es ein Abschied für immer war. Auch die Jungen, so aufgeregt sie zuvor gewesen sein mochten, warfen nun einen letzten traurigen Blick auf ihr Zuhause und ihre Eltern.

Nur einer der reitenden Knaben schaute nicht zurück. Lancelot hielt den Blick fest nach vorn auf den endlosen

Horizont gerichtet, und seine ernste Miene verriet nicht, wie es in ihm aussah.

Henzil, an Gesicht und Körper von den Narben zahlreicher Schlachten gezeichnet, verfolgte stolz und aufrecht die Abreise seines Sohnes. Der sehnige, kräftige Hund an seiner Seite winselte leise, während die Umrisse seines jungen Herrn in der Ferne immer kleiner wurden. Urplötzlich hielt sich Henzil die Hände an den Mund und stieß ein ohrenbetäubendes Kriegsgeschrei aus. Im ganzen Dorf taten es ihm die anderen Männer gleich, und so war die Luft bald von einem Furcht erregenden Geheul erfüllt, das sich wie Donnergrollen über die Ebene ausbreitete.

Als das Geschrei die Luft von allen Seiten erfüllte, riss sich Lancelots Hund los. Er holte zu Lancelots Pferd auf, lief schwanzwedelnd neben ihm her und schaute fragend zu seinem jungen Herrn auf. Lancelot aber ließ sich nicht dazu hinreißen, zu seinem geliebten Gefährten hinabzublicken, auch wenn er seine Anwesenheit spürte. Zum ersten Mal an jenem Tag rann ihm eine Träne über die Wange. Verärgert trieb Lancelot sein Pferd an, bis es in den Galopp wechselte. Auch der Hund begann zu rennen und versuchte verzweifelt, mit dem Hengst mitzuhalten. Doch schließlich blieb er immer weiter hinter ihm zurück. Der Hund setzte sich auf den Boden und winselte, während sein Herr fest entschlossen davonritt.

Guinevere

Ein Lichtstrahl durchschnitt die Finsternis. Heller als die Flamme einer Kerze schoss er wie ein Feuerpfeil direkt auf

Guineveres überforderte Augen zu. Wie lange hatte sie nun schon kein Sonnenlicht mehr gesehen? Normalerweise kam Fulcinia im Laufe der Nacht, damit ihre heimlichen Besuche unbemerkt blieben und niemand dem Römer Marius verraten konnte, dass sie sich seinen Befehlen widersetzte.

Schmerzhaft bohrte sich der grelle Lichtstrahl in Guineveres Augen, bevor er ebenso schlagartig verschwand, wie er gekommen war. Er wurde durch das sanfte Flackern einer Kerze ersetzt, die durch den Gang auf sie zuzuschweben schien. Fulcinia kniete sich an den Gitterstäben vor Guineveres bleichem, verängstigtem Gesicht nieder. Sie stellte die Kerze auf dem Boden neben sich ab und nahm ein Tuch von dem kleinen Korb in ihrer linken Hand. Dann schob sie ein großes Stück Brot durch das Gitter. Während Guinevere es gierig in sich hineinschlang, reichte ihr Fulcinia noch weitere Nahrungsmittel, darunter eine kleine Lammhaxe.

«Iss nicht alles auf einmal, mein Kind», flüsterte Fulcinia. «Ich weiß noch nicht, wann ich wiederkommen kann.» Sie verzog angewidert die Nase und sah sich in der Dunkelheit um. Aus dem Gang drang ein leises Stöhnen zu ihnen. Irgendwo weinte eine Frau, und ein Kind schrie vor Hunger oder Angst oder Schmerz – oder wegen allem zusammen.

«Dieser Gestank!», sagte Fulcinia. «Du armes Mädchen, wie hältst du das nur aus!»

Guinevere starrte sie mit beinahe ausdruckslosen Augen an. «Ich halte alles aus», erklärte sie heiser, «bis zu dem Tag, an dem ich hier herauskomme – und ihn töte!»

Fulcinia sah sich erschrocken um; sie fürchtete, jemand könnte sie gehört haben. «Sag so etwas nicht», mahnte sie, «nicht einmal zu mir, und nicht einmal heimlich.»

Guinevere aß ein paar Augenblicke schweigend weiter. «Wo ist er gerade?», fragte sie schließlich.

Fulcinia schien nicht zu verstehen.

«Marius meine ich», erklärte Guinevere, «deinen Mann. Er muss aus dem Haus sein, sonst wärst du doch nicht tagsüber gekommen.»

«Er ist im Dorf», bestätigte Fulcinia. «Ein paar Bauern sind mit ihren Tributzahlungen im Rückstand. Ich fürchte, er wird sie gnadenlos bestrafen.»

Guinevere lächelte bitter. «Dann bekomme ich wohl bald ein paar neue Freunde. Wie schön es doch immer ist, neue Bekanntschaften zu schließen.»

Fulcinia stiegen die Tränen in die Augen. «Ich habe ihn so sehr angefleht, dich freizulassen!»

Guinevere aß noch einen Bissen und legte den Rest für später – oder für den nächsten Tag – zur Seite. «Er wird mich niemals freilassen», sagte sie. «Nicht nach dem, was ich getan habe.» Sie blickte Fulcinia direkt in die Augen. «Ich werde allmählich vergesslich – worin besteht noch einmal mein Verbrechen?»

Fulcinia konnte keine Antwort geben und sah das Mädchen nur verzweifelt an. Aber Guinevere wusste genau, worin ihr Verbrechen bestand. Nachdem die Söldner des römischen Großgrundbesitzers Marius Guinevere zusammen mit anderen Bewohnern ihres Dorfes in ihre Gewalt gebracht hatten, ließen sie sie auf dem Landgut arbeiten. Guinevere hatte mehr Glück als andere gehabt, denn sie war im Haushalt eingeteilt worden. Sie musste Kleider waschen und Geschirr spülen, Feuer machen und Essen zubereiten. Dieser Dienst war nicht leicht und forderte sie von früh bis spät, aber wirkliche Knochenarbeit war es nicht.

Dann bemerkte Marius die junge Frau bei ihrer Arbeit, und auf den ersten Blick erkannte er ihr Potenzial für eine ganz andere Art von Arbeit, die ihm viel leichter und zudem auch noch viel angenehmer erschien. Mit der Selbstverständlichkeit eines Herrn, dem nie jemand etwas abschlug, trat er von hinten auf Guinevere zu, legte die Arme um sie und umfasste die weichen Rundungen ihrer Brüste mit den Händen. «Ich wusste doch gleich», flüsterte er, «dass du hier glatt verschwendet bist. Dein Leben wird schon bald um sehr vieles besser werden.»

Guinevere entwand sich seinen Händen und funkelte ihn wütend an. «Mein Leben wird niemals besser, solange ich nicht frei bin und mit meinen Leuten in mein Dorf zurückdarf.»

Marius lächelte selbstzufrieden. «Mir gefallen leidenschaftliche Frauen. Und jetzt geh dich waschen, und dann kommst du in meine Gemächer.»

Guinevere aber stand nur reglos und schweigend da.

Marius runzelte die Stirn. «Wenn ich meinen Sklaven etwas befehle, erwarte ich sofortigen Gehorsam!», knurrte er.

«Verdammt seist du», erwiderte Guinevere ruhig.

Marius schlug ihr so kräftig ins Gesicht, dass sie nach hinten taumelte und sich an einem Tisch festhalten musste. Doch dann sprang sie mit einem Mal auf ihn zu und fuhr ihm mit den Fingernägeln durchs Gesicht, sodass sich vier blutige Streifen von seiner Wange bis zum Kinn zogen.

Marius versetzte ihr einen Faustschlag nach dem anderen. Als sie zu Boden sank, waren ihre Augen bereits von seinen Schlägen gezeichnet, und Blut quoll von ihren Lippen und aus ihrer Nase. Durch das Dröhnen in ihrem Schädel hörte sie, wie Marius die Wachen rief. Dann spürte sie, wie sie aus dem Haus gezerrt und zu dem gefürchteten steinernen

Gebäude jenseits des Hofes geführt wurde. Wie betäubt sah sie den Galgen vor dem Tor des Kerkers, und sie fragte sich, ob man sie wohl hängen oder einfach nur in einem dunklen Verlies verrotten lassen würde.

Seither hatte sie sich mehr als einmal gewünscht, sie hätten sie gleich zum Galgen geführt. Die Finsternis, die Entbehrungen, der Ekel erregende Gestank und das nicht enden wollende Stöhnen und Schreien, das von allen Seiten auf sie eindrang, machten den Kerker zur Hölle auf Erden.

Guinevere hätte wohl schon längst alle Hoffnung aufgegeben, wäre da nicht Marius' Frau Fulcinia gewesen, die sie besuchte, so oft sie nur konnte. Sie brachte ihr Nahrung und frisches Wasser, machte ihr Mut, redete mit ihr und hörte ihr zu. Auch wenn Fulcinia es nicht zugeben wollte, wusste Guinevere, dass auch sie unter der Gewalttätigkeit ihres Mannes litt. Vielleicht lag darin auch der Grund dafür, dass die vorzeitig gealterte Frau so viel Mitleid mit dem unglücklichen Mädchen empfand.

«Ich muss jetzt gehen», erklärte Fulcinia. «Ich habe die Wache bestochen, aber diesen Söldnern ist nicht zu trauen. Wenn Marius erfährt, dass ich dich besuche, teile ich bald deine Zelle.»

Guinevere schob ihre schmutzige Hand durch die Gitterstäbe und strich Fulcinia über das noch immer tränenüberströmte Gesicht. «Danke», sagte Guinevere. «Danke für alles.»

Fulcinia nahm ihre Kerze und stand auf. «Ich komme wieder, sobald ich kann.» Dann wandte sie sich zum Gehen.

«Fulcinia», sagte Guinevere. Die Frau blieb stehen und drehte sich um.

«Bitte», fuhr Guinevere fort, «bring mich hier raus ...»

Fulcinia unterdrückte ein Schluchzen und hastete durch den Gang. Als sie die Tür öffnete, fiel abermals jener blendende Strahl kostbaren Sonnenlichts in Guineveres Augen und in ihr Herz, bevor sich die Finsternis wieder um sie schloss.

Arthur

Arthur hatte das Zeug zu einem großen Soldaten.

Mit gebieterischem Blick stolzierte der zehnjährige Junge durch die Straße. Ab und zu blieb er stehen, um vorbeilaufenden Hunden oder einem der unzähligen imaginären Legionäre, die ihm ergeben durch all seine Abenteuer folgten, knappe Befehle zu erteilen. Hin und wieder zog er sein hölzernes Schwert aus dem Gürtel und schlug sich ungestüm mit den schurkischen Kriegern herum, die aus dem finsteren Wald über ihn herfielen. Und manchmal, wenn diese Krieger sich nicht als ebenbürtige Gegner erwiesen, nahm er es eben mit Bären oder Drachen auf. Jede dieser gewaltsamen Auseinandersetzungen endete mit einem überwältigenden Sieg für «Arthur den Großen», und dann gönnte er sich häufig einen ausgiebigen Triumphzug, bei dem er würdevoll durch die Straßen paradierte und gnädig den Jubel der Massen entgegennahm, die ihm Blütenblätter vor die Füße streuten. Ganz der bescheidene römische Sieger, versäumte er es auch nicht, sich vor seinen imaginären Bewunderern zu verneigen.

Seine Mutter Igraine hieß solche Spiele nicht gut. Sie seien schließlich keine Römer, betonte sie beharrlich, sondern Sarmaten. «Dein Vater hat zwar den Römern gedient», erklärte sie häufig, «aber nie so getan, als wäre er selbst Römer. Die Sarmaten waren großartiger als alles, was der Machtbereich des Papstes je hervorgebracht hat!» In solchen Augenblicken konnte Arthur seiner Mutter nicht ganz folgen, aber er wurde nie müde, ihren Erzählungen über die Heldentaten seines Vaters Uther Pendragon zu lauschen, des größten aller sarmatischen Kämpfer. Sie berichtete von seinen unglaublichen Siegen, seinen phantastischen Abenteuern und von dem beinahe übernatürlichen Geschick, mit dem er sein riesiges Schwert Excalibur schwang, das er sein ganzes Leben über mit sich führte und das er noch im Augenblick seines Todes in Händen hielt, während von seiner gewaltigen Klinge das Blut herablief.

Auch Geschichten über die Sarmaten selbst erzählte sie ihm. Seit Jahrhunderten lebten sie nun schon in Britannien, doch Briten waren sie nicht. Sie gingen auf einen großen Stamm nomadischer Krieger vom Schwarzen Meer zurück, die jahrhundertelang durch die Welt gezogen waren und alle besiegt hatten, die es wagten, sich ihnen in den Weg zu stellen. Sie kämpften hoch zu Ross und schwangen dabei ihre riesigen, kunstvoll verzierten Schwerter. Manchmal schien es Arthur, als verehrten sie ihre Schwerter wie andere ihre Götter. Starb ein sarmatischer Reiter, schmückte man sein Grab nicht mit einem christlichen Kreuz oder einem Grabstein. Man stieß stattdessen das Schwert des Kriegers mit seinen einzigartigen Verzierungen genau am Kopfende des Grabhügels in den Boden. Dort blieb es für alle Zeiten, um die Nachwelt an die Tapferkeit und Ehrbarkeit jenes Mannes zu erinnern, der es einst getragen hatte.

Doch niemals erzählte Igraine ihrem Sohn von der vernichtenden, demütigenden Niederlage der Sarmaten gegen das römische Heer oder gar davon, wie die überlebenden Reiter Rom die Treue hatten schwören müssen, und niemals erwähnte sie, wie sehr Arthurs Vater unter jener bitteren Niederlage gelitten und den Römern gedient hatte, wie ein Gefangener seinen Wärtern dient.

Und schon gar nicht vertraute seine Mutter Arthur die noch beschämendere Geschichte davon an, wie sie und Uther sich kennen gelernt und ineinander verliebt hatten – sie eine verheiratete Britin mit drei Töchtern, er ein stolzer Krieger, der Igraines Gatten auf dem Schlachtfeld gegenübergestanden hatte. Ihre Liebe hatte zerstörerische Folgen. Sie verließ ihre Familie, ihr Dorf und alles, was ihr einst lieb und teuer gewesen war, um mit Uther Pendragon durch Britannien zu ziehen. Obgleich sie den Schmerz, den sie ihrem Mann und ihren Töchtern zugefügt hatte, zutiefst bedauerte, konnte Igraine sich ein Leben ohne Uther nicht mehr vorstellen. Doch erst als ihr wunderbarer Sohn Arthur geboren wurde, hatte sie das Gefühl, dass die Opfer, die sie gebracht hatte, nicht umsonst gewesen waren und sie vielleicht doch noch Glück und inneren Frieden finden könnte.

Diese Hoffnung löste sich jedoch an jenem Tag in Luft auf, an dem Uther auf dem Schlachtfeld sein Leben ließ. Sein Körper war von einem Dutzend Pfeile durchbohrt worden, und sein Kopf fiel unter der Streitaxt eines jener geheimnisvollen, mit Tätowierungen geschmückten Krieger, die sich Pikten nannten.

An jenem Tag starb etwas in Igraine. Sie blieb Arthur zwar eine liebevolle Mutter, doch als Frau war sie kaum mehr als eine leere Hülle. Wo früher Leidenschaft und Liebe gewesen waren, regierten nun Trauer und Schmerz.

Arthur mochte all das gespürt haben, doch in seiner

selbstvergessenen, kindlichen Art achtete er kaum darauf und phantasierte stattdessen lieber von Schlachten, farbenprächtigen Bannern, jubelnden Soldaten und haushohen Siegen. Die meisten der römischen Legionäre, die sein Dorf bewachten, waren zwar keine kampferprobten Veteranen, doch einige hatten schon an Schlachten teilgenommen, während die anderen den wissbegierigen Jungen einfach mit erfundenen Geschichten zufrieden stellten. Besonders gern war er mit einem Legionär namens Ramus zusammen, den Arthur auf das fast schon biblische Alter von dreißig Jahren schätzte. Ramus war damit älter als die meisten seiner Kameraden und erwies sich für Arthur als nie versiegender Quell wunderbarer Kriegsgeschichten. Arthur machte sich keine Gedanken darüber, dass Ramus, hätte er auch nur einen Bruchteil jener Heldentaten vollbracht, deren er sich rühmte, wohl im ganzen Reich durch sein Abbild auf Münzen und mit Statuen geehrt worden wäre, statt in einem unbedeutenden Provinznest stationiert zu sein.

Eines Abends, als die Sonne schon tief am Himmel stand, trat Arthur zu Ramus, der gerade an einem Palisadenzaun vor dem Wald Wachdienst hatte. Ramus salutierte vor dem Jungen, und dieser erwiderte seinen Gruß mit der Ernsthaftigkeit eines Gleichen unter Gleichen.

«Kommst du mich ablösen, Soldat?», fragte Ramus.

Arthur konnte sich ein Lächeln nicht verkneifen. «Nein, Ramus», sagte er, «du musst schon auf deinem Posten bleiben. Aber du brauchst Verstärkung für den Fall, dass du angegriffen wirst.» Arthur streckte sich auf seine volle Größe. «Und diese Verstärkung ist soeben eingetroffen.»

Ramus unterdrückte ein Schmunzeln und nickte ernst. «Ich gebe zu, dass ich ein wenig nervös bin», erklärte er.

«Aber jetzt, wo du da bist, wird alles gut gehen.» Trotz seines belustigten Tonfalls war Ramus alles andere als fröhlich. Die Bäume des Waldes hatten sich im Verlauf des Tages schon mehrfach auf ausgesprochen merkwürdige Weise bewegt. Der Legionär hatte dieses seltsame Phänomen ein paar Stunden lang aufmerksam beobachtet. Die Bäume schwankten kurz, bevor wieder Ruhe einkehrte; dann schwankten sie erneut, und wieder standen sie still. Ramus beschlich das untrügliche Gefühl, dass der Wind dafür nicht verantwortlich sein konnte, und fragte sich nach der wahren Ursache.

Arthur stellte sich neben seinen Freund und nahm den Wald gleichfalls in Augenschein. Doch der Junge war zu sehr in seine kindlichen Spiele vertieft, als dass er etwas Außergewöhnliches entdeckt hätte, zumal etwas so Unauffälliges und Natürliches wie das Schwanken von Bäumen.

«Ramus», sagte er nach einer kurzen Pause, «du könntest vielleicht –»

Plötzlich drang von der anderen Seite des Dorfes ein Schreckensruf herüber. «Pikten!»

Im selben Moment kamen aus allen Richtungen unheimliche, hohe Schreie aus dem Wald. Erschrocken schaute Arthur zu Ramus hinauf und folgte dann seinem Blick auf die Bäume. Wie aus dem Nichts tauchten dort seltsame Männer auf, deren Haut in der Farbe von Rinde, Blättern und Erde bemalt war, und rannten unter Furcht erregendem Geschrei auf das Dorf zu.

Ramus hob seinen Bogen und legte hastig einen Pfeil ein. «Lauf nach Hause, Arthur!», schrie er und schoss den Pfeil ab. Ein Krieger der Pikten fiel rücklings zu Boden. Seine Beine zuckten krampfhaft, und in seinem Hals steckte ein Pfeil. Wie angewurzelt starrte Arthur auf den schrecklichen

Anblick. «Los jetzt!», rief Ramus und gab ihm einen Stoß. «Pass auf deine Mutter auf!»

Die Pikten waren bereits im Dorf, als Arthur zwischen den kleinen Holzhütten mit ihren strohgedeckten Dächern hindurchrannte. Die Legionäre versuchten sie mit Schwertern und Lanzen aufzuhalten, doch die Pikten überwältigten sie einen nach dem anderen.

Arthur rannte auf ihre Hütte zu, wo seine Mutter schon in der Tür auf ihn wartete. Aus ihren Augen sprach reine Verzweiflung. «Arthur!», rief sie bei seinem Anblick erleichtert. «Den Göttern sei Dank!»

Er warf sich in ihre Arme, schluchzend vor Entsetzen, und sie zog ihn schnell hinein. Mitten im Raum ließen sie sich auf den Boden fallen. «Unten bleiben», mahnte Igraine. «Durchs Fenster könnte ein Pfeil kommen.»

Stundenlang lag Arthur in den Armen seiner Mutter, während um ihr kleines Zuhause die Kämpfe tobten. Die Geräusche des Krieges ließen die dünnen Wände der Hütte erzittern, und beißender Rauch drang durch die Ritzen. Doch Arthur nahm noch etwas anderes wahr – einen Geruch, der ihn an einen schrecklichen Tag erinnerte, an dem ein paar Männer aus dem Dorf vier Schweine für ein Fest geschlachtet hatten. Arthur wollte zum Fenster, um zu sehen, was draußen vor sich ging, doch seine Mutter hielt ihn fest, wimmernd vor Angst.

Plötzlich sah Arthur eine Fackel an der Fensteröffnung. Erschrocken sprang er auf, doch dann erkannte er Ramus. «Alles in Ordnung, Arthur?», rief Ramus. Entsetzt musterte Arthur seinen Freund. Aus einer klaffenden Schnittwunde, die sich quer über die Stirn zog, rann ihm das Blut in die Augen, sodass er es immer wieder wegwischen musste. «Rette uns, Ramus!», flehte Igraine.

Unvermittelt hörte Ramus ein Geräusch hinter sich und drehte sich um. Im selben Moment stieß ihm ein Pikte sein Schwert in die Brust. «Ramus!», schrie Arthur. Der Legionär schwankte, während der Pikte weiterrannte. Ramus griff nach der Wunde in seiner Brust, bevor er mit einem Mal zusammensackte wie eine Fahne bei plötzlich eintretender Windstille. Die Fackel fiel ihm aus der Hand und durchs Fenster in das Haus. Sofort fing die nur aus Holz und Stroh bestehende Hütte Feuer.

Verzweifelt schob Igraine Arthur zur Tür hinaus, während lodernde Balken zu Boden stürzten. Doch bevor sie sich selbst ins Freie retten konnte, krachte einer der Balken in die Türöffnung und versperrte ihr den Weg.

Als Arthur sich umdrehte, sah er seine Mutter hinter einer Flammenwand. Er rannte zur Tür, doch das Feuer trieb ihn zurück. Während seine Mutter ihre Todesangst herausschrie, suchte Arthur verzweifelt nach etwas, mit dem er den Weg frei machen konnte.

Mit einem Mal hatte er eine Idee. Er jagte vom Haus weg, hastete durch den Wald und hinunter zum Friedhof der Reiter. Finster und unheimlich war diese Ruhestätte, wo Arthur zwischen den Schwertern entlanghetzte, die in jedem einzelnen Reitergrab steckten. Einige der Klingen waren sehr alt und vom Rost beinahe gänzlich zerfressen; andere dagegen waren erst vor so kurzer Zeit in die Erde gerammt worden, dass sie ihren Glanz noch vollständig bewahrten.

Arthur fand das Grab, das er gesucht hatte, und ergriff das Heft eines besonders prächtigen Schwertes, dessen Einzelheiten in der Dunkelheit nicht zu erkennen waren. Dieses Schwert war Excalibur, die Waffe seines Vaters. Arthur riss mit aller Kraft daran, doch es bewegte sich nicht.

Da rief Arthur: «Vater! Bitte! Lass dein Schwert los!»

Danach zog er mit einem mächtigen Ruck das Schwert heraus und fiel rücklings zu Boden. Der Aufprall raubte ihm fast den Atem, doch Arthur sprang sofort wieder auf und hastete mit Excalibur auf der Schulter den Hang hinauf, zurück zum Schauplatz der Kämpfe und zu seinem brennenden Zuhause.

Falls einer der wilden Pikten ihn aufzuhalten versuchte, wollte Arthur Excalibur in derselben Weise schwingen, wie sein Vater es getan hätte – auch wenn das für den kleinen Jungen schon rein körperlich unmöglich war. Doch in diesem Moment stießen die Pikten einen Schlachtruf aus und verschwanden im Wald.

Als Arthur sich dem brennenden Haus näherte, hatte er die Pikten vergessen. Seine Gedanken galten nur noch seiner Mutter. Die Feuersbrunst aber entwickelte eine Hitze wie in einem Brennofen. Von drinnen kamen keine Schreie mehr, und nur das Toben des Feuers war zu hören. Er sah Ramus' Beine, die aus einem Haufen brennender Trümmer ragten, wo die Wand über ihm zusammengestürzt war.

«Mutter!», schrie Arthur mit tränenerstickter Stimme. «MUTTER …!»

Schließlich zwang ihn die ungeheure Hitze der tosenden Flammen zum Rückzug. Er schleppte Excalibur hinter sich her, noch immer «Mutter …» wimmernd.

Eins

Die Ritter hatten bereits ihre Plätze an der Tafelrunde eingenommen, als Arthur gemessenen Schrittes den Raum betrat. Während er den Blick über ihre Gesichter schweifen ließ, dachte Arthur, dass sie auf dem Schlachtfeld weitaus beängstigender wirkten als in diesem Raum. Vielleicht lag es daran, dass sie hier ganz entspannt unter Freunden zusammenkamen. Männer, die gern und laut lachen und einander ununterbrochen necken, rufen kaum den Eindruck Furcht erregender Schlächter hervor.

Doch Arthurs Wahrnehmung hatte, wie er glaubte, auch mit der Tafel selbst zu tun. Um sie herum standen über einhundert Stühle, und jeder von ihnen gehörte einem von Arthur persönlich auserwählten Ritter. Nun aber waren die meisten Stühle leer, und ganze sechs Ritter hatten Platz genommen. Arthur wusste, dass der Auftrag, den er ihnen heute erteilen wollte, leicht zur Folge haben konnte, dass es hinterher noch weniger waren.

Schon zu Beginn hatte Arthur beschlossen, niemals einen seiner großartigen Ritter zu ersetzen. Er hatte jeden von ihnen so sorgfältig ausgesucht, dass es ihm fast wie ein Sakrileg erschienen wäre, sie wie die Einzelteile einer Maschine zu behandeln. Jeder von ihnen war etwas Besonderes und somit unersetzlich. Und so würden sie immer weniger werden, bis am Ende nur noch Arthur selbst übrig bliebe.

Auch am Anfang war Arthur allein gewesen. Schon mit

zehn Jahren – nur wenige Tage nach dem Tod seiner Mutter – schloss er sich dem römischen Heer an. Und sobald er alt genug dafür war, wurde er zum Offizier ernannt. Sein Vater, Uther Pendragon, war der Anführer der sarmatischen Reiter gewesen, und die Tradition wollte, dass Arthur in seine Fußstapfen trat.

Bald schon hatte er sich den Ruf eines furchtlosen Kämpfers und klugen Truppenführers erworben. Fast jeden Feind rang er mit Leichtigkeit nieder, doch seine besondere Verachtung galt den Pikten. Die Nacht, in der seine Mutter umgekommen war, hatte sich unauslöschlich in sein Herz eingebrannt, und so hörte er Tag für Tag ihre Mitleid erregenden Schreie und erinnerte sich an den schrecklichen Geruch verbrannten Fleisches. Wenn erst einmal sämtliche Pikten vom Angesicht der Erde verschwunden wären, so glaubte Arthur, würde diese Welt auf der Stelle eine bessere sein. Wenn er den Pikten tatsächlich im Kampf gegenüberstand, löste sich sein sonst von strenger Logik bestimmter militärischer Verstand schlagartig in nichts auf, und an seine Stelle trat hasserfüllter Rachedurst: Mit fast unmenschlicher Freude schlachtete Arthur dann so viele der tätowierten Krieger ab wie nur irgend möglich.

Er führte seine römischen Truppen von Sieg zu Sieg, doch nach einiger Zeit konnte ihn die genau reglementierte Art der römischen Kriegführung nicht mehr befriedigen. Bald reiften in ihm geradezu revolutionäre Pläne. Arthur wollte eine handverlesene sarmatische Reitertruppe zusammenstellen. Jeder Einzelne sollte in der Kunst des Krieges bestens ausgebildet sein und über seine eigenen, ganz besonderen Fertigkeiten verfügen. So setzten beispielsweise nur wenige Feinde Roms im Kampf Pferde ein, und Arthur wusste, dass Männer, die hoch zu Ross kämpfen konnten, ihren Gegnern in mehr als einer Hinsicht überlegen waren.

Als er mit der Aufstellung dieser Reitertruppe begann, wusste Arthur genau, wen er als Ersten rekrutieren wollte: Lancelot. Er war der beste Kämpfer, den Arthur je gesehen hatte, und der treueste Freund zugleich. Sie hatten sich im Alter von vierzehn Jahren kennen gelernt, gemeinsam ihre Ausbildungszeit verbracht und seither fast ohne Unterbrechung Seite an Seite gekämpft. Und als die Freunde dann mit anderen Aspekten des Lebens Bekanntschaft machten – etwa mit den schönen Frauen, die tapferen Rittern im Römischen Reich jederzeit frei verfügbar schienen –, erkundeten sie auch diese Freuden gemeinsam.

Über zwei Jahre lang suchten Arthur und Lancelot das römische Heer nach sarmatischen Kriegern ab, die sich der Aufnahme in Arthurs Reitertruppe würdig erwiesen. Während Arthur sich jetzt unter seinen Männern umsah, erinnerte er sich genau daran, wie er den prahlerischen, robusten Kämpfer Bors zum ersten Mal getroffen hatte, oder den heiteren, fast schon zartgliedrigen Spurensucher Tristran – einen der besten Bogenschützen, denen Arthur je begegnet war. Er lernte den tapferen Galahad in der Schlacht kennen und holte Dagonet, unter dessen harter Schale ein überraschend weicher Kern steckte, aus einem römischen Militärgefängnis, wo er eine Strafe wegen Unbotmäßigkeit gegenüber Vorgesetzten verbüßte. Und Gawain war von sich aus an Arthur mit der Bitte herangetreten, ihn in seine außergewöhnliche Kriegerschar aufzunehmen. Als Arthur sah, wie Gawain mit Lanze und Schwert umzugehen wusste, bot er dem jungen Mann sofort an, sich ihnen anzuschließen.

Als zum ersten Mal sämtliche Ritter zusammenkamen,

reagierten sie mit Erstaunen auf den Anblick des riesigen runden Tisches in dem ansonsten leeren Raum. Arthur stand bei seinem Stuhl und sagte: «Meine Brüder, wir sitzen hier an einem runden Tisch – einem Tisch, der kein Kopfende und kein unteres Ende kennt, keine Hierarchie und somit keinen wichtigeren oder weniger wichtigen Platz.» Die Ritter blickten einander verunsichert an. Keiner von ihnen war es gewohnt, von seinem Oberkommandierenden auf diese Weise angesprochen zu werden. «Ich möchte», fuhr Arthur fort, «dass jeder in diesem Raum versteht, dass wir an diesem Tisch und in dieser Runde alle gleich sind.» Er nahm wieder Platz, als ein Ritter unter vielen. Da stand Lancelot auf und erhob seinen Weinkelch. «Es lebe Arthur!» Trotz Arthurs Worten war allen klar, dass sie in ihrer Mitte einen Anführer hatten, sie wussten auch, wer das war, und sie waren damit vollkommen einverstanden.

Als Arthur jetzt den Blick durch den Raum schweifen ließ, musste er unwillkürlich lächeln. Erinnerungen stiegen in ihm auf – Erinnerungen an weitere tapfere, treue Ritter, deren Plätze nun leer waren. Ihre Leichname waren unter den Erdhügeln von Badon Hill bestattet, der Ruhestätte der Ritter unmittelbar hinter dem Haupttor des Hadrianwalls – sofern ihre Knochen nicht immer noch dort lagen, wo sie im Kampf gefallen waren, unwiederbringlich und ohne Begräbnis, aber auch unvergessen. «Alle tot», dachte Arthur traurig, «meinetwegen.»

Die sechs Ritter richteten sich auf, als Arthur den Raum betrat. Sie konnten an seiner Miene ablesen, dass er ihnen etwas Besonderes zu sagen hatte.

«Meine Brüder», erklärte Arthur, «holt eure Rüstungen und eure Waffen und seid spätestens in einer Stunde zur Abreise bereit.»

Die Männer schwiegen, doch ihre Augen glänzten vor Erregung. Sie standen vor einer neuen Mission, und ein solcher Auftrag war für sie Daseinsgrund genug.

Lächelnd meinte Bors: «Doch hoffentlich nichts Gefährliches, Arthur?»

Arthur lächelte zurück. «Du wirst dich doch nicht auf einmal vor Gefahren fürchten, Bors?»

«Niemals», entgegnete Bors. «Aber morgen endet unsere Dienstzeit, und dann sind wir freie Männer.»

Die Ritter sahen einander voll Freude an. Freie Männer – nach fünfzehn langen Jahren. Dagonet nahm einen tiefen Schluck aus seinem Weinkelch. «Bors hat ganz Recht», kommentierte er. «Wäre doch zu schade, wenn wir jetzt noch ins Gras beißen müssten, wo wir die Freiheit vor Augen haben. Man denke nur an all die armen Frauen, die auf ewig unglücklich wären, weil ihnen dann das Glück verwehrt bliebe, uns kennen zu lernen!»

Die Ritter lachten aus vollem Hals. «Ganz genau», pflichtete Tristran bei. «Ich bin sicher, dass so manch holdes Fräulein schon verzweifelt den Augenblick herbeisehnt, in dem es endlich Dagonet und seinem fetten Wanst begegnet.»

Das Gelächter schwoll an, während Dagonet stolz über seinen Bauch strich. «Abrechnen können wir ja hinterher, Tristran», schlug er vor. «Ich gebe dir auch einen kleinen Vorsprung.»

Allein Lancelot schien an der Flachserei keinen Spaß zu haben. «Wo soll es hingehen, Arthur?»

«Ein Gesandter aus Rom ist auf dem Weg zum Hadrianswall», erklärte Arthur. «Der Mann heißt Bischof Germanus.»

Die Ritter gaben sich nicht sonderlich beeindruckt. Von

ihnen allen war Arthur der einzige Christ. Die Übrigen hielten entweder wenig von der Religion oder verehrten noch immer die heidnischen Götter ihrer sarmatischen Ahnen.

Schließlich fragte Gawain: «Und was soll an diesem Bischof so besonders sein?»

Arthur lächelte. «Nun, zum einen bringt er die Papiere mit, die unsere Entlassung in die Freiheit bestätigen.»

Die Ritter jubelten.

«Und außerdem», fuhr Arthur fort, «reiten sie mitten durch das Land der Pikten. Der Bischof wird lediglich von einer Hand voll römischer Legionäre geschützt, und ihr wisst ja, wie unzuverlässig die im Ernstfall sein können. Somit ist es unsere Aufgabe, dafür zu sorgen, dass Bischof Germanus und sein Gefolge sicher ihr Ziel erreichen.»

Bors erhob sich. «Mir für meinen Teil würde es bestimmt nicht gefallen, wenn diesen Papieren etwas zustoßen würde …»

Und Dagonet fügte hinzu: «Obwohl mir dieser Bischof ansonsten gleichgültig wäre.»

Arthur nickte. «Gut, dann rettet ihr die Papiere um unser aller willen. Und den Bischof rettet ihr um meinetwillen.»

Lancelot nickte. «Machen wir uns bereit, Männer.»

Lachend und einander schubsend erhoben sich die wenigen Ritter von der Tafelrunde und machten sich voll Vorfreude daran, Waffen und Rüstungen vorzubereiten.

Zwei

Der reich verzierte Reisewagen quälte sich über die schlammige Straße, und nur mühsam überwanden seine großen hölzernen Räder die tiefen Rinnen, die Generationen von Karren, Kutschen und sonstigen Wagen hinterlassen hatten. Die primitiven Fahrzeuge, die sonst hier unterwegs waren, hatten mit diesem Luxusgefährt wenig gemeinsam. Bewacht wurde die Kutsche von berittenen römischen Legionären. Jeder von ihnen warf prüfende Blicke auf das freie Feld, das auf der einen Seite an die Straße grenzte, sowie den Flusslauf und den finsteren Wald auf der anderen Seite.

Im Inneren der Kutsche diktierte Bischof Germanus seinem Sekretär Horton offizielle Schriftstücke. Kratzend schrieb Horton die Worte auf das Pergament nieder, und mit jedem Stoß, der die Kutsche erschütterte, spritzten feine Tröpfchen Tinte von seinem Gänsekiel. Horton war ein kleines, nervöses Männchen mit spitzem Gesicht, das stark an ein Nagetier erinnerte. Er verabscheute Germanus, hatte sich aber eingeredet, als sein Sekretär eine gewisse Machtposition innezuhaben und kurz vor seinem unaufhaltsamen Aufstieg zu stehen, vom Sekretär zum Adjutanten und eines Tages dann zum Stellvertreter des Bischofs. Vielleicht würde er irgendwann sogar selbst Bischof. Germanus hätte Hortons Sehnsüchte vermutlich als ebenso absurd beurteilt, wie ihm seine ganze Persönlichkeit erschien. Der kleine Mann konnte sich glücklich schätzen, es überhaupt so weit gebracht zu haben. Von Nutzen war er ohnehin nur aufgrund seiner absoluten Unterwürfigkeit.

Neben Horton saß in verkrampfter Haltung der Priester Hamus, ein hagerer Mann in purpurner Robe. Ihm war offensichtlich nicht wohl in seiner Haut. Wegen diverser Übertretungen, deren er sich in Rom schuldig gemacht hatte, war Hamus strafversetzt worden, und so hatte er nicht nur seine bequeme Wohnung hinter sich lassen müssen. Zu allem Überfluss musste er sich nun auch noch mit dem gefürchteten Germanus und dem verachtenswerten Horton herumschlagen. Keiner sprach ein Wort mit ihm oder nahm seine Anwesenheit auch nur wahr. Doch das war Hamus im Grunde ganz recht, denn so konnte er sich ungestört seinen Tagträumen hingeben, in denen er reihenweise ganz und gar unpriesterliche Dinge tat.

Die Pferde der Römer, die auf ihre Umgebung weitaus empfindsamer reagierten als ihre Herren, spürten das nahende Hufgeklapper, lange bevor es die Reiter hörten. Sie trabten zwar mit unveränderter Geschwindigkeit weiter, hoben aber die Köpfe und blähten die Nüstern. Ihr Instinkt sagte ihnen, dass sich eine Gefahr näherte.

Einer der römischen Soldaten bemerkte die Unruhe seines Pferdes. Um es zu beruhigen, klopfte er ihm den Hals, doch die Angst des Tieres sprang auf ihn über. Der Legionär nahm die finsteren Tiefen des Waldes neben der Straße genauer in Augenschein. Zunächst fiel ihm nichts Ungewöhnliches auf, doch dann registrierte er eine undeutliche Bewegung zwischen den purpurnen Schatten. Hinter den Bäumen spähten seltsame, blasse Wesen hervor, wie Geister, die aus dem Nichts aufzutauchen und sich, als wären sie nur eine Sinnestäuschung, ebenso rasch wieder in Luft aufzulösen schienen.

Einen Augenblick lang schien es dem Legionär tatsächlich so, als wäre er einer Sinnestäuschung erlegen. Diese Kreaturen waren nicht einfach nur blass, sie waren … *blau*. Als jedoch eine Sekunde später ein Pfeil mit einem widerlich dumpfen Geräusch in seinen Hals eindrang, wurde ihm schockartig klar, dass die Wesen durchaus real waren. Dies war seine letzte Wahrnehmung, während er vom Pferd fiel, denn schon bevor er auf den Boden aufschlug, war er tot.

Plötzlich kam eine Formation von sieben Reitern, einer dicht hinter dem anderen, vor der römischen Kolonne auf das freie Feld galoppiert. Bereits auf den ersten Blick war zu erkennen, dass es sich bei diesen Männern nicht um Angehörige eines üblichen Reitertrupps mit einheitlicher Kampfbekleidung handelte. Jeder dieser Männer war schon von seinem Äußeren her einzigartig, und jeder trug eine Kombination aus der Reiterrüstung des römischen Heeres und typisch sarmatischen Ausrüstungsgegenständen. Ein Teil davon – bestehend aus graviertem Metall, Leder und Wolle und überzogen mit einer dicken Patina aus Schmutz, der sich im Verlauf zahlreicher beschwerlicher Ritte auf ihnen abgesetzt hatte – war offenbar von ihnen selbst entworfen worden. Sechs von ihnen trugen schmale, oben abgerundete Helme, von denen einige mit einem metallenen Kinnschutz ausgestattet waren; einer oder zwei waren mit einem ebenfalls aus Metall gefertigten Nasenschutz ausgestattet, der das Gesicht des Reiters weitgehend verbarg. Einer der Reiter verzichtete auf jeden Kopfschutz und trotzte, nur mit kurz geschnittenem Stoppelhaar bewehrt, den Fährnissen der Schlacht. Noch hingen ihre breiten Schwerter tief an den Flanken der Pferde herab. Doch als sie sich dem römischen Zug näherten, zogen sie die Waffen aus der Scheide und hielten ihre beeindruckenden Klingen fast auf Augenhöhe vor sich.

Die Spitze der Formation bildete ein besonders verwegen wirkender, gut aussehender und äußerst selbstsicher scheinender Mann: Arthur, der Anführer der sarmatischen Reiter. Unmittelbar hinter ihm ritt zu seiner Rechten sein Freund und Vertrauter Lancelot, so alt wie Arthur, aber noch besser aussehend; seine Augen leuchteten schon angesichts des bevorstehenden Kampfes. Während Arthur die ganze Last der Verantwortung gegenüber seinen Rittern und gegenüber Rom – in genau dieser Reihenfolge – trug, betrachtete Lancelot das Leben als ein einziges großes Abenteuer. Um den Hals trug er seit weit über zehn Jahren ein Amulett in der Form eines Drachens.

Arthur hielt sein legendäres Schwert Excalibur in der Rechten, schwang es über dem Kopf und rief: «Drachenformation!»

Augenblicklich nahmen seine Ritter ihre Positionen ein. Einer ritt an der Spitze, während die anderen gemeinsam mit ihm ein *V* bildeten, das an den Flanken von den beiden «Flügeln» des Drachens geschützt wurde: vom verwegenen und zynischen Rohling Bors sowie von dem selbstsicheren, fast schon unnatürlich gelassenen Bogenschützen Tristran. Bors war klein und stämmig, und sein Körper schien nur aus Muskeln zu bestehen; gegen ihn wirkte der groß gewachsene, hagere Tristran wie ein Edelmann. Jeder dieser «Flügel» hielt einen Kompositbogen schussbereit in den Händen. Während die anderen Reiter den Finger am Abzug ihrer durchschlagskräftigen Armbrust hatten, lenkten sie ihre Streitrösser mit den Knien.

Im selben Augenblick schwärmten die geheimnisvollen blauen Kreaturen aus dem Wald und griffen, ihre Schwerter, Speere und Messer schwingend, die Nachhut an. Die seltsamen Krieger tarnten sich, indem sie ihre Haut tätowierten und einfärbten. Heute waren sie blau; bei anderen Gelegenheiten bemalten sie sich braun und grün, also in den Farben von Baumstümpfen, Blättern und Erde.

Der größte der Pikten, eindeutig ihr Anführer, kam vom Wald aus auf den vordersten, mit einem Kurzschwert bewaffneten römischen Offizier zu und forderte ihn zum Kampf heraus. Der Offizier gab seinem Pferd die Sporen, um den hoch gewachsenen Pikten über den Haufen zu rennen und anschließend niederzutrampeln. Der Pikte aber blieb ruhig stehen, während das Pferd auf ihn zustürmte. Er hielt sein Schwert zunächst in die Höhe, schwang es dann aber in einem Bogen nach unten und schlug dem Tier die beiden Vorderfüße ab. Das Pferd stürzte laut wiehernd zu Boden und warf den römischen Offizier ab. Der benommene Mann versuchte sich aufzurappeln und war noch auf allen vieren, als der Anführer der Pikten fast beiläufig zu ihm trat und ihm das Schwert in den Nacken hieb. Der Kopf rollte davon und blieb nach drei Umdrehungen mit der rechten Seite nach oben liegen. Erblindete Augen starrten auf die Schlacht, die für den Offizier bereits vorüber war.

Während sich Arthur und seine Reiter in vollem Galopp der römischen Kolonne näherten, schossen die Pikten Pfeil um Pfeil auf deren Nachhut ab. Die Pfeile trafen die Wagen, die Pferde und die Römer nur zufällig oder verfehlten ihr Ziel ganz. Die Pikten waren nicht gerade treffsicher, doch die Vielzahl ihrer Pfeile sicherte trotz allem eine durchschlagende Wirkung.

Schon nach wenigen Augenblicken wurde die Übermacht der Pikten sichtbar. Bischof Germanus stieg mit gezogenem Schwert aus der Kutsche. Das Gesicht von heiligem Zorn verzerrt, hieb er mit mehr Entschlossenheit als Geschick auf die Pikten ein.

Der Anführer der Pikten schlenderte zu dem Kopf des römischen Offiziers hinüber, hob ihn auf und hielt ihn wie eine Trophäe hoch. Stolz grinsend nahm er den Jubel seiner Kameraden entgegen, die ihn wegen seiner Tollkühnheit feierten. Dann hörte er den Hufschlag von Pferden hinter sich und wandte sich um. Gerade noch rechtzeitig, um mit seinem letzten Blick zu sehen, wie Arthur mit Excalibur gegen seinen Hals ausholte. Als sein abgetrennter Kopf durch die Luft flog, trug er noch immer denselben fragenden Gesichtsausdruck, mit dem sich der Pikte nach Arthur umgedreht hatte.

Der Bischof hieb noch immer mit seinem Schwert auf die Angreifer ein, während Horton sich wimmernd und zitternd in der Kutsche zusammenkauerte. Hamus hing mit verstörter Miene in seinem Sitz. Ein Pfeil, der durch den Vorhang zischte, verfehlte Hortons Gesicht nur um Haaresbreite und bohrte sich eine Handbreit von Hamus' Nase entfernt in die Kutschenwand. Der Priester versuchte noch tiefer zu rutschen, während Horton sich kreischend auf den Boden warf und seinen Kopf mit zittrigen Armen zu schützen suchte.

Noch immer strömten die Pikten in großer, den Römern endlos scheinender Zahl aus dem Wald. Sie verwickelten ihre Gegner in wilde Kämpfe, Mann gegen Mann – eine Art der Auseinandersetzung, die den Pikten weitaus geläufiger war als den eher konventionell ausgebildeten Römern. Einer nach dem anderen sanken die römischen Bewacher der Kolonne vom Pferd, von Pfeilen gefällt oder von Schwertern aufgeschlitzt, um dann von den blauen Teufeln zu Tode getrampelt oder geprügelt zu werden.

Dann aber pflügten Arthurs Reiter durch die Reihen der Pikten und warfen sie nieder. Zwei genau gezielte Pfeile streckten zwei Pikten nieder, die Seite an Seite gekämpft hatten. Die beiden Reiter gönnten sich ein kurzes, stolzes Lächeln, bevor sie neue Pfeile einlegten und abschossen.

Einer der Pikten warf sich auf den Kutscher und zog ihm die schartige Klinge seines Messers durch die Kehle, die sich zu einer klaffenden roten Wunde mit zerklüfteten Rändern öffnete. Da galoppierte Lancelot heran, sprang vom Pferd, zückte in einer einzigen, perfekt synchronisierten Bewegung seine beiden Kurzschwerter und stieß sie dem Pikten in den Leib, bevor Arthur ihn im Vorbeireiten mit einem vollkommenen Schwerthieb von der Kutsche holte.

Bors und Tristran erreichten die Kutsche, wo sich ihnen ein überlebender römischer Legionär mit gezogenem Kurzschwert kampfbereit in den Weg stellte.

«Tritt zurück!», forderte Tristran. «Leg dein Schwert nieder!»

Stattdessen hob der römische Soldat sein Schwert ein Stückchen höher und heftete seinen Blick misstrauisch blinzelnd auf Tristran und Bors. «Wer seid ihr?», fragte er.

«Wir sind Ritter, du Schwachkopf», erklärte Bors höhnisch grinsend.

«Euer Begleitschutz», fügte Tristran hinzu.

Bevor der Legionär antworten konnte, waren Bors und Tristran schon wieder weg, um noch mehr Pikten zu töten. Mitten im Kampfgetümmel durchbrach auf der anderen Seite der Kutsche ein weiterer Ritter, Dagonet, die gelichteten Reihen der Römer. Als er die Tür aus Segeltuch aufriss, fiel sein Blick auf einen schluchzenden Mann in Kirchengewändern. Der Pfeil eines Pikten schlug seitlich in die Kutsche ein. Hamus kreischte auf und zog rasch das Segeltuch wieder zu, als könnte der grobe Stoff ihn vor Pfeilen oder einem Schwerthieb schützen. Achselzuckend ließ Dagonet die Kutsche hinter sich, um sich wieder dem Kampfgeschehen zuzuwenden.

Ein Pikte sprang auf den Kutschbock, um das Gefährt in seine Gewalt zu bringen, doch Arthur war augenblicklich zur Stelle und rammte ihm Excaliburs Klinge in den Leib. Excalibur durchdrang aber nicht nur den Pikten, sondern anschließend auch noch die hölzerne Wand der Kutsche und kam nur eine Handbreit vor der Nase des entsetzten Hamus zum Stillstand.

Hinter Arthurs Stoß lag viel mehr Wucht, als erforderlich gewesen wäre. Seine angewiderte Miene und die Wildheit seines Angriffs zeugten von seinem grenzenlosen Hass auf die Pikten. Als Arthur sein Schwert aus dem leblosen Körper zog, betrachtete er den Pikten einen Augenblick lang mit einer Mischung aus Befriedigung und Abscheu, als hätte er soeben ein ganz besonders widerwärtiges Nagetier getötet.

Horton hatte genug gesehen. Mit schreckgeweiteten Augen und offenem, einen lautlosen Schrei ausstoßendem Mund sprang er aus der Kutsche und rannte ziellos zwischen den blutrünstigen, bis zum letzten Atemzug kämpfenden Pikten, den Rittern und den Römern umher. Auch Hamus wäre am liebsten geflohen, hätte ihn nicht die schiere Angst an seine Sitzbank in der Kutsche gefesselt. Horton schaute zur Kutsche zurück und gelangte zu dem Schluss, dass er unter ihr sicherer war als bei einer Flucht zu Fuß. Er drehte sich um und warf sich zwischen die Räder auf den Boden. Überall um ihn herum wühlten Pferdehufe die Erde auf. Horton sah, wie sich die unteren Körperhälften der Kämpfer hin und her bewegten. Ein römischer Legionär sank tot neben ihm zu Boden. Sein lebloses Gesicht schien Horton neugierig anzublicken, und Horton starrte, wimmernd vor Entsetzen, zurück.

Ein Pikte, der im Kampfgetümmel sein Schwert verloren hatte, rannte in Galahads Richtung und sprang hinter ihm auf sein Pferd. Dann versuchte er ihn, den Arm um seinen Hals gelegt, zu erdrosseln. Galahad aber entwand sich der Umklammerung mit einer Linksdrehung. Der Pikte verlor das Gleichgewicht, fiel herunter und landete unmittelbar vor Galahads Pferd. Er stieß noch einen kurzen Schmerzensschrei aus, bevor sein Schädel von dem schweren Vorderhuf des Pferdes zertrümmert wurde. Zwei weitere Pikten griffen Galahad an, doch er hielt sie mit Schwerthieben auf Distanz. Einer sackte schreiend auf die Knie und hielt sich die Hände vors Gesicht, doch sein Versuch, das Blut zu stoppen, das aus einer langen, klaffenden Wunde zwischen Stirn und Unterkiefer quoll, blieb vergeblich. Der zweite Pikte wollte Galahad sein Schwert in den Rücken stoßen, doch der Ritter war schneller. Mit einem weit ausholenden Schwerthieb schlug er dem Pikten den Kopf ab, der wie ein Ball neben die Straße flog. Der kopflose Pikte blieb noch einen Moment lang aufrecht stehen, bevor sein Körper wie ein leerer Sack zu Boden ging.

Während hinter der Kutsche noch immer Legionäre gegen Pikten kämpften, schossen Tristran und Bors einen Pfeil nach dem anderen ins Getümmel. Tristrans erster Pfeil traf einen Pikten genau zwischen die Augen und schleuderte ihn mit brachialer Gewalt nach hinten. Bors' Pfeil schnellte mit solcher Kraft durch die Luft, dass der von ihm anvisierte Pikte an die Seitenwand der Kutsche genagelt wurde.

Draußen auf dem freien Feld ritt Dagonet mitten zwischen die kämpfenden Pikten. Sein Schwert hatte er zwar gezogen, doch vorerst gab er sich damit zufrieden, sein Pferd als Waffe einzusetzen. Dutzende von Pikten wurden von den Hufen niedergetrampelt. Unweit von Dagonet ritt Lancelot zwischen zwei Reihen von Gegnern hindurch und schlug nach ihnen mit dem Schwert, das er mal in der linken und mal in der rechten Hand hielt. Die Pikten gingen zu Boden wie Übungsziele.

Tristran riss sein Pferd herum und entdeckte mehrere versteckte Pikten in den Bäumen. Er legte einen Pfeil auf die Bogensehne und schoss ihn ab. Der Pfeil traf einen Gegner in die Kehle, und der Mann fiel zu Boden, wo er noch kurz zuckte und nach Luft rang, bevor er reglos liegen blieb.

Von Pikten umringt, stellte Bors fest, dass ihm die Pfeile ausgegangen waren. Rasch schulterte er seinen Bogen und zückte seine Streitaxt, um sie im nächsten Augenblick mit aller Macht gegen den Hinterkopf eines Feindes krachen zu lassen. Nach dem Schlag schien der Pikte durch die Luft zu fliegen, bevor sein lebloser Körper schließlich mit dem Gesicht nach unten auf dem Boden landete.

Andere Pikten versuchten mittlerweile nur noch, dem Chaos zu entfliehen. Bors verfolgte sie, um sie mit seiner Streitaxt niederzumachen. Ein Pikte wollte sich in den Fluss zurückziehen. Als er dicht hinter sich Hufgeklapper hörte und sich umdrehte, sah er, wie Bors' Pferd auf ihn zugaloppierte und Bors im Sattel die Streitaxt schwang. Mit flehendem Blick reckte der Pikte die Hände in die Luft, doch ohne Zögern ließ Bors die Axt auf seine Stirn niedersausen und spaltete ihm fast den Schädel. Der Mann sank in den Fluss, wo sein Leichnam gemächlich davontrieb, eine dunkelrote Spur hinter sich herziehend.

Inzwischen schoss Tristran mit seinen Pfeilen fast beiläufig einen Pikten nach dem anderen ab. Bei jedem Treffer huschte ein kurzes Lächeln über sein Gesicht; er hatte keinen Zweifel, dass er an diesem Tag mehr Gegner niederstrecken würde als jeder seiner Gefährten.

Dagonet war inmitten der Pikten vom Pferd gesprungen und hieb mit unbändiger Wildheit auf seine Gegner ein, die er damit so einschüchterte, dass sie sich in den Fluss zurückzogen. Dagonet aber folgte ihnen auch ins Wasser und tötete so viele von ihnen, dass er schon bald bis zur Hüfte in einem Strom von Blut zu stehen schien.

Galahad und Gawain trieben mit ihren Pferden eine Gruppe von Pikten so zwischen sich zusammen, dass diese in der Falle saßen und die beiden Ritter mit den Schwertern auf sie einschlagen konnten. Schreiend und mit erhobenem Schwert stürzte sich ein Pikte von hinten auf Galahad, doch bevor er ihm die Klinge in den Rücken stoßen konnte, traf ihn einer von Tristrans Pfeilen im Nacken. Der Pikte ging zu Boden, und Galahad kämpfte weiter, ohne zu ahnen, wie knapp er soeben dem Tod entronnen war.

Auch Arthur und Lancelot kämpften hoch zu Ross und erledigten die Pikten mit ihren Schwertern. Die beiden Freunde fühlten sich fast wie bei einem Spiel, wenn auch bei einem besonders grausamen. Hatte Arthur gerade einen Pikten vor Lancelots Schwert getrieben, tötete dieser den blauen Krieger, bevor er seinerseits einen Gegner in die tödliche Reichweite von Arthurs Schwert jagte.

Dem unter der Kutsche kauernden Horton erschien das Kampfgeschehen wie ein einziger Albtraum, in dem sich ein schreckliches Bild ans andere reihte. Er sah einen Pikten, der gerade Dagonet anspringen wollte, doch bevor er dazu kam, tötete ihn Tristran mit einem Pfeil in den Hinterkopf. Er sah, wie zwei Pikten einen Legionär überwältigten und mit ihren Schwertern auf ihn einschlugen, bis sie beide von oben bis unten mit seinem Blut bespritzt waren. Zu seiner Rechten verfolgte Bors eine Gruppe von Pikten in den Fluss, wo er einen von ihnen mit einem Schlagring aus Messing tötete. Dann sprang er einem anderen in den Rücken und drückte seinen Kopf unter Wasser, bis der Mann ertrunken war. Zu seiner Linken sah Horton einen Pikten angreifen, der in der einen Hand ein Messer und in der anderen eine Streitaxt hielt. Ohne sein Pferd zu zügeln, stieß Lancelot dem Pikten sein Schwert so tief in den Körper, dass es hinten wieder austrat, und schleppte dann den Leichnam ein Stück hinter sich her, bis er endlich von der breiten Klinge des Schwertes rutschte.

Am Flussufer tötete Tristran mit einem Pfeil einen Gegner, der gerade auf Bors zusprang, doch dann tot ins Wasser sank. Um nicht hinter seinem Freund zurückzustehen, ließ Gawain einen anderen Feind durch die Luft fliegen, indem er ihm seinen Streitkolben gegen die Brust schlug. Einer der Pikten sprang von der Kutsche aus auf Galahad herab und riss ihn aus dem Sattel auf den sumpfigen Uferboden. Wütend und mit Schlamm bedeckt, machte sich Galahad nicht einmal die Mühe, sein Schwert aufzuheben; stattdessen legte er dem blauen Krieger die Hände um den Hals und drückte mit den Daumen fest auf seine Luftröhre, bis der Pikte sich nicht mehr wehrte und seine toten Augen in die Sonne starrten.

Als Galahad aufstand, sah er, wie ein Gegner Tristran von hinten überraschen wollte. Bevor Galahad eingreifen konnte, spürte Tristran offenbar die Gefahr; entschlossen riss er sein Pferd herum und stieß dem Pikten sein Schwert in den Bauch. Dann trieb er das Tier an und trampelte den Mann in den Schlamm.

Lancelot sah, dass der Gegner, den er niedergeschlagen hatte, sich wieder aufrappelte, während das Blut aus seiner Wunde spritzte. Neugierig geworden, trat Lancelot zu ihm.

Mit Blut auf den Lippen erklärte der Pikte mit rauer Stimme: «Für jeden von uns, der getötet wird, werden zwanzig von euch sterben müssen, und für zwanzig von uns vierhundert!» Hustend setzte er sich auf den Boden, während seine zornigen Augen Lancelots Blick standhielten. «Vergieße mein Blut auf diesem Boden», sagte er keuchend, «und mache ihn heilig!»

Lancelot dachte nur kurz über die Bitte nach. «Mit Vergnügen», sagte er dann und stieß dem Mann sein Schwert ins Herz. Er sah zu, wie im Gesicht des Pikten allmählich das Lebenslicht erlosch. Dann zog er entschlossen die Klinge aus der Brust des Kriegers, wischte das Blut im Gras ab und begab sich erneut ins Getümmel.

Der Kampf neigte sich seinem Ende zu. Bors ertränkte gerade einen weiteren Pikten, und am Ufer brach Dagonet einem Gegner über seinem Knie das Rückgrat, bevor er den Leichnam ins Wasser schleuderte. Als der stellvertretende Truppenführer der Pikten sich gegen Arthur wandte, umzingelten ihn die anderen Ritter auf ihren Pferden mit gezückten Schwertern. Arthur legte dem Mann die Klinge an die Kehle und zwang ihn langsam nach unten. Obgleich der Pikte seine Waffe hatte fallen lassen, schien er bereit, Arthur mit bloßen Händen anzugreifen, sobald sich ihm auch nur die geringste Möglichkeit dazu bot.

«Wie lautet euer Auftrag?», fragte Arthur. «Rede!»

Der stellvertretende Truppenführer der Pikten starrte Arthur grimmig an, bevor er widerwillig hervorpresste: «Es hieß, die Römer hätten wertvolle Ladung dabei.»

Arthurs Blicke bohrten sich in den Gegner, als wünschte er nichts sehnlicher, als ihn so grausam wie nur möglich zu töten. Doch Arthur hätte niemals einen Unbewaffneten umgebracht, nicht einmal einen Pikten. Er zog den blauen Krieger aus dem Wasser zu einer Stelle, an der ein Schwert am Boden lag. Nur mühsam gelang es Arthur zu sprechen. «Nimm deine Waffe!», stieß er knurrend hervor.

Das hatte der Pikte nicht erwartet. Ohne den Blick von Arthur abzuwenden, beugte er sich vorsichtig zu dem Schwert hinab. Trotz seiner Wut bebte er vor Angst. Seine Finger schlossen sich um den Griff des Schwertes, und er richtete sich auf, bereit, von Arthurs Hand zu sterben.

Doch statt ihn zu töten, hielt Arthur sein Schwert hoch über den Kopf des Gegners. Der Pikte begriff zunächst nicht, dass er freigelassen werden sollte. Als ihm dann aber klar wurde, dass Arthur ihn am Leben lassen wollte, durchquerte er hastig den Fluss und rannte in den Wald, wo er bald zwischen der dichten Vegetation verschwand.

Die anderen Ritter blickten Arthur verwundert an. Sie verstanden nicht, warum er den Pikten hatte entkommen lassen. Dann tauschten sie viel sagende Blicke aus, denn jeder von ihnen wusste aus Erfahrung, dass es Situationen gab, in denen es wenig Sinn hatte, Arthur verstehen zu wollen.

Wortlos steckte Arthur Excalibur wieder in seine Scheide.

Der größte, imposanteste Krieger der Pikten stand schweigend am Waldrand und beobachtete die Ritter, als der stellvertretende Truppenführer auf ihn zurannte. Er war ein Bär von einem Mann und hatte aufgrund seines Alters – er war schon etwa Ende vierzig – zwar nicht selbst an den Kämpfen teilgenommen, aber den Angriff der Pikten in allen Details geleitet. Es war Merlin, ihr Anführer.

Flankiert von seiner Leibwache aus vier Kriegern, starrte er seinem Stellvertreter regungslos entgegen. Der blaue Krieger verbeugte sich vor Merlin und erklärte verzweifelt: «Ich habe nicht um mein Leben gebettelt!»

Merlin äußerte kein Wort und berührte stattdessen den kleinen Schnitt an der Kehle des Pikten, den die Klinge von Excalibur hinterlassen hatte. Er rieb das Blut zwischen den Fingerspitzen.

«Artorius ...», sagte Merlin mit ruhiger Stimme und ließ seinen Blick über das Feld schweifen.

Sein Stellvertreter folgte Merlins Blick, der nun in der Ferne auf Arthur fixiert war. Die Brust des Pikten hob und senkte sich vor Entsetzen und Erleichterung zugleich. Sein Leben war unerklärlicherweise gleich zweimal verschont worden: erst von Arthur und dann von Merlin.

Arthur fühlte Merlins starren Blick mehr, als dass er ihn gesehen hätte. Für einen kurzen, lähmenden Moment schienen sie über die große Entfernung hinweg miteinander zu kommunizieren. Arthur lief es eiskalt den Rücken herunter. Dann brach er den Bann, indem er heftig den Kopf schüttelte, ohne recht zu wissen, wie ihm geschehen war. Als er sich wieder gefasst hatte, wendete er sein Pferd und ritt zu seinen Mannen auf das offene Feld zu. Während Arthur nach und nach aus seinem Blickfeld verschwand, sah Merlin ihm und seinen Rittern nach, als wären sie eine Naturgewalt, die nicht aufzuhalten war. Nach einiger Zeit wandte er sich an seinen Stellvertreter. «Ruf zusammen, was von unseren Männern noch übrig ist», befahl er. «Wir ziehen ab.» Kurz danach hatten sich die wenigen überlebenden Pikten um ihn geschart. Merlin musterte sie streng und traurig zugleich. Dann wandte er sich um und führte den Rest seiner Truppe zurück in die Wälder.

Drei

Bei ihrem Ritt über das Schlachtfeld voller Leichen richteten Arthur und seine Ritter ihre Aufmerksamkeit wieder auf die Kutsche. Inmitten der Schrecken des Kampfplatzes gab das Gefährt ein fast schon unwirkliches Bild von Pracht und Schönheit ab. Gawain und Bors ließen sich von der aufwendigen, eleganten Konstruktion der Kutsche beeindrucken und sahen sich – nicht ohne einen gewissen Neid – alles ganz genau an. «So eine schaffe ich mir auch an, wenn das alles vorbei ist», meinte Bors.

«Hast wohl vor, reich zu werden, was?», fragte Gawain lächelnd.

Bors nickte begeistert. «Ich habe da gewisse Pläne», verriet er. «Große Pläne. Eines Tages wirst du sehen, wie ich in einer solchen Kutsche fahre, gezogen von Dagonet und anderen Tieren, aber dann kenne ich dich bestimmt nicht mehr.»

Dagonet setzte ein breites Grinsen auf, als er das Schwert eines toten Pikten begutachtete, bevor er es in seinen Gürtel gleiten ließ.

Tristran beruhigte die Kutschpferde, während Lancelot das Segeltuch beiseite riss, das anstelle von Türen über den Öffnungen der Kutsche hing. Im Inneren fand sich der Leichnam von Hamus, in der Brust ein Pfeil, die Robe blutgetränkt.

«Ist ja ekelhaft», sagte Bors und zog eine angewiderte Grimasse. Die anderen waren nicht ganz sicher, ob er vom Anblick des Leichnams sprach oder von den Symbolen eines ihm verhassten Glaubens auf der Robe des Geistlichen.

Bors registrierte eine kaum merkliche Bewegung zu seinen Füßen. Als er sich hinabbeugte, sah er den zusammengekrümmten Horton betend, schluchzend und zitternd unter der Kutsche. «Da ist ja noch so einer.»

Dagonet fragte mit einem Lächeln: «Ist der auch so ekelhaft wie der andere?»

Gawain zog Horton unter der Kutsche hervor und stellte ihn unsanft auf die Beine. Horton betete nun noch lauter und hielt sich dabei die Hände vor das Gesicht. «Hat doch keinen Sinn, zu deinem Gott zu beten», erklärte Gawain. «Den wirst du hier nicht finden!»

Bors und Dagonet brachen in lautes Lachen aus. Beleidigt richtete sich Horton auf. Er schluchzte nicht mehr, doch seine Augen waren noch immer gerötet und verquollen, und aus der Nase lief ihm ein langer, silbrig glänzender Streifen Rotz. Auf Bors wirkte Horton wie ein übergroßer, hässlicher Dreijähriger.

Arthur traf als Letzter bei der Kutsche ein. Er hatte noch einmal das Schlachtfeld abgeritten und mit einer Mischung aus Ekel und Befriedigung das Gemetzel betrachtet. Einer nach dem anderen sammelten sich die Ritter um ihren Anführer. Arthur lächelte, als er den Blick stolz über seine Männer gleiten ließ. Sie waren blutig und angeschlagen, hatten am Ende aber gesiegt. Erleichtert stellte Arthur fest, dass sie keinen einzigen Mann verloren hatten. Außerhalb des Kreises, den sie um ihn bildeten, war der Kampfbereich bis zum Flussufer nicht nur mit den Leichen von römischen Legionären und Pikten übersät, sondern auch mit einzelnen Körperteilen, die den Kämpfern abgeschlagen worden waren. Dass unter den Toten keine Sarmaten waren, machte diesen Sieg für Arthur zu einem besonderen Erfolg.

Horton sah sich um. Die blauen Gestalten waren im Tod nicht weniger Furcht erregend als im Leben. «Gott stehe uns bei!», rief er. «Was sind das für Kreaturen?»

«Teufel», erklärte Bors mit einem boshaften Funkeln in den Augen. «Die fressen Christen bei lebendigem Leibe, wie man hört. Du bist doch nicht etwa einer von diesen Christen?»

«Bitte», flehte Horton mit einem rauen, verzweifelten Flüstern. «Was für Leute sind das wirklich?»

«Sie nennen sich Pikten», antwortete Bors.

Horton schien verwirrt.

Mit übertriebener Geduld erklärte Bors: «Briten, die einen gehörigen Hass auf Rom haben.»

«Und was wollen sie?», fragte Horton.

Lancelot starrte den zitternden kleinen Mann an. «Sie wollen ihr Land wiederhaben», sagte er.

Arthur ging zu Germanus hinüber, während seine Ritter ihm zu Pferde folgten und Horton zu Fuß. Vom römischen Geleitschutz waren nur wenige Legionäre übrig geblieben. Einer von ihnen hatte sich mit gezogenem Schwert schützend vor Germanus gestellt. Der Söldner zitterte wie Espenlaub, doch war er bereit, sein Leben für seinen Herrn zu opfern.

In scharfem Tonfall herrschte ihn Germanus an: «Zurücktreten!»

Widerwillig schob der Römer sein Schwert zurück in die Scheide. Langsam machten auch die anderen Legionäre Platz für Arthur. Bischof Germanus war ein Mann in den frühen Vierzigern, für jene gefährliche Zeit also schon ein alter Mann. Er bedachte Arthur mit einem breiten Lächeln und begrüßte ihn herzlich: «Arthur Castus! Ganz wie der Vater! Ich habe dich seit deiner Kindheit nicht mehr gesehen.»

Arthur machte eine leichte Verbeugung. «Willkommen in Britannien, Bischof Germanus. Seid Ihr verwundet?»

Bischof Germanus schüttelte den Kopf und hielt sein Schwert hoch. «Gott sei Dank konnte ich die Teufel von mir fern halten, und Gott sei Dank war ich nicht gezwungen, ihr böses Blut zu vergießen.»

«Mach dir darüber keine Gedanken», sagte Bors grinsend und mit kaum verhüllter Verachtung. «Wir haben genug von ihnen getötet, um dein Versagen auszugleichen.»

Arthur funkelte ihn an wie ein verärgerter Vater. Lächelnd wandte Bors den Blick ab.

Bischof Germanus würdigte niedere Kreaturen wie Bors ohnehin keiner Antwort. Den Blick auf Arthur gerichtet, sagte er stattdessen mit einer Spur von Herablassung in der Stimme: «Das sind also die großartigen sarmatischen Reiter, deren Ruhm schon bis nach Rom gedrungen ist.»

Arthur straffte sich ein wenig. «Zu Euren Diensten, Bischof.»

Germanus wies auf den Leichnam eines Pikten. «Und ich dachte immer, die Pikten hätten nur das Gebiet *nördlich* des Hadrianswalls unter ihrer Kontrolle.»

«Mitunter wagen sie sich auch in Gegenden südlich des Walls», erklärte Arthur. «Seit sie wissen, dass Rom seinen Rückzug aus Britannien vorbereitet, verbreiten sie noch mehr Angst und Schrecken.»

«Wer ist ihr Anführer?», fragte Bischof Germanus.

Lancelot antwortete mit einem zynischen Beiklang in der Stimme. «Er nennt sich Merlin und soll ein Magier mit dunklen Kräften sein.»

Arthur wies auf die Kutsche. «Bitte, Euer Eminenz. Wir haben noch eine lange Reise vor uns und sollten weiterziehen.»

Bischof Germanus nickte, ging zur Kutsche und stieg auf der einen Seite ein, als Bors und Dagonet gerade Hamus' Leichnam auf der anderen Seite hinauszerrten. Ohne viel Aufhebens warfen sie ihn neben die Straße, wo er als eine Leiche unter vielen liegen blieb. Horton wollte Germanus in die Kutsche folgen, doch der Bischof ließ ihm den Vorhang ins Gesicht fallen.

Horton blickte von einem Ritter zum anderen. «Werden diese … Wilden … wieder angreifen?»

Galahad lächelte. «Keine Angst, mein tapferer Herr. Die haben erst einmal genug. Wir haben so schnell nichts mehr zu befürchten.»

Arthur wandte sich an Tristran. «Tristran, reite voraus und sorge dafür, dass der Weg frei ist.» Tristran nickte und setzte sich in Bewegung. Dann erteilte Arthur seinen Rittern mit einer kreisenden Geste einen Befehl, und sofort verteilten sich die Männer um die Kutsche. Germanus streckte den Kopf heraus und sprach Arthur an. «Ich nehme an, deine Männer haben sich mit meinem Sekretär einen Scherz erlaubt, aber jetzt frage ich dich im Ernst: Droht uns noch Gefahr von den Pikten?»

Arthur schüttelte den Kopf. «Die Pikten sind meistens nur in kleinen Gruppen unterwegs», erklärte er. «Mal ein Dutzend, mal zwei Dutzend. Und selbst wenn sie wiederkämen, könnten sie es mit meinen Rittern nicht aufnehmen. Ihr seid sicher, Bischof, glaubt mir.»

Bischof Germanus nickte. «Ich zweifle nicht an dir, Arthur.»

Horton entfernte sich mit säuerlicher Miene von der luxuriösen Kutsche und suchte sich einen Platz auf dem plumpen hölzernen Karren dahinter. Er jammerte vor sich hin: «Dutzende jagen mir nicht annähernd so viel Angst ein wie Tausende!»

Lancelot, der daneben stand, schnappte Hortons Worte auf. Er runzelte besorgt die Stirn und wiederholte leise für sich: «Tausende?»

Vier

Für die sechs britischen Kinder war es einer der seltenen Momente unbeschwerten Spiels. Angesichts der dunklen Wolken am Himmel und der kalten Luft war den Kleinen klar, dass sie sich eine solche Gelegenheit am Meeresstrand nicht entgehen lassen durften. Während ihre Eltern Steine sammelten und in zwei Körbe auf dem Rücken eines Esels füllten, tobten die Kinder ausgelassen am felsigen Ufer und rannten zwischendurch immer wieder in die große Höhle unmittelbar am Strand. Kreischend vor Vergnügen sprangen sie bis zum Knie in die Brandung, um dann atemlos zur Höhle zurückzujagen, wo das Spiel von neuem begann.

Ihre Eltern arbeiteten schwer und angestrengt. Sie schätzten die kühlen Temperaturen und lächelten einander hin und wieder zu, wenn sie das fröhliche Lachen ihrer Kinder hörten. Die Steine waren für den Bau einer Feuerstelle mit Herd und Kamin in ihrem Haus bestimmt. Sie alle freuten sich schon darauf, die langen Winterabende vor dem Feuer zu verbringen, Lieder zu singen und Geschichten zu erzählen, warm und trocken und geschützt vor dem rauen Seewind.

Unvermittelt blieb einer der älteren Jungen stehen. Er hatte draußen auf dem Meer etwas entdeckt. Die anderen Kinder, neugierig geworden, scharten sich hinter ihm zusammen und schauten in dieselbe Richtung. Wie Geister tauchten mehrere Schiffe vor dem dunklen Horizont auf.

Lautlos schienen sie im Nebel zu schweben. Die Kinder starrten gebannt zu ihnen hinüber, als plötzlich vom Deck eines der Schiffe ein flammendes Geschoss losschnellte und eine Feuerspur durch den Himmel zog. Das unerwartete Feuerwerk löste bei den Kindern Jubel aus, und die kleineren hüpften freudig erregt auf und ab.

Dann folgten fünf weitere Geschosse – brennende Pfeile, die jedoch nicht auf den Himmel gerichtet waren, sondern direkt auf die kleine Gruppe am Strand zuflogen. Das kleinste Mädchen wurde, noch während es sich über den Anblick freute, von einem der Pfeile in die Brust getroffen. Es war auf der Stelle tot, und als es rücklings in den Sand fiel, ging seine zerschlissene Kleidung in Flammen auf. Die anderen Kinder schrien entsetzt auf, drehten sich um und rannten auf ihre Eltern zu.

Ein weiterer flammender Pfeil traf einen Jungen in den Rücken. Der Knabe stürzte sofort zu Boden und rutschte noch ein Stück weit über den Sand, bevor er reglos und mit schwelendem Hemd liegen blieb. Sein älterer Bruder, der stehen blieb, um ihm zu helfen, wurde von einem Pfeil in die Stirn getroffen.

Der Vater rief: «Lauft! Lauft!», aber keines der Kinder sollte je wieder laufen. Die Eltern ließen ihre Beutel mit Steinen fallen und rannten zu ihren Kindern. Der nicht enden wollende Pfeilhagel traf auch sie, und wenige Sekunden später lag die gesamte Familie tot am Strand.

Auf den Schiffen der Sachsen bereiteten sich indes grau gekleidete, mit Schwertern bewaffnete Krieger auf die Landung vor. Dicht hinter ihnen nahmen Armbrustschützen, ganz in Schwarz, mit Grauen erregender Präzision Aufstellung. Die Armbrustschützen wurden von ihren Kameraden «Bauchschützen» genannt. Vom Schiffsdeck schossen Bogenschützen weitere Brandpfeile ab, um vor der Landung möglichen Widerstand im Keim zu ersticken. Einige zielten auf alles, was sich bewegte, während andere das kleine Dorf hinter dem Strand beschossen. Bald schien die ganze Küste zu brennen. Aus jedem Reetdach, jeder Scheune und jedem Karren schlugen die Flammen, und eine sanfte Brise trug die Schreie vom Strand zu den Schiffen hinüber.

Hunderte von Kriegern verließen die sächsischen Schiffe und zogen wie eine Gewitterfront über die Nordküste Britanniens. Als sie das erste brennende Dorf erreichten, flohen die wenigen unglücklichen Briten, die den Sturm aus lodernden Pfeilen überlebt hatten, wie vor einer Naturkatastrophe. Nur wenige stemmten sich den Angreifern mit ihren breiten Schwertern und Armbrüsten entgegen, um ihre ermordeten Familienangehörigen zu rächen oder die Stellung zu halten, aber sie hatten keinerlei Aussicht auf Erfolg. Eine Angriffswelle nach der anderen rollte über sie hinweg, und die Sachsen schwangen ihre gewaltigen, todbringenden Schwerter mit gnadenloser Effizienz. Niemand erfuhr Schonung, und kein Haus blieb stehen. Die Sachsen nahmen alle Hühner, Kühe und Schweine mit, die sie brauchen konnten, den Rest töteten sie.

Entlang der ganzen unwirtlichen Küste lagen zahllose weitere sächsische Schiffe vor Anker, bereit, immer mehr Nachschub an Land zu schicken und immer mehr Krieger, die nur darauf warteten, alles zu vernichten, was ihnen im Weg stand.

In der Mitte einer Gruppe von Kriegern befand sich, geschützt von seiner Leibgarde, Cerdic, der Anführer der sächsischen Truppen. Cerdic strahlte absolute Autorität aus. Als Heerführer hatte er sich durch großen Mut und noch größere Grausamkeit ausgezeichnet. Seine Sachsen gehorchten seinen Befehlen bedingungslos und ohne Zögern, denn sie wussten, dass sie schon bei der kleinsten Unbotmäßigkeit mit derselben Behandlung zu rechnen hatten, die Cerdic seinen Feinden angedeihen ließ.

Nur wenige Schritte hinter Cerdic folgte ihm sein Sohn Cynric an der Spitze seiner leicht bewaffneten Fußsoldaten. Der noch nicht einmal achtzehn Jahre alte Cynric gab sein Bestes, nicht wie der unerfahrene Kämpfer zu wirken, der er war, doch sein Versuch, besonders schreckenerregend aufzutreten, erzeugte eher den Eindruck von Nervosität. Cynric hatte zwar die Grausamkeit seines Vaters geerbt, nicht aber seine Führungsstärke. Seine Männer fürchteten ihn nicht. Sie verachteten ihn; wenn sie dies auch aus Angst vor Cerdic nicht zeigten. So war Cynric sich nicht einmal bewusst, dass seine Kämpfer ihm keinerlei Respekt entgegenbrachten; stattdessen lebte er mit der Einbildung, als großer Krieger und Feldherr verehrt zu werden. Dennoch verbarg sich hinter der Maske seiner Arroganz ein gehöriges Maß an Angst – nicht etwa vor dem Kampf oder dem Tod, sondern vor seinem Vorgesetzten und Vater.

Auf dem höchsten Punkt des Hügels angekommen, erblickten Arthur und seine Ritter vor dem dramatischen Hintergrund schneebedeckter Berge, deren Weiß vom Licht der untergehenden Sonne in ein tiefes Karmesinrot getaucht war, den gewaltigen Hadrianswall. Keiner von ihnen hatte je ein größeres und beeindruckenderes Bauwerk gesehen, es gehörte zu den bemerkenswertesten Beispielen römischer Baukunst. Der fünfzehn Fuß hohe Wall zog sich über achtzig römische Meilen hin und wurde in Abständen von je einer Meile von kleinen Kastellen gesichert. Ebenfalls in regelmäßigen Abständen wies der Wall Brustwehre auf – Festungsmauern, hinter denen Soldaten aufrecht und trotzdem geschützt stehen konnten. Diese Brustwehre erhöhten den Wall um weitere sechs Fuß. Das riesige Bauwerk beherrschte die Landschaft von Horizont zu Horizont, so wie Rom die Welt beherrschte. Gebaut, um die «Barbaren» vom römischen Territorium fern zu halten, diente der Hadrianswall nicht nur dem Schutz. Er war zugleich ein eindrucksvolles Symbol für die Macht des Römischen Reiches.

Mittlerweile jedoch hatte diese Demonstration römischer Macht über Britannien Moos angesetzt. Längst schon war der Wall nicht mehr das unüberwindliche Hindernis von einst. Teile des Mauerwerks verfielen, und etliche Kastelle hatte man entweder ganz aufgegeben oder nur noch mit lächerlich kleinen Mannschaften besetzt, die nahezu jeder entschlossene Gegner ohne größere Schwierigkeiten überwältigen konnte. Zudem ähnelten einige Kastelle eher Dörfern als Festungen, weil die ansässige britische Bevölkerung die Bauten und die angrenzenden Felder nach dem Rückzug der römischen Truppen für sich in Beschlag genommen hatte. Gleichzeitig mit Roms unumschränkter Herrschaft über die Region bröckelte allmählich auch der Hadrianswall auseinander.

Das Römerkastell Badon Hill unmittelbar hinter dem Wall war eine der mächtigsten Festungen im Umkreis von vielen Meilen. Aufgrund seiner strategischen Bedeutung als Tor zu Britannien hatte Rom dafür gesorgt, dass die Mauern von Badon Hill intakt blieben und das Kastell gut bemannt war. Wie bei zahlreichen anderen Festungen am Hadrianswall hatte sich auch um Badon Hill ein großes Dorf entwickelt. Die Bauern versorgten die Garnison mit

Lebensmitteln und anderen Dingen, und die Garnison wiederum schützte die Bauern vor möglichen Angreifern.

Der erste römische Soldat auf dem Wall, der die nahende Kolonne entdeckte, begann eine große Signalflagge zu schwenken. Auf der ganzen Länge des Walls antwortete daraufhin eine Signalflagge der anderen, bis die Nachricht zum Haupttor und zum Kastell zurückkam.

Am Fuße des Walls, auf der sanften Böschung von Badon Hill, passierte die Kolonne den Friedhof der Ritter.

Arthur dachte jedes Mal, wenn er an dieser Stelle vorbeikam, an seinen Vater, dessen Grab die ganzen Jahre über von keinem Schwert mehr gekennzeichnet wurde. Er dachte aber auch an seine Gefährten, die einer nach dem anderen hier ihre letzte Ruhestätte gefunden hatten, nachdem sie sich Arthurs Elitetruppe angeschlossen hatten. «Elite», ging es Arthur mit Bitterkeit durch den Kopf. «Ich habe ihnen Ruhm und Ehre versprochen, aber bekommen haben sie nur einen frühen Tod. Und nun liegen sie einsam und vergessen hier, lebendig nur noch in der Erinnerung der sieben, die von uns übrig sind. Und wenn auch wir ihnen eines Tages Gesellschaft leisten, wird es niemanden mehr geben, der sich unsrer erinnert. All unsere Schlachten, unsere Siege, unsere Opfer … alles umsonst.»

Falls die anderen sechs Ritter Arthurs düstere Gedanken teilten, so ließen sie es sich jedenfalls nicht anmerken. Die Papiere, die Bischof Germanus bei sich trug und die ihnen die Freiheit brachten, waren auch kaum geeignet, Gedanken an den Tod aufkommen zu lassen.

Nun, da sie in Sichtweite des Kastells und damit so gut wie in Sicherheit waren, lösten sie ihre schützende Formation um Germanus' Kutsche auf und legten das letzte Stück ungeordnet in zwei Gruppen zurück. Galahad,

Gawain und Bors bildeten die eine Gruppe. Bors war auf seine ungestüme Art fast immer guter Laune, an diesem Abend jedoch war er noch ausgelassener als sonst.

«Heute Nacht sind wir freie Männer, Freunde!», johlte er. «Wir besaufen uns, bis wir nicht mehr gerade pinkeln können.»

«Das machst du doch jeden Abend», stichelte Gawain.

In ernstem Tonfall erwiderte Bors: «Schon wahr, mit dem Pinkeln habe ich immer meine Probleme. Ich habe da unten eben viel zu viel, um es richtig in den Griff zu kriegen. Ja, das ist gar nicht so einfach.» Ein stolzes Grinsen überzog sein Gesicht.

Lachend blickte Gawain zu Galahad hinüber, doch der wirkte eher mürrisch und besorgt. «Dieser Römer gefällt mir nicht», sagte er ruhig. «Wenn er gekommen ist, um uns in die Freiheit zu entlassen, warum gibt er uns dann nicht einfach die Papiere?»

Gawain schüttelte den Kopf und klopfte Galahad auf die Schulter. «Sieht etwa so ein glücklicher Ritter aus?», scherzte er. «Du Narr, du kennst doch die Römer! Ohne feierliche Zeremonie wischen die sich nicht einmal den Hintern ab!»

«Warum schneidest du ihm nicht einfach die Kehle durch, Galahad?», schlug Bors vor. «Dann kannst du dich hinterher selbst in die Freiheit entlassen.»

Galahads Miene blieb jedoch so ernst, als hätte Bors seine Worte nicht scherzhaft gemeint. «Wenn es sein muss, mache ich das auch.»

Bors lehnte sich im Sattel zurück. «Dir wird das Schlachten noch fehlen, wenn du erst mal zu Hause bist.»

«Ich töte nicht zum Vergnügen», erwiderte Galahad. «Ganz im Gegensatz zu anderen.»

In diesem Augenblick ritt Tristran vorbei, bei dem Galahads Kommentar Belustigung auslöste. «Du solltest es wenigstens mal versuchen», warf Tristran ein. «Vielleicht findest du ja Gefallen daran.»

«Du hast doch jetzt schon Gefallen daran», meinte Bors zu Galahad, als wollte er eine freundschaftliche Warnung aussprechen. «Das Töten ist längst zu einem Teil von dir geworden.»

Galahad schüttelte den Kopf und schloss für einen Augenblick die Augen. «Morgen wird uns das alles nur noch wie ein böser Traum vorkommen.»

Gedankenvoll trieb Galahad sein Pferd voraus. Hinter ihm schien auch Gawain in melancholischer Stimmung. Nach längerem Schweigen sagte er: «Ich habe schon oft darüber nachgedacht, wie es sein wird, nach alldem wieder nach Hause zu kommen. Ich weiß nicht, was ich da soll.» Nachdenklich ließ er den Blick zum Friedhof schweifen.

«Ich habe mehr Zeit mit dieser Art von Leben verbracht als ohne», fügte er an. «Ich weiß kaum mehr, was ‹zu Hause› bedeutet.»

Bors schauderte bei dem bloßen Gedanken. «Zu Hause ist es arschkalt. Meine Mutter liegt tot unter der Erde. Wozu sollte ich dahin zurück, wo ich doch hier meine drei Frauen und Dutzende von Kindern habe? Jetzt, wo wir freie Männer sind, werden Dagonet und ich den Ort hier übernehmen. Ich habe alles schon genau geplant! Ich werde Statthalter, und der gute Dagonet wird mein Leibwächter und persönlicher Arschkriecher, stimmt's, Dag?»

Grinsend zog Dagonet seinen Dolch und pikte Bors ins Hinterteil.

«Fester, du dreckiger Bastard!», feuerte Bors ihn an.

Alle lachten aus vollem Halse. Bei diesen Spielchen fühlten sie sich wohl; je ordinärer ein Scherz, desto besser und amüsanter.

Tristran hielt den Arm hoch. Ein grauer Falke ließ sich auf ihm nieder. Tristran griff mit der anderen Hand in seine Tasche und holte einen kleinen Leckerbissen für den Vogel heraus. «Na, wo hast du dich denn so rumgetrieben, altes Mädchen?», sagte er mit leiser, beruhigender Stimme. Galahad warf einen bewundernden Blick auf den Vogel, bevor er wortlos weiterritt.

«Wenn ich nach Hause komme», meinte Gawain, «werde ich mir als freier Mann erst mal eine schöne sarmatische Frau zum Heiraten suchen, bevor ich dafür zu alt bin.»

Bors schaute ihn ungläubig an. «Eine schöne sarmatische Frau?», fragte er sarkastisch. «Das kann allein schon Jahre dauern. Und wie steht's mit dir, Lancelot? Was hast du vor, wenn du nach Hause kommst?»

«Naja, wenn Gawains Frau so schön ist, wie er immer behauptet», meinte Lancelot, «dann werde ich wohl ziemlich oft in Gawains Haus anzutreffen sein. Seine Frau wird sich über Gesellschaft sicher freuen.»

«Und was ist mit mir?», warf Gawain in gespielter Entrüstung ein.

«Du kannst dann froh sein, dass all deine Kinder so schön aussehen wie ich!», entgegnete Lancelot grinsend.

Während die anderen lauthals lachten, gab Lancelot seinem Pferd die Zügel frei, bis es in Trab fiel, und schloss zu Arthur auf. Als Arthur das raue Gelächter seiner Männer hörte, stimmte er unwillkürlich mit ein. «Es ist gut zu hören, was sie alles für Pläne schmieden», sagte er zu Lancelot. «Das ist in den letzten Jahren ein bisschen zu kurz gekommen.»

«Hast du schon erfahren, dass Bors jetzt Statthalter ist?»,

erkundigte sich Lancelot. «Statthalter im Reich der Scheiße.»

Arthur lachte.

«Was mich betrifft», erklärte Lancelot, «ich mache mich auf den Heimweg, sobald die Sonne aufgegangen ist. Wahrscheinlich kann ich ohnehin nicht schlafen. Und was ist mit dir, Arthur? Ich habe fast das Gefühl, dir gefällt es hier.»

«Dann täuscht dich dein Gefühl», erwiderte Arthur. «Ab morgen plane ich meine Reise nach Rom.»

«Rom!» Verächtlich spuckte Lancelot das Wort aus. «Und was willst du in deinem geliebten Rom, Arthur?»

«Dem Herrn im Himmel danken, dass ich die heilige Stadt sehen darf», antwortete Arthur in scherzhaft andächtigem Tonfall.

«Du machst mich noch wahnsinnig mit deinem Gott!», stöhnte Lancelot.

Wieder musste Arthur lachen. Für den Moment jedenfalls war seine düstere Stimmung verflogen, und zum ersten Mal seit langem war er optimistisch, fast glücklich. Lächelnd sagte er: «Frieden, Lancelot. Ich will Frieden. Ich habe genug vom Töten.»

Schweigend ritten sie weiter, bis Arthur in einem Ton, aus dem seine Zuneigung zu Lancelot sprach, sagte: «Du musst mich dort besuchen. Rom ist großartig. Geordnet. Zivilisiert. Fortschrittlich.»

«Eine Brutstätte für aufgeblasene Dummköpfe», konterte Lancelot.

Arthur schüttelte den Kopf. «Die bedeutendsten Köpfe aller Länder sind an diesem Ort versammelt, um dazu beizutragen, die Menschheit zu befreien.»

Lancelot warf seinem Freund einen schelmischen Blick zu. «Und wie steht's mit den Frauen?»

Arthur sparte sich eine Antwort und erwiderte Lancelots Blick auf eine Weise, die nur zwei sehr gute Freunde zu deuten wussten, die schon viele Frauen miteinander geteilt hatten. Lancelot lachte in sich hinein. «Vielleicht ist Rom ja doch nicht so übel», lenkte er ein.

Lachend ritten die beiden Männer weiter.

Als die Ritter die Kutsche durch das Eingangstor der Festung am Hadrianswall eskortierten, kamen sie an einer Gruppe Kinder vorbei, die mit Holzschwertern Ritter spielten.

Diener standen bereit und erleichterten die Männer um ihre Ausrüstung, allen voran der Knappe Jols, der die Pferde am Zügel nahm und sie in die Stallungen führte.

«Ich bin Arthur!», rief eines der Kinder, einen Kübel wie einen Helm auf dem Kopf.

«Nein!», widersprach wütend ein anderer kleiner Junge. «Du bist ein Pikte! Ich bin Arthur!»

Arthur schüttelte im Vorbeigehen amüsiert den Kopf. Als die Kinder ihn erkannten, liefen sie ihm nach und jubelten ihm zu. Mehrere junge Frauen – sie bewunderten die Ritter zutiefst – schlossen sich ihnen an. Eine von ihnen reichte Arthur mit unzweideutigem Lächeln einen Krug Met. Er akzeptierte den Honigwein, ohne sie auch nur eines Blickes zu würdigen, und reichte den Trank an Bors weiter. Unter lüsternen Blicken auf die junge Frau nahm Bors einen tiefen Zug, bevor er den Krug an Lancelot weitergab.

Als Bischof Germanus aus seiner Kutsche stieg, beobachtete er mit sichtlichem Missvergnügen, welche Verehrung die Ritter genossen. Nicht weniger abstoßend erschien ihm all das, was er sonst noch an diesem armseligen Ort sah. Nur ein wichtiger Auftrag des Papstes konnte ihn dazu bewogen haben, den Komfort und die Schönheit Roms hinter sich zu lassen und gegen den Schmutz und das Elend an den äußersten Grenzen des Reiches einzutauschen.

Arthur winkte seinen Knappen herbei. «Jols», befahl er, «bring den Bischof in mein Quartier und sorg dafür, dass es ihm an nichts fehlt.»

«Ja, Arthur», sagte Jols, ging zum Bischof hinüber und verbeugte sich. «Für den Fall, dass Euer Eminenz ein wenig ruhen möchte, stellt Arthur Euch seine Räumlichkeiten zur Verfügung.»

Der Bischof neigte dankend den Kopf, ohne sonderlich dankbar zu wirken, und entfernte sich, immer dicht gefolgt von Horton. Doch dann blieb er noch einmal stehen und drehte sich um. «Arthur», sagte er, «sollen wir später noch zusammenkommen, um über den Anlass meiner Reise zu sprechen?»

Arthur nickte und erwiderte: «Ganz, wie Ihr wünscht, Euer Eminenz.»

Als die Ritter das hörten, lächelten sie einander zu. Endlich war die Freiheit so nah, dass sie sie förmlich riechen konnten. Die Krüge mit dem Met wurden aufgefüllt, und einige Ritter nahmen kichernde junge Frauen in den Arm, um zu entscheiden, welche von ihnen wohl eine ganz spezielle Form des Abschiednehmens verdient hatte.

Jols öffnete die Tür zu Arthurs Raum und verbeugte sich, bis Bischof Germanus und Horton eingetreten waren. Dann zog er sich wortlos zurück, um wieder für Arthurs Wünsche bereitzustehen.

Germanus legte seine Reisekleider ab, die dick mit dem Staub der Straße und der Schlacht bedeckt waren. Horton entnahm der Tasche des Bischofs einen leuchtend roten Talar und half Germanus, ihn anzulegen.

«Sehr freundlich von Arthur, seine Unterkunft zur Verfügung zu stellen», meinte Horton.

Der Bischof warf Horton einen Blick zu, der diesen veranlasste, seine Worte noch einmal zu überdenken. «Aber das ist natürlich das Wenigste, was wir erwarten durften», stammelte er.

Germanus aber starrte Horton weiter an, als hätte er kein Wort gesagt. «Pack jetzt meine Sachen aus», befahl er, «und dann raus.»

Horton wirkte ebenso überrascht wie verletzt. «Mein Herr, Ihr werdet doch sicher …»

Bischof Germanus warf Horton einen scharfen Blick zu, der seinen Sekretär zum Schweigen brachte. «Ich wiederhole mich nur ungern, Horton», sagte er drohend. Horton verbeugte sich und begann, die Tasche des Bischofs zu leeren.

Unterdessen ging Germanus nachdenklich in Arthurs Zimmer auf und ab. Aufmerksam nahm er jede Einzelheit im Raum wahr, und sanft berührte er die verschiedenen Gegenstände, als vermittelten sie ihm einen Eindruck vom Wesen ihres Besitzers. Er ließ die Hand auch über die Rücken einer ganzen Reihe von Büchern gleiten.

Schließlich blieb er vor einem kleinen Keramikrelief des Pelagius stehen. Er wurde blass und betrachtete mit hassverzerrtem Gesicht das Bild des ketzerischen Mönchs – dieses Lästerers, der sich als christlicher Priester ausgab, dessen gottlose Ideen in Wahrheit aber auf den monströsen Glaubensvorstellungen der Heiden beruhten. Schlimmer noch: Germanus wusste, dass Arthur bei Pelagius in Rom studiert hatte. Der Gedanke, dass der junge, leicht beeinflussbare Arthur zu Füßen dieses Übeltäters gesessen und all seine gefährlichen Ideen über den freien Willen bereitwillig in sich aufgenommen hatte – all diesen Unsinn, der besagte, der Mensch könne durch gute Taten zur Erlösung gelangen statt, wie die Kirche lehrte, ausschließlich durch die Gnade Gottes –, dieser Gedanke machte ihn fast krank. In seinem heiligen Zorn packte Germanus die Tonplatte und schleuderte sie in eine Ecke, wo sie in unzählige Scherben zersprang. Horton tat, als hätte er den Wutausbruch gar nicht bemerkt, und fuhr mit dem Auspacken fort.

Auf ein energisches Klopfen hin wandten sich Germanus und Horton zur offenen Tür, in der höflich lächelnd der Knappe Jols stand. «Ich bin gekommen, Euch in den Festsaal des Kastells zu geleiten, Euer Eminenz», erklärte Jols. Er hatte Germanus' Zornestat offensichtlich mitbekommen, doch seine Miene blieb die eines beflissenen Dieners.

Der Bischof nickte missgelaunt und schritt an Jols vorbei zur Tür hinaus. Horton folgte ihm zusammen mit Jols in respektvollem Abstand durch den Korridor.

Unterwegs erklärte Horton in ruhigem, aber arrogantem Ton: «Wenn mein Herr mit euren Rittern zusammentrifft, muss er als Letzter Platz nehmen, und zwar am Kopfende des Tisches.»

Jols konnte sich ein Grinsen nicht verkneifen. «Euer Herr kann Platz nehmen, wo immer es ihm beliebt.»

Fünf

Im Hauptsaal der Festung standen Lancelot, Gawain, Galahad, Bors, Dagonet und Tristran wartend hinter ihren Stühlen um den aus dicken Holzplanken gebauten runden Tisch. Trotz der vielen unbesetzten Plätze vermittelte der Raum kein Gefühl der Leere mehr. Er war nun erfüllt von der Hoffnung auf eine bessere Zukunft, die jeden Augenblick mit ihrer Entlassung in die Freiheit beginnen konnte. Vor ihnen standen Pokale sowie Flaschen mit Wein und Bier. Die Ritter waren in gehobener, fast ausgelassener Stimmung.

Arthur betrat als Letzter den Saal. Als seine Ritter sich ihm zuwandten, sahen sie, dass er von Kopf bis Fuß wie ein römischer Offizier gekleidet war: Er trug eine kurze, bis oberhalb des Knies reichende Tunika, Stiefel mit Lederriemen und einen ärmellosen Umhang. Wie immer, wenn sie ihn so sahen, waren Arthurs Ritter von seiner strahlenden Erscheinung überwältigt und stolz darauf, ihn zum Freund und Anführer zu haben.

Dennoch konnten die Ritter der Versuchung, ein wenig Spaß mit ihm zu treiben, nicht widerstehen. Lancelot verbeugte sich in übertriebener Manier und rief: «Es lebe Arthur!» Die anderen taten es ihm gleich und verneigten sich, so tief sie nur konnten. Während Bors mit dem Gesicht fast den Boden berührte, entfuhr ihm ein donnernder Furz.

Alle brachen in lautes Gelächter aus, und auch Arthur, der solche Scherze gutmütig aufnahm, stimmte ein. Er nahm Platz und griff nach seinem Pokal. Stille senkte sich über den Saal. Erst in diesem Augenblick spürten wirklich alle, dass sich ihre gemeinsame Zeit dem Ende zuneigte. Sosehr sie sich auch nach der Freiheit sehnten; sie waren einander doch über lange Zeit so eng verbunden gewesen, dass sie der Gedanke an einen Abschied für immer schmerzte.

Arthur hob seinen Pokal: «Trinken wir auf Gawains Bruder und die vielen anderen tapferen, außergewöhnlichen Männer und Brüder, die wir verloren haben. Niemals werden wir sie vergessen.» Langsam ließ er den Blick über all die leeren Stühle in der Runde schweifen, denen nun eine besondere Bedeutung zukam. Bevor sie tranken, goss jeder Ritter ein wenig Wein auf den Boden für jene, die im Kampf ihr Leben gelassen hatten und von allen außer von den sieben Anwesenden vergessen worden waren. Der Gedanke stimmte sie traurig, doch dann war es wieder einmal Bors, der entschlossen für Aufheiterung sorgte.

«Auf die Freiheit!», rief er und hob seinen Pokal.

Auch Galahad hob sein Glas. «Auf die Heimat!», stimmte er ein.

Dagonet und Gawain riefen zugleich: «Auf Arthur!»

Die Ritter nahmen einen tiefen Schluck und verglichen in lebhafter Stimmung ihre Pläne für die Zukunft. Dann aber zog das Knarren der Saaltür ihre Aufmerksamkeit auf sich. Die Gruppe verstummte, und alle wandten sich zur Tür.

Zwei römische Wachen geleiteten Bischof Germanus herein, in respektvoller Entfernung gefolgt von Horton und dem Knappen Jols.

Gawain nickte Galahad viel sagend zu. «Hab ich's dir nicht gesagt?», flüsterte er. «Jetzt kommt die Zeremonie.»

Beide Ritter hielten den Blick geradeaus gerichtet, doch Galahad legte die Hand an sein Schwert – bereit, Germanus zu töten, «falls es zum Äußersten kommt», woraufhin Gawain leise in sich hineinlachte und den Kopf schüttelte.

Obwohl jeder der Anwesenden wusste, wer der Bischof war, hielt Horton es für erforderlich, seinen Herrn offiziell vorzustellen. «Seine Eminenz», verkündete Horton wichtigtuerisch. Dann erst bemerkte er voller Schrecken den ungewöhnlichen Tisch. Stotternd brachte er seine Vorstellung des Bischofs zu Ende: «Bischof … Gnaeus … Germanus.»

Horton trat beiseite, um den Bischof zum Tisch durchzulassen. Als Germanus stehen blieb und die Tafel anstarrte, fragte Horton Jols mit gepresster Stimme: «Ein runder Tisch? Was soll das denn?»

Lächelnd erwiderte Jols: «Arthur meint, Männer wären nur dann Männer, wenn sie Gleiche unter Gleichen sind.»

Mit weit ausholender Geste begrüßte Arthur den Bischof: «Willkommen in unserer Tafelrunde.» Mit einem Nicken bedeutete er dem Bischof, einen Sitzplatz zu wählen. Germanus wägte seine Optionen – oder den Mangel an solchen – ab, und als er sich endlich entschieden hatte, saßen alle Ritter bereits. Mit mäßigem Erfolg versuchte Germanus, sein Missfallen zu verbergen. Er bedachte Arthur mit einem humorlosen Lächeln und bemerkte, während er sich setzte, die vielen leeren Plätze.

«Ich bin immer davon ausgegangen, dass ihr mehr seid», sagte er.

Arthur war überrascht. «Wir kämpfen nun schon seit fünfzehn Jahren, Bischof», erklärte er mit freundlicher Stimme. «Zu Anfang waren wir in der Tat sehr viel mehr.»

In den Mienen der Ritter – finster, trauervoll und trotzig – spiegelten sich zugleich jene fünfzehn Jahre und die Erinnerung an all die tapferen Brüder, die von ihnen gegangen waren. Germanus wurde klar, welchen Fehler er begangen hatte. «Ach ja. Natürlich. Ich muss mich entschuldigen. Arthur und seine Ritter haben mit großem Mut und unter beträchtlichen Verlusten auf diesem letzten Vorposten unseres Ruhms die Ehre des Römischen Reiches verteidigt, und Rom schuldet ihnen dafür Dank.»

Da sie zu ihrem Dienst gezwungen worden waren, konnten sich die Ritter nur mit Mühe davon zurückhalten, Bischof Germanus ins Gesicht zu lachen. Stattdessen erwiderte Lancelot: «Was veranlasst einen Bischof dazu, eine derart lange und beschwerliche Reise zu unternehmen, nur um ‹Diener› Roms in die Freiheit zu entlassen?»

Germanus blickte Lancelot finster an. Von einem gewöhnlichen Ritter derart unvermittelt angesprochen zu werden, war für ihn eine Beleidigung. Als er aber Arthurs Miene sah und sich seine lächerlichen Ideen von Gleichheit ins Gedächtnis rief, antwortete Germanus mit einem eisigen Lächeln.

«Ich habe mich freiwillig für diese Aufgabe zur Verfügung gestellt. Es war eine einmalige Gelegenheit, all diese berühmten Kämpfer einmal selbst zu sehen und zugleich meinem Papst zu dienen. Seid versichert, dass ich diesen Auftrag als große Gnade empfinde.»

Lancelot glaubte ihm kein Wort, erwiderte aber nichts. Arthur bemerkte den misstrauischen Blick seines Freundes und nickte zustimmend. Die übrigen Ritter starrten Germanus weiterhin höflich, aber auch voller Ungeduld an. Sie wollten endlich den «zeremoniellen» Teil hinter sich bringen und zum entscheidenden Anlass ihrer Zusammenkunft kommen.

Der Bischof nickte Horton zu, der mit ein paar schnellen Schritten zur Tür ging und die römische Leibwache des Bischofs hereinwinkte. Mit einem großen Weinfass traten die beiden Legionäre ein. Sie stellten es auf den Tisch und zapften es an. Horton und Jols füllten die Pokale, während die Ritter das seltsame Schauspiel verfolgten.

Als der Wein eingeschenkt war, stand Germanus auf und hob seinen Pokal.

«Auf euch, edle Ritter», begann er. «Und auf eure letzten Tage als Diener des Reiches.»

Lancelot flüsterte Bors ins Ohr: «Er meint wohl *Tag*, nicht *Tage*, oder …?»

Bors, wie fast alle anderen Ritter ebenfalls misstrauisch geworden, erwiderte seinen Blick. Sie bemerkten jetzt, dass der Bischof offensichtlich mit etwas hinter dem Berg hielt.

Während die Ritter ihren Wein genossen, sahen sich Lancelot und Arthur fragend an. Der Bischof deutete auf seinen Pokal und erklärte: «Der ist aus den Weinbergen des Papstes.»

Arthur ansehend, fuhr er fort: «Seine Heiligkeit hegt ein persönliches Interesse für dich und deine Ritter. Er hat sich nach jedem Einzelnen von euch erkundigt.»

Lächelnd fragte Arthur: «Und was interessiert Seine Heiligkeit an uns so sehr?»

Bischof Germanus nippte an seinem Wein. «Natürlich brennt er darauf zu erfahren, ob deine Ritter sich mittlerweile zum Wort unseres Erlösers haben bekehren lassen oder ob …?»

Noch bevor er den Satz zu Ende bringen oder Arthur antworten konnte, ließ Gawain seinen Weinpokal auf den Tisch krachen und sagte trotzig: «Ich bete zu jedem Gott, jeder Göttin und notfalls sogar zum Teufel, wenn uns das unsere Freiheit bringt!»

Die Ritter stimmten ihm lautstark zu, und Germanus war sichtlich unwohl dabei.

Dann erklärte Bors: «Ich hab ja gar nichts gegen das Christentum, ehrlich … Ich hab mal ein Standbild von eurer Jungfrau Maria gesehen, und ich muss sagen, die sieht verdammt gut aus.»

Die Ritter nickten zustimmend. «Genau», meinte Tristran, «wirklich sehr hübsch.» Auch Dagonet war einverstanden. «Keine Frage», rief er. «Eine wahre Schönheit!» Darauf hoben alle ihre Pokale, um sich nachschenken zu lassen.

Horton war entsetzt über die unbeabsichtigte Blasphemie, aber Germanus gab sich alle Mühe, ein nachsichtiges Lächeln zustande zu bringen. Arthur dagegen war die Angelegenheit peinlich, und er hatte das Gefühl, sich für seine Ritter entschuldigen zu müssen wie ein liebender, aber zutiefst verlegener Vater für seine Kinder. «Ihr müsst meinen Männern verzeihen, Euer Eminenz. Sie hängen noch immer an der Religion ihrer Ahnen, und ich habe das nie in Frage gestellt.»

«Aber gewiss, gewiss», sagte der Bischof und winkte großherzig ab. «Sie sind nun einmal Heiden, so wie einst auch die Römer Heiden waren. Manche meinen sogar, Rom wäre es damals mit dem Heidentum besser ergangen. Was die Position der Kirche anbelangt, so fallen bei uns derartige Glaubensvorstellungen unter den Begriff der ‹Unschuld›.» Keinem der Ritter entging sein herablassender Tonfall. «Doch nun zu dir, Arthur. Dein Weg zu Gott führte dich über Pelagius. Ich habe sein Bildnis in deinem Quartier gesehen.»

Arthur nickte und erklärte mit tiefer Zuneigung in der Stimme: «Er hat den Platz meines Vaters eingenommen. Seine Lehren über den freien Willen, die Gleichheit und den Glauben haben mich stark beeinflusst. Ich freue mich schon darauf, ihn in Rom wiederzusehen.»

Horton warf Germanus einen nervösen Blick zu, doch sein Herr ignorierte ihn wie immer und wirkte, als wäre er ausschließlich an Arthurs Worten interessiert. «Ja», erwiderte er ruhig, «Rom sieht deiner Rückkehr mit großer Freude entgegen. Du bist ein Held. In Rom wirst du deine Tage in Ehren und Wohlstand beschließen.» Dann wandte er sich an die Ritter. «Und ihr, sarmatische Ritter, werdet in eure Heimat zurückkehren, nachdem ihr Rom treu gedient und den einst geschlossenen Vertrag mit dem Reich erfüllt habt.»

Germanus holte eine Reihe von Schriftrollen hervor und legte sie unter den ungeduldigen Blicken der Ritter in aller Ruhe auf den Tisch. Sie wussten, dass diese Papiere sie aus ihrer Pflicht entlassen und nach Jahren der Kämpfe für Rom endlich zu freien Männern machen würden.

Germanus gab vor, ihre Ungeduld nicht zu bemerken, und sprach, während er die Schriftrollen ordnete, in beiläufigem und sachlichem Ton weiter.

«Wir leben in einer Welt immer währender Veränderungen», fuhr er fort. «Barbaren aus allen Himmelsrichtungen bedrohen die Tore Roms. Deshalb haben Rom und der Heilige Vater entschieden, dass wir uns von nicht mehr haltbaren Vorposten wie denen in Britannien zurückziehen. Was danach mit Britannien geschieht, wird nicht mehr unsere Sorge sein», fügte er unter gleichgültigem Achselzucken hinzu. «Ich nehme an, die Sachsen werden das Land bald für sich beanspruchen.»

Lancelot witterte sofort eine Falle, und auch die anderen Ritter hörten nach dieser unerwarteten Wendung des Gesprächs genau zu.

«Sachsen?», fragte Arthur.

«Ganz recht», bestätigte Germanus. «Im Norden ist bereits ein massiver Einfall im Gange.»

«Ihr sagt, die Sachsen beanspruchen Britannien für sich», warf Lancelot ein. «Doch Sachsen ‹beanspruchen› nur, was sie töten.»

Gawain nickte zustimmend und fügte an: «Und sie töten alles, was ihnen im Weg steht. Um sie zu besiegen, bedürfte es einer ganzen Legion.»

Galahad schüttelte bekümmert den Kopf. «Nach so vielen Jahren des Krieges bekommen die Pikten ihr Land nun also doch nicht zurück.»

Bors wirkte noch niedergeschlagener als Galahad. «Und ich nehme an, die Sachsen werden mich als Statthalter nicht haben wollen», klagte er. «Verdammt sollen sie sein!»

Unter den Rittern herrschte betroffenes Schweigen – nicht nur wegen der Pikten, sondern wegen der grundsätzlichen Ungerechtigkeit, die sie in diesem Lauf der Dinge sahen.

«In der Tat», sagte Bischof Germanus, bevor er sich abrupt erhob. «Sarmatische Ritter, hier sind eure Entlassungsdokumente. Sie garantieren euch freies Geleit durch ganz Europa.» Die Ritter beugten sich vor, um sich die kostbaren Schriftrollen aushändigen zu lassen. Germanus nahm sie vom Tisch auf. «Aber zunächst», erklärte er, «muss ich noch ein paar Worte mit eurem Anführer wechseln.»

Verärgert lehnten sich die Ritter auf ihren Stühlen zurück. Sie protestierten nicht, zeigten aber auch mit keiner Bewegung, dass sie den Raum verlassen wollten.

«Unter vier Augen», sagte Germanus entschieden.

«Wir haben keine Geheimnisse voreinander», erklärte Arthur.

Germanus wartete. Die Ritter wussten, dass sie ihn mit Arthur allein lassen sollten. Dennoch blieben sie zunächst einmal sitzen. Arthur nickte ihnen aufmunternd zu. Lancelot erhob sich als Erster, obwohl tiefes Misstrauen aus seiner Miene sprach.

«Kommt schon», forderte Lancelot die anderen mit gespielter Gelassenheit auf. «Römische Angelegenheiten sollten wir besser den Römern überlassen.» Mit diesen Worten ging er zur Tür.

Bors stand auf und folgte Lancelot, als ihm etwas einfiel. Er ging zum Tisch zurück, stemmte das Weinfass auf seine Schulter und bedachte Germanus mit einem entschuldigenden Achselzucken, bevor er den Raum verließ. Die anderen taten es ihm gleich, aber nicht, ohne Arthur bohrende Blicke zuzuwerfen. Als die Ritter gegangen waren, schob Germanus die Entlassungspapiere zu Horton hinüber und gab diesem mit einem Nicken zu verstehen, dass auch er nun gehen könne. Horton nahm die Rollen, verbeugte sich und verließ zusammen mit dem Knappen Jols den Raum.

Im großen Saal waren nur noch Arthur, Bischof Germanus und seine beiden römischen Leibwächter. Eine Zeit lang sahen Arthur und Germanus einander über den Tisch hinweg schweigend an. Arthur verspürte ein ungutes Gefühl in der Magengegend. Er wusste, dass das, was Germanus ihm zu sagen hatte, im günstigsten Fall unangenehm war und im ungünstigsten tragische Folgen haben würde.

Schließlich atmete Germanus tief durch und erklärte:

«Rom hat einen letzten Auftrag für dich und deine Männer.»

Arthur reagierte mit Erstaunen. «Einen letzten Auftrag? Unsere Dienstzeit ist abgelaufen. Ihr habt doch selbst unsere Entlassungspapiere mitgebracht. Was versteht Ihr unter ‹letztem Auftrag›?»

Germanus lächelte beschwichtigend. «Ich bin zu Tode betrübt, dass ausgerechnet ich euch die schlechten Nachrichten überbringen muss. Aber du musst wissen, Arthur, dass dieses Ansuchen vom Papst höchstpersönlich kommt.»

«Ansuchen?», sagte Arthur zynisch.

Bischof Germanus erwiderte das Lächeln. «Seiner Heiligkeit ist es sehr ernst mit diesem Ansuchen an euch.»

Arthur starrte Germanus weiter misstrauisch an, war aber bereit, ihn anzuhören. Eine Anordnung des Papstes durfte nicht leicht genommen werden, selbst wenn sie jeglichem Gefühl für Gerechtigkeit widersprach. Germanus registrierte Arthurs Misstrauen und seine Verärgerung und hielt es für besser, die Sache so rasch wie möglich hinter sich zu bringen. Den Blick auf den Tisch gesenkt, schob er einige Papiere hin und her und sagte schließlich: «Ihr werdet nach Norden ziehen, um die Familie des Marius Honorius zu retten …»

Die Worte trafen Arthur wie ein Schlag ins Gesicht.

Germanus fuhr fort: «… und vor allem Marius' Sohn Alecto heil zurückbringen. Er ist von besonderer Bedeutung. In Rom trachteten ihm manche nach dem Leben, und aus diesem Grund schickte man ihn nach Britannien. Man glaubte, dass er dort sicherer sei. Wir hegten die Hoffnung, seine Familie mit einer kleinen Legion beschützen zu können, aber die wäre dem Heer der Sachsen nicht gewachsen. Ich habe Grund zu der Vermutung, dass Marius über eine eigene Söldnertruppe verfügt, die für euch von Nutzen sein könnte, solltet ihr auf dem Rückweg in Schwierigkeiten geraten.»

Bischof Germanus hielt inne, um festzustellen, wie Arthur die Neuigkeiten aufnahm, doch Arthur starrte ihn einfach nur mit ausdrucksloser Miene an.

«Alecto ist ein Schüler des Papstes und sein bevorzugter Schützling», fuhr Germanus fort. «Wie du ist er ein junger, äußerst viel versprechender Mann. Er ist dazu bestimmt, einmal Bischof zu werden, und es ist keineswegs auszuschließen, dass er es sogar bis zum Papst bringt. Und ich soll sein geistlicher Lehrer sein – sozusagen sein Führer auf seinem Weg zum Heiligen Stuhl.»

Arthur stockte der Atem. Er hatte Germanus zwar noch nie getraut, dennoch aber auch nie geahnt, wie weit sein Ehrgeiz ging. Schlimmer noch: Ihm war jetzt klar, dass dieser Ehrgeiz ihn nicht einmal davor zurückschrecken ließ, Arthurs Ritter zu hintergehen. Seine Männer waren der Freiheit so nahe – und nun das. Äußerlich ruhig, fragte Arthur mit eisiger Stimme: «Und wie soll ich diesen tapferen Männern erklären, dass ich ihnen statt der Freiheit den Tod biete? Diesen Männern, die ihr Leben aufs Spiel gesetzt haben für eine Sache, die nie die ihre war?»

«Mach die Sache nicht schwieriger, als sie ist», beschwichtigte der Bischof. «Wenn deine Männer tatsächlich die legendären Ritter sind, von denen man sich wahre Wunderdinge erzählt, dürfte das allenfalls ein letztes Abenteuer für sie sein, bevor sie in der Freiheit vor Langeweile umkommen.» Er zuckte mit den Achseln. «Und wenn es zum Schlimmsten kommt … nun ja, vielleicht wird ja der eine oder andere überleben, alles liegt in Gottes Hand.»

Arthur kochte vor Zorn, zumal ihm wohl bewusst war, wie sehr Germanus diese Unterhaltung genoss.

«Deine Männer wollen doch nach Hause», fuhr Bischof Germanus fort, «und auf dem Weg dorthin müssen sie das gesamte Römische Reich durchqueren. Deserteure würde man jagen wie Hunde. Und das alles natürlich im Namen Gottes.»

«Im Namen Gottes …», wiederholte Arthur angewidert.

«Willst du dich gegen den Papst wenden?», fragte Germanus mit einem gütigen Lächeln. «Gegen Rom? Gegen Gott im Himmel?»

«Ihr stellt meinen Glauben in Frage?», entgegnete Arthur bitter. «Ich würde mich niemals gegen meinen Gott wenden», erklärte er mit funkelnden Augen. «Aber begeht nicht den unter Staatsmännern verbreiteten Irrtum, einen Soldaten für einen Narren zu halten, nur weil er immer loyal war.»

Germanus war von der Bezeichnung «Staatsmann» schwer getroffen, doch er versuchte, die Fassung zu bewahren. Er stand auf und zeigte mit dem Finger auf Arthur. «Würdest du tatsächlich zulassen, dass ein schutzloser römischer Junge, der dazu bestimmt ist, unsere Kirche zu führen, den Sachsen in die Hände fällt?»

Damit hatte er bei Arthur einen Nerv getroffen.

«Von wem stammen diese Befehle?», fragte Arthur nach.

«Wie ich dir schon erklärt habe», beteuerte Germanus, «kommen sie vom Heiligen Vater persönlich.»

«Wollt Ihr mich glauben machen, dass der Heilige Vater meine Männer betrügen und seine eigenen Versprechungen brechen würde?», fragte Arthur.

Bischof Germanus bedachte ihn mit einem strengen

Blick. «Nimm dich in Acht, Artorius Castus», mahnte er, «dass du dich neben der Gehorsamsverweigerung nicht noch der Blasphemie schuldig machst.»

«Nicht, was ich rede, ist blasphemisch», gab Arthur ruhig zurück.

«Tu, was man von dir verlangt», drängte Germanus ernst. «Es wird dem Papst gefallen. Und du wirst einem wertvollen jungen Mann das Leben retten.» Dann fügte er mit einem unbarmherzigen Lächeln hinzu: «Übrigens hast du gar keine andere Wahl.»

Wütend und verzweifelt wandte Arthur den Blick ab.

«Sobald ihr diese Mission erfüllt habt», fuhr Germanus fort, «sind deine Männer frei. Ihre Papiere bleiben so lange hier, bis sie zurückkommen. Darauf gebe ich dir mein Wort.»

Arthur schaute Germanus fest in die Augen. «Wenn Ihr Euer Wort brecht», sagte er leise, «kostet es Euch den Kopf.»

Germanus drehte sich eilig um und verließ den Raum, gefolgt von seiner römischen Leibwache. Allein am runden Tisch sitzend, ließ Arthur den Blick über die leeren Stühle schweifen. Der Wein, der für die toten Ritter auf den Boden gegossen worden war, erschien ihm nun wie Blut. Weiter wanderte sein Blick zu den alten Standarten an der Wand, die so manche Schlacht gesehen hatten; zerfetzt und fleckig, wie sie waren, zeugten sie von schrecklichen und verlustreichen Kämpfen.

Arthur schloss die Augen zum Gebet. «Bist du heute Nacht hier, Gott meines Vaters? Oder hast du diese Insel ebenso verlassen, wie Rom es getan hat?»

Der Wind heulte durch den zugigen Saal, als wäre er die verärgerte Stimme Gottes.

«Erfülle mich mit deiner Kraft, o Herr», flehte Arthur verzweifelt. «Möge deine Hand zusammen mit meiner Excalibur führen. Hilf mir, alle zu vernichten, die der wohlverdienten Freiheit meiner Männer im Weg stehen.»

Doch außer Gott hatte noch jemand Arthurs Gebet gehört. Vor dem Kastell unterhalb des Saales saß, die Beine weit von sich gestreckt, Dagonet an einen Baum gelehnt unbemerkt auf dem Boden wie ein königlicher Wachhund. Dagonet war zu einfältig, um zu verstehen, warum Arthur betete, doch aus irgendeinem Grund – er konnte es sich selbst nicht erklären – fand er Trost in der Tatsache, dass Arthur betete. Hätte Dagonet gewusst, wie er es anfangen sollte, dann hätte er selbst gebetet.

Sechs

Die Ritter hatten sich in einem großen Hof des Kastells um ein wild loderndes Freudenfeuer versammelt. In unregelmäßigen Abständen verteilte Steinblöcke dienten ihnen als Sitzgelegenheiten. Bis auf Arthur waren sämtliche Ritter anwesend. Im Augenblick jedoch fiel niemandem sein Fehlen auf. Etliche Frauen versorgten die Männer am Feuer mit Essen und Wein.

Wie nach einer stillschweigenden Übereinkunft sprach niemand von Bischof Germanus oder den kostbaren Papieren in seinem Gepäck – und schon gar nicht von dem unguten Gefühl, das sie beschlichen hatte, als sie ihn mit Arthur allein ließen. Solange sie nichts anderes hörten, war es eine Nacht wie jede andere, die sie mit Trinken, Glücksspielen und willigen Frauen verbrachten, von denen sich immer genügend fanden.

Knapp außerhalb vom Lichtkreis des Feuers schaute eine kleine Gruppe von Kindern den Rittern neugierig und aufgeregt zu. Mehrere von ihnen hatten eindeutig Ähnlichkeit mit Bors. Als dieser sie bemerkte, nahm er einen Arm voll Brot und trat zu den Kindern, die sofort verstummten. Er betrachtete sie mit freundlichem Blick. Eines der älteren Kinder, ein Junge namens Augustus, drängte sich nach vorn.

«Vater», bat Augustus, «gib uns doch ein wenig Brot!»

Bors schien über die Bitte nachzudenken. «Wart ihr auch gehorsam?»

«Ja, Vater!», antwortete Augustus mit Inbrunst.

Als Galahad vorbeikam, mahnte er Bors: «Aber füttere nicht nur deine eigenen Bastarde.»

Lächelnd erwiderte Bors: «Wie soll ich denn wissen, welche von mir sind?» Dann wandte er sich wieder den Kindern zu und rief: «Wart ihr Bastarde auch alle schön brav?»

«Ja! Ja!», schallte es im Chor zurück.

Wie Bälle warf Bors die Brotlaibe in die Gruppe. Einige Kinder bissen sogleich große Stücke aus den Broten und kauten hingebungsvoll, aber die meisten, die etwas ergattert hatten, hielten ihre Beute fest an die Brust gedrückt und rannten damit nach Hause. Anders als an vielen anderen Abenden würde es an diesem für die Familie etwas zu essen geben.

Ganz angetan von seiner eigenen Großzügigkeit, setzte sich Bors neben Vanora, die ihm derzeit als eine Art Ehefrau diente.

Sie war groß und schön, und ihre Brüste wogen noch immer schwer von der Milch für ihren jüngsten Sohn. Bors hatte sie etwa anderthalb Jahre zuvor in einem anderen Dorf kennen gelernt, wo er und seine Kameraden einen Auftrag ausführten. Er konnte sich ihrem Werben ebenso wenig entziehen wie sie sich dem seinen, und so vollzogen sie ihre Vereinigung schon rund eine Stunde nach ihrer ersten Begegnung. Es entging Bors nicht, dass Vanora sich den meisten anderen Rittern ähnlich offen zeigte, und er hatte keine Vorstellung, mit wie vielen anderen sie während ihres kurzen Aufenthalts im Dorf zusammen war.

Als sie aber mit Bors in das Kastell am Hadrianswall zog und später einen Sohn gebar, versicherte sie ihm, er sei der

Vater. Bors beschloss kurzerhand, das Kind als das seine anzunehmen. Jetzt saß der Kleine glucksend und glücklich auf Vanoras Schoß. Bors nahm sein lachendes Söhnchen auf die Knie und ließ es voller Begeisterung, wenn auch vielleicht ein wenig zu heftig, auf und ab hopsen. Vanora gab Bors einen intensiven Kuss und warf ihm einen viel versprechenden Blick zu, bevor sie aufstand, um langsam über den Hof zu schlendern.

In der Nähe würfelte Lancelot mit zwei römischen Wachen. Im Vorbeigehen warf Vanora Lancelot ähnlich verheißungsvolle Blicke zu wie eben noch Bors, und Lancelot antwortete mit einem wissenden Lächeln. Bors, der dies gesehen hatte, begann misstrauisch im Aussehen des Kindes nach Ähnlichkeiten mit Lancelot zu suchen.

Gawain und Galahad saßen auf einem Tisch und warfen abwechselnd Messer auf ein Ziel, das sie auf einen weiteren, umgestürzten Tisch genagelt hatten. Galahads Messer schlug nur einen Fingerbreit vom Mittelpunkt entfernt ein.

Tristran war damit beschäftigt, eine kunstvolle Pfeilspitze zu schnitzen. Über seine Hand rann Blut, nachdem er sich an seinem Werk verletzt hatte. Aus respektvoller Entfernung verfolgte Jols fröhlich das Treiben der Ritter. Horton dagegen lehnte mit finsterer Miene an einer Wand, weil ihn Bischof Germanus aus dem Raum geschickt hatte.

Die mittlerweile schon reichlich angetrunkenen Ritter feierten glücklich ihre bevorstehende Entlassung in die Freiheit. Gawain schleuderte sein Messer mit solcher Wucht und Präzision, dass er sein Ziel genau in der Mitte traf und glatt vom Tisch fegte.

«Wie zum Teufel schaffst du das bloß, Gawain?», fragte Tristran beeindruckt.

«Ich nutze einfach die Gaben, mit denen die Götter mich gesegnet haben», erwiderte Gawain.

Bors sprach auf das Baby ein und machte sich dabei über Gawain lustig. «Siehst du den da? Der ändert sich nicht mehr. Ein Verrückter eben.» Er ließ das Kind noch ein paar Mal auf und ab hopsen, um dann einzuräumen: «Aber ein großartiger Kämpfer ist er schon, das muss man ihm lassen.»

Mit gespieltem Misstrauen warf Galahad seinem Freund einen Seitenblick zu, bevor er die Lösung für dessen Treffsicherheit bekannt gab. «Er trinkt ja auch nichts.» Galahad warf sein Messer noch einmal, verfehlte das Ziel aber weit. «Einem Mann, der nicht trinkt, traue ich nicht über den Weg.»

Gawain musste lachen. «Du traust auch keinem, der trinkt», sagte er. «Du traust überhaupt niemandem.»

Plötzlich nahm Lancelot, der auf der anderen Hofseite beim Würfelspiel saß, ihre Aufmerksamkeit in Anspruch. Einer der römischen Soldaten schleuderte angewidert die Würfel weg. «Du betrügerisches sarmatisches Stück Dreck!», knurrte er Lancelot an.

Die beiden Römer griffen nach ihren Dolchen, doch schon hatten die zwei Schwerter Lancelots ihren Weg aus ihren ledernen Scheiden an die Kehlen der Römer gefunden. Ein dritter Römer wollte seinen beiden Freunden zu Hilfe eilen, doch Galahad entwand ihm sein Schwert und stellte sich ihm in den Weg. Galahads Blick bedeutete dem Römer zweifelsfrei, dass der Ritter nicht zögern würde, ihn bei der kleinsten Provokation zu töten. Inzwischen drückte Lancelot die Spitze eines seiner Schwerter stärker an die Kehle des Mannes, der ihn beschuldigt hatte. «Sprich ruhig weiter, ich bitte sogar darum», forderte er seinen Kontrahenten mit eisigem Lächeln auf. «Sprich weiter, damit ich einen Grund habe, dir das Herz herauszuschneiden und es aufzufressen.»

Und der schon stark betrunkene und entsprechend gefährliche Galahad lallte: «Ich … ich würde auch noch gern einen Römer töten, bevor ich diesem stinkenden Loch endlich den Rücken kehre.»

Als wäre er ein Zuschauer bei einem Theaterstück, goss Bors sich beiläufig seinen Becher wieder voll, wobei er sehr darauf achtete, keinen Tropfen des kostbaren Weins auf das Kind zu schütten. «Ich würde mich mit denen nicht anlegen», riet er den Römern. «Das sind wütende freie Männer, die euch da ihre Klingen an den Hals halten, und etwas Gefährlicheres als freie Männer gibt es nicht.»

Dagonet kam an dem zitternden Römer vorbei, der Galahads Schwertspitze vor der Nase hatte. Fast ohne ihn eines Blickes zu würdigen, schlug er den Mann zu Boden. Mit einem entschuldigenden Achselzucken meinte er dann zu Galahad: «Ich wollte dir nicht den Spaß verderben, aber der Römer war mir gerade im Weg.» Galahad brach in wieherndes Gelächter aus, in das die anderen Ritter sofort einfielen. Als die beiden anderen Römer bemerkten, dass die gefährliche Spannung nachgelassen hatte, zerrten sie rasch ihren bewusstlosen Freund vom Feuer weg.

Dagonet setzte sich neben Bors und das Kind. Während er sich Wein nachgoss, versetzte Bors ihm einen freundschaftlichen, aber schmerzhaft harten Stoß gegen den Kopf. «Wo warst du die ganze Zeit?», fragte Bors. «Wir müssen schließlich Pläne für unser neues Leben schmieden!»

Während er so zu Dagonet sprach, hielt Bors einen kleinen Dolch in der rechten Hand und pikte ihn damit im selben Augenblick, in dem er ihm mit der linken einen

Schlag versetzte. Dagonet lehnte sich zurück und trank wie ein Pferd, das die lästige Fliege, die es umschwirrt, kaum zur Kenntnis nimmt.

Bors beugte sich zu Dagonets Ohr und sagte laut: «Hörst du mir überhaupt zu?»

Mit einem letzten tiefen Zug trank Dagonet seinen Becher leer, bevor er sich mit dem Ärmel den Mund abwischte. «Mir bleibt ja wohl nichts anderes übrig», sagte er.

Dagonet stand auf, ließ seinen lästigen Freund zurück und ging zu Lancelot hinüber, der die Szene mit großer Belustigung verfolgt hatte. Seine Miene verlor jedoch ihre Fröhlichkeit, als er den Ritter auf sich zukommen sah, denn Dagonet wirkte, als machte er sich Sorgen. «Alles in Ordnung, Dagonet?», fragte Lancelot.

Dagonet trat zu Lancelot und flüsterte ihm mit ernster Stimme ins Ohr: «Arthur kommt.»

Nach so vielen gemeinsamen Jahren verstanden sich die Ritter auch ohne viele Worte. Dagonet musste gar nicht mehr sagen, um Lancelot wissen zu lassen, dass Arthur keine guten Nachrichten bringen würde. Lancelot schaute an Dagonet vorbei. Arthur näherte sich und gab seinen Männern mit einem Händeklatschen und einer Pfeife ein Signal. Die Ausgelassenheit des Abends endete schlagartig, als die Ritter aufsprangen. Bors gab Vanora ein Zeichen, worauf sie ihm schnell das Baby abnahm. Jols vertrieb Frauen, Kinder und alle, die nicht zum innersten Kreis gehörten, aus dem Hof. Die Ritter und ihr treuer Knappe reagierten unverzüglich und wie ein Mann auf das Signal ihres Anführers.

Die Ritter sammelten sich um Arthur und hörten ihm aufmerksam zu. Bors und Gawain grinsten einander in freudiger Erwartung ihrer Entlassungspapiere an.

Arthur aber musterte ernst die Gesichter seiner Freunde, ohne durch seine eigene Miene zu verraten, was er empfand. Nach kurzem Schweigen verkündete er: «Wir reiten bei Tagesanbruch los.»

Die Männer schauten einander verwirrt an, und Lancelot fragte: «Losreiten?»

Arthur nickte. «Unser letzter Auftrag in den Diensten Roms wird uns in Gebiete weit nördlich des Walls bringen, wo wir eine römische Familie retten sollen.»

Seine Ritter dachten zunächst, sie hätten sich verhört, und starrten Arthur verständnislos an. Als Arthur aber kein Wort mehr sagte, drangen seine Worte allmählich in ihr Bewusstsein.

«Tut mir Leid, ich muss besoffen sein», erklärte Bors. «Ich dachte, du hättest was von einem Auftrag gesagt und dass wir morgen abreiten.»

«Ganz recht», bestätigte Arthur. «Ihr solltet vorher besser noch etwas schlafen.»

Gawain trat einen Schritt näher zu Arthur. «Nördlich des Walls?», versicherte er sich. «Aber das ist doch das Gebiet der Pikten!»

«Römische Bastarde!», knurrte Bors unüberhörbar.

Lancelot mahnte ihn mit drohendem Tonfall zur Mäßigung: «Bors!»

Der sonst stets gutmütige Bors runzelte zornig die Stirn. Dann schleuderte er seinen Weinpokal mit aller Wucht gegen die nächste Mauer.

«Bors hat Recht! Wir sind jetzt freie Männer!», sagte Galahad. «Unsere Dienstzeit ist vorüber ... falls es jemals eine solche war. Ein Pakt, den wir gegen unseren Willen mit Rom geschlossen haben – ein feierlicher, heiliger, beschissener Pakt!»

Bors ging wütend auf Arthur zu und stieß hervor: «Von wegen Tafelrunde! Von wegen Gleichheit! Ich sehe keinen runden Tisch, sondern einen langen mit dir am Kopfende!» Nase an Nase stand er so mit Arthur, der seinem Blick gelassen standhielt. «Wie viele von uns sind schon für dein verdammtes Rom gestorben?», fuhr Bors fort. «Jeder von uns Rittern hat sein Leben für dich eingesetzt, und jetzt bietest du uns statt unserer Freiheit nur noch mehr Tod – und das alles, weil dir römisches Blut mehr bedeutet als unseres!»

«Wir haben unsere Befehle», erwiderte Arthur ruhig, aber entschieden. «Wir sind Ritter. Und bei der Rückkehr warten eure Entlassungsschreiben auf euch.»

«Aber wozu das alles?», fragte Gawain.

Arthur erklärte geduldig. «Da droben im Norden sitzt eine unschuldige Familie in der Falle. Wenn wir sie nicht herausholen, werden sie alle sterben.»

Bors spuckte auf den Boden und sagte: «Sollen die Römer ihre Leute doch selbst vor den Sachsen schützen!»

An Bors gewandt, erklärte Tristran: «Wir beißen alle eines Tages ins Gras. Wenn du Angst hast, den Tod von der Hand eines Sachsen zu finden, dann bleib hier.»

Bors zeigte auf Arthur: «Vor ihm hab ich Angst!»

«Wenn du unbedingt sterben willst», knurrte Galahad Tristran an, «dann kannst du das auch gleich hier haben! Einige von uns haben nämlich etwas, wofür es sich zu leben lohnt.»

«Für einen ehrenvollen Tod im Kampf lohnt es sich allemal zu leben», erwiderte Tristran ruhig.

Galahad schien kurz davor, sich auf Tristran zu stürzen, doch Gawain legte ihm die Hand auf den Arm und hielt ihn zurück. Auch alle anderen Ritter waren kurz davor, ihrer Wut Luft zu machen und sie aneinander auszulassen, da sie schwerlich das Römische Reich bestrafen konnten.

«Genug jetzt!», rief Lancelot. Die Ritter standen im Kreis um Arthur und starrten einander finster an.

Dagonet, der die ganze Zeit über nie den Blick von Arthur gelassen hatte, trat direkt auf ihn zu. Von Angesicht zu Angesicht war er selbst für Arthur eine beeindruckende Gestalt. Er schaute Arthur noch fester in die Augen. «Die Römer haben ihr Wort gebrochen», stellte Dagonet fest. «Haben wir das Wort von Arthur?»

Alle warteten auf eine Antwort. Arthur erwiderte respektvoll Dagonets Blick. «Ja», erklärte er, «ihr habt mein Wort.»

Das genügte Dagonet. «Ich packe», sagte er.

Als Dagonet über den Hof auf sein Quartier zuging, blieb er bei Bors stehen. «Kommst du mit?», fragte er.

Bors – wütend darüber, dass er einfach nicht anders konnte, als Arthur zu folgen – brüllte ärgerlich: «Ja, ich komm mit, was denn sonst!» Etwas betreten sah er die anderen Ritter an, als müsste er seinen Gefühlsausbruch erklären. «Wollte nur mal meine Meinung sagen», brachte er heraus. «Ist schließlich ein runder Tisch, oder?»

«Noch jemand?», fragte Arthur, ohne jedoch eine Antwort zu erhalten.

Arthur nickte. «Also gut. Dann brechen wir bei Sonnenaufgang auf.» Er wandte sich um und verließ den Hof. Lancelot blickte ihm nach und sagte dann zu den anderen Rittern: «Ihr habt ja gehört, was euer Anführer gesagt hat. Trinkt euren Wein aus und meldet euch in der Waffenkammer.»

Lancelot folgte Arthur. Auf dem Weg zur Waffenkammer kamen Bors und Dagonet an dem römischen Soldaten vorbei, der von Dagonets Schlag noch immer benommen war. Bors ließ seiner Wut freien Lauf und prügelte den Römer in die Bewusstlosigkeit zurück.

Dagonet zog Bors sanft von seinem Opfer weg. «Ich weiß ja, wie du dich fühlst, mein Freund», sagte er, während er Bors wieder auf den Weg führte, «aber der arme Teufel kann auch nichts dafür.» Also holten sie sich ihre Waffen für die neue Mission ab, während das Blut des Legionärs, der noch immer nicht wusste, wie ihm geschehen war, auf den Boden tropfte.

Sieben

Arthur, tief in Gedanken versunken, striegelte sein Pferd, als Lancelot in die Stallung kam und nahe der Tür stehen blieb. Einen Augenblick lang verharrten die Freunde in Schweigen.

Schließlich sagte Lancelot: «Zu wem auch immer du betest – bete darum, dass wir nicht den Sachsen über den Weg laufen.»

«Mein Glaube ist meine Stärke, Lancelot», betonte Arthur. «Warum musst du immer wieder darauf herumhacken?»

«Ich halte eben nichts von Dingen, die einen Mann auf die Knie zwingen», erklärte Lancelot.

Arthur hörte auf, sein Pferd zu striegeln, und schaute Lancelot in die Augen. «Ein Mann scheut sich nicht, vor dem Gott, dem er vertraut, auf die Knie zu fallen. Was wären wir, wenn wir nicht an irgendetwas glauben würden?»

Lancelot hatte wenig Lust auf einen theologischen Disput, und so lenkte er das Gespräch auf die praktischeren Aspekte ihrer Mission. «An den Pikten im Norden vorbeikommen zu wollen ist Irrsinn», sagte er.

«Wir kämpfen nicht zum ersten Mal», entgegnete Arthur gelassen. «Und wir haben sie schon mehr als einmal geschlagen.» Wieder ließ er von seinem Pferd ab. «Außerdem», fügte er hinzu, «werden die Pikten nicht unsere größte Sorge sein.»

Nun erst verstand Lancelot. «Die Sachsen?», fragte er leise. Arthur blickte ihn nur schweigend an. «Mit wie vielen Sachsen müssen wir wohl rechnen?»

Arthurs Schweigen war auch eine Antwort. Lancelot senkte den Kopf, als er begriff, was sie erwartete. Er legte Arthur einen Arm um die Schultern und schaute ihm in die Augen.

«Beantworte mir nur eine Frage», forderte er ihn auf. «Glaubst du eigentlich selbst an diese Mission?»

Mit ruhiger, sachlicher Stimme erklärte Arthur: «Diese Menschen brauchen unsere Hilfe. Es ist unsere Verpflichtung als Soldaten, sie herauszuholen.»

«Diese Leute kümmern mich nicht. Ebenso wenig wie die anderen Römer, die Briten oder diese ganze verdammte Insel», stieß Lancelot hervor. «Wenn du die Ewigkeit hier verbringen möchtest, ist das deine Wahl. Aber du hast kein Recht, dich anstelle anderer für den Selbstmord zu entscheiden!»

«Du jedoch beanspruchst das Recht, über das Leben dieser Familie zu entscheiden!», konterte Arthur wütend.

«Verdammt sei diese Familie!», rief Lancelot.

Arthurs Miene entspannte sich. «Sie ist wichtiger, als du ahnst.»

Lancelot warf ihm einen fragenden Blick zu.

«Wenn es uns nicht gelingt, diese Familie zu retten», erklärte Arthur, «verweigert Germanus uns die Freiheit. Dann wird keiner von uns je aus dem Dienst entlassen!»

Lancelot schien von dieser Neuigkeit schwer getroffen. Er ging zur Tür der Stallung und blickte in die Nacht. Arthur trat zu ihm und sprach beinahe flehentlich auf ihn ein. «Lancelot, sag mir … was bleibt uns anderes übrig?»

Cynrics Truppen warfen schwarze Schatten vor dem flammenden Orange des britischen Dorfes, das sie soeben in Brand gesteckt hatten. Begleitet von dem furchtbaren Stöhnen der Sterbenden und den Schreckensschreien von Frauen und Kindern, deren Männer in Ketten weggeschleppt wurden, schwärmten sächsische Soldaten und Hilfsmannschaften durch den Ort und verrichteten ihr grausames Werk. Nachschub – Verpflegung, Schwerter, Gestelle mit Armbrüsten – wurde an Land gebracht. Cynrics Stellvertreter Raewald und sechs seiner Offiziere flankierten Cerdic, während grau gekleidete Kämpfer mit ihren Schwertern an ihnen vorbeimarschierten. Cerdic schritt energisch vorwärts, immer darauf bedacht, im Kreis seiner Offiziere zu bleiben. Raewald war sich dessen durchaus bewusst.

In der Mitte des Dorfes setzte sich Cerdic auf einen Stein, umgeben von seiner Leibwache. Obwohl sie schon viele Dörfer erobert hatten, wurde er der vielen packenden Einzelheiten einer solchen Einnahme niemals müde. Mit großer Aufmerksamkeit beobachtete er, wie die Männer im kampffähigen Alter von ihren Familien getrennt wurden. Er liebte den Anblick von Frauen und Kindern, die, schreiend und um sich tretend, wie Vieh in einem Pferch zusammengetrieben wurden, während sächsische Soldaten sich um den hölzernen Zaun postierten, damit niemand entkam. Die Ansicht all der brennenden Gebäude, aus denen die Flammen hoch in den Himmel loderten, erschien ihm wie ein vollkommenes Bild des ungeteilten Sieges. Andere mochten die Vorführung einer Gauklertruppe oder eine Nacht mit einer schönen Frau vorziehen, aber für Cerdic war dies die großartigste Vorstellung, die die Welt zu bieten hatte, und die größte aller Freuden.

Trotz des wilden Lärms, den die Gewalttätigkeit seiner

Krieger ausgelöst hatte, vernahm Cerdic in der Nähe einzelne Schreie des Entsetzens. Neugierig winkte er einen seiner Offiziere zu sich. Der Mann beugte sich zu Cerdic hinab und flüsterte ihm etwas ins Ohr. Aschfahl sprang Cerdic auf und ging zum Viehpferch hinüber. Dort standen vier sächsische Fußsoldaten beieinander und beobachteten gebannt, was sich vor ihnen abspielte. Schon ihre Anfeuerungsrufe ließen Cerdic ahnen, was ihnen solches Vergnügen bereitete. Sobald die Soldaten ihren Anführer kommen sahen, gingen sie auseinander. Unmittelbar vor ihnen lag einer der Leibwächter auf einem schreienden Mädchen des Dorfes. Mit einer Hand hielt er ihre spindeldürren Handgelenke gepackt, während er ihr mit der anderen die Kleider vom Leib riss.

Wütend packte Cerdic den Mann von hinten an seinem Waffenrock, zerrte ihn von dem Mädchen weg und schleuderte ihn zu Boden.

Nun kam auch Cynric zum Ort des Geschehens, begleitet von seinen beiden kräftigen Leibwächtern. Der Mann, der die junge Frau hatte schänden wollen, stand auf, offensichtlich verärgert darüber, dass er bei seinem Vergnügen unterbrochen worden war. Das geschundene, blutende Mädchen umklammerte Cerdics Bein und weinte voller Dankbarkeit.

Verärgert schrie Cerdic auf die Leibwächter ein: «Wir rühren ihre Frauen nicht an!»

Das Dorfmädchen stammelte weinend Dankesworte.

Cerdic schaute angewidert auf sie hinab und schüttelte sie von seinem Bein ab. «Uns mit diesem Volk zu vermischen wäre, als würden wir eine Seuche auf uns herabrufen», erklärte er. «Anders als die Römer müssen wir rein bleiben. Rom geht zugrunde, weil die Römer sich mit anderen vermischt haben; wir dagegen werden diesen Fehler nicht machen.»

Der Kämpfer, den Cerdic daran gehindert hatte, das Mädchen zu nehmen, war noch erhitzt von der Leidenschaft und nicht sonderlich sicher auf den Beinen, nachdem er sich an einem der im Dorf aufgefundenen Weinfässer gütlich getan hatte. Der Mann, fast schon ein Riese, war noch nicht lange in Cerdics Heer, jedoch auch zuvor schon seit Jahren Soldat gewesen. Er kannte das ungeschriebene Gesetz, nach dem eine Truppe bei der Einnahme einer Ortschaft handelte. «Nach unseren Regeln», erklärte er mit einem leichten Lallen in der Stimme, «kann mir kein Mensch meine Beute streitig ...»

Cerdic drehte sich langsam um und bedachte den sächsischen Soldaten mit einem Furcht erregenden Blick, der den Mann auf der Stelle wieder nüchtern werden ließ.

«So, kein Mensch kann dir etwas streitig machen?», sagte er ruhig. «Ich aber bin kein *Mensch.*» Mit einer schnellen, fließenden Bewegung zog Cerdic sein Schwert und rammte es dem Krieger in den Leib. Der Mann stürzte schwer zu Boden, wo er sich wand, Blut spuckte und in völliger Verwirrung zu Cerdic hochschaute. Im nächsten Augenblick schon hatten seine Augen jeden Ausdruck verloren, und er blieb reglos liegen.

Cerdic äußerte kein weiteres Wort, musterte aber die Gesichter der anderen Männer. Seine eigene Miene schien «Noch jemand?» zu fragen, doch Cynric, Raewald und die anderen betrachteten nur schweigend ihren Anführer. Ihre Furcht und ihr Respekt waren ihnen anzusehen.

«Gibt es unter euch vielleicht noch welche, die nicht stark genug sind, der Versuchung eines Augenblicks zu widerstehen, um die Zukunft unseres Volkes zu sichern?»

Cynric trat vor. «Aber du tötest einen aus deinem eigenen Volk?»

Cerdic blickte von einem seiner Männer zum anderen und dann wieder zu seinem Sohn. Mit einem finsteren Lächeln sagte er dann: «Die Stimme eines Kindes.» Er zog seinen Sohn zu sich heran wie in einer väterlichen Umarmung. Die Spannung war damit gelöst, und die Männer lachten befreit auf.

Cerdic klopfte Cynric auf die Schulter und forderte ihn auf, ihm zu folgen.

Sobald sie außer Hörweite der anderen waren, erklärte Cerdic: «Wenn du jemals wieder eine meiner Entscheidungen in Frage stellst, töte ich dich. Ich weide dich aus wie ein Schwein.»

«Aber ich bin doch dein Sohn – dein eigenes Fleisch und dein eigenes Blut!», jammerte Cynric verzweifelt.

«Ich werde dein Blut vergießen, und wenn es auch mein eigenes ist», erwiderte Cerdic seelenruhig. «So, wie ich das Blut meines eigenen Vaters vergossen habe.»

Cynric starrte seinen Vater voller Entsetzen an.

Während sich Cerdic umwandte, betonte er: «Denk an meine Worte», und ging, um sich wieder allein auf seinen Stein zu setzen. Cynric war so aufgewühlt, beschämt und verängstigt, dass er keinen Muskel bewegen konnte. So stand er lange da wie eine Statue und starrte mit hasserfüllten Augen zu seinem Vater hinüber.

Am nächsten Tag zog das Heer weiter zu einem anderen kleinen britischen Dorf. Einige der sächsischen Soldaten luden Nachschub ab, während andere sich daranmachten, männliche Dorfbewohner zu entführen, um sie in ihr Heer einzugliedern. Widerwillig hatte Cynric sich seinem Vater wieder angeschlossen, noch immer verärgert darüber, wie

Cerdic ihn am Vortag behandelt hatte, aber auch noch immer um den Respekt seines Vaters bemüht. Während er halbherzig seine Truppen inspizierte, bemerkte er, wie ein britischer Kundschafter von Raewald in Cerdics Richtung gestoßen wurde.

Der Kundschafter erstattete dem Befehlshaber seinen Bericht. «Wir sind noch zwei Tagesreisen von dem römischen Landgut entfernt, wenn wir über Nacht Rast machen.»

Cerdic schüttelte den Kopf und entschied: «Wir rasten nicht. Mit dem Lösegeld für die Römer können wir unsere Invasion im Süden bezahlen.» Dann wandte er sich an seinen Sohn. «Wo ist dein Spürhund?»

Cynric rief: «Komm her, Brite!», und winkte einen muskulösen, von Wind und Wetter gegerbten britischen Kundschafter namens Geoffrey zu sich. Cerdic fragte: «Was haben wir zwischen unserem Standort hier und dem Landgut zu erwarten – außer den Pikten?»

Geoffrey zeigte auf eine Darstellung des Hadrianswalls, der auf einer flüchtig in den Staub gezeichneten Landkarte erschien. «Ich würde aus dieser Richtung Schwierigkeiten erwarten.»

«Vom Wall?» Raewald sah Geoffrey fragend an. «Welche Truppen sind dort stationiert?»

«Größtenteils unerfahrene römische Fußsoldaten», antwortete Geoffrey. Er zögerte. «Und möglicherweise …»

«Rede schon, du Tier!», knurrte Cynric.

«Sarmatische Reiter», brachte Geoffrey widerwillig hervor. «Arthur Castus ist ihr Anführer.»

Bei der Erwähnung von Arthur ging ein Ruck durch Cerdic.

Cynric, dem die Reaktion seines Vaters nicht entgangen war, fragte: «Und wer ist dieser Arthur?»

«Ein Krieger von großem Ruhm. Er und seine Ritter sollen noch nie besiegt worden sein», erklärte Geoffrey. «Wie es heißt …»

Während Cynric an dieser Anmerkung nicht weiter interessiert zu sein schien, horchte Cerdic auf. Zufrieden löschte er die Karte im Staub mit seinem Stiefel aus. «Arthur Castus. Wenn ich diesen Mann töte, steigt mein Ansehen auf dieser Insel ins Unermessliche.»

Cynric wies auf eine Gruppe junger Frauen, die gerade durch die schmutzige Dorfstraße getrieben wurde. «Werden wir all diese Mädchen mitnehmen?», fragte er seinen Vater.

«Ja», bestätigte Cerdic. «Aber die anderen tötet ihr. Und zwar alle. Legt sämtliche Dörfer auf dem Weg in Schutt und Asche.»

«Aber sie scheinen gar nicht in der Lage, ein Heer gegen uns ins Feld zu führen …», begann Cynric.

Cerdic aber erwiderte: «Wir müssen sie mit einem so schrecklichen und grausamen Krieg überziehen, dass sie eher fliehen und sich verstecken, als zu kämpfen. Um dieses Land zu erobern, muss unser Sieg hier nicht nur einen Tag überdauern, sondern Jahrhunderte …»

«Aber was ist mit den Römern?», fragte Cynric.

«Unsere Feinde sind das Land und die Leute, die in diesem Land leben, ganz gleich, um wen es sich dabei handelt», erwiderte Cerdic. «Wir nehmen ihnen jede Hoffnung, dann gehört das Land uns. Danach werden zu gegebener Zeit auch die Römer abziehen müssen.»

Bei Sonnenuntergang war das Heer der Sachsen zum Abmarsch aus dem Dorf bereit. In der Mitte der Streitmacht wurden Cerdic und Cynric von ihren Leibwächtern flankiert, an der Spitze ging der britische Kundschafter.

«Ich hatte in einem Traum die Vision», erklärte Cerdic, «dass derjenige, welcher dieses Land beherrschen will, seinen Feinden durch Feuer und Schwert den Tod bringen muss.» Cynric wandte sich zu seinem Vater und hob grüßend sein kurzes Schwert.

Cerdic beugte sich in Cynrics Richtung und befahl knurrend: «Und jetzt säubert dieses Dorf!»

Auf Cynrics Kommando schleuderten sächsische Soldaten Dutzende von Fackeln in die Hütten. Krieger erschlugen die wenigen noch überlebenden Dorfbewohner mit ihren Schwertern. Unter den Schreien sterbender Frauen und Kinder ließ das Heer der Sachsen die Feuersbrunst schneller als sonst hinter sich.

Acht

Im Kastell am Hadrianswall dienten die Stallungen zugleich als Waffenkammer. Die Ritter hatten bereits ihre Pferde versorgt und machten sich nun daran, zu packen und ihre Waffen zu reinigen. Unausgesprochene Worte schienen wie eine dunkle Wolke im Raum zu hängen. Die Stimmung war nicht verzweifelt, die Ausgelassenheit der Ritter jedoch war längst der Verbitterung und dem Pessimismus gewichen. Die großen Gefahren ihres Auftrags waren ihnen bewusst. Der Freiheit so nahe gewesen zu sein und dann zusehen zu müssen, wie an ihre Stelle eine Mission trat, der mit Sicherheit einige von ihnen zum Opfer fallen würden, war die schlimmste Form von Verrat, die sie sich vorstellen konnten.

Keiner der Ritter machte auch nur den Versuch, seine Wut zu verbergen. Bei alldem aber waren sie vollkommen diszipliniert und fest entschlossen, die Verantwortung zu übernehmen und ihre neue Aufgabe auch auf Kosten ihres eigenen Lebens zu erfüllen. Falls die Männer mit Angst oder Trauer daran dachten, dass ihr Dasein möglicherweise bald ein Ende finden würde, so zeigten sie es nicht. In ihren Gesichtern spiegelte sich lediglich grimmige Entschlossenheit. Niemand sprach ein Wort; alle verrichteten nur gründlich und effizient ihre Arbeit. Bald genug würden sie wieder zu ihren normalen rauen, aber gutmütigen Umgangsformen zurückkehren.

Arthur betrat die Stallung. Da er sein Quartier dem Bischof überlassen hatte, lagen seine Waffen, seine Decke und seine sonstigen Habseligkeiten noch immer in der Ecke bei seinem Pferd, wo sie Jols nach der Rückkehr der Ritter deponiert hatte. Schon auf den ersten Blick sah er, dass Jols alles sorgfältig neu gepackt hatte. Der junge Knappe nahm zur Kenntnis, dass Arthur sein Pferd bereits versorgt hatte; diese Arbeit ließ er sich nicht nehmen. Arthur glaubte an die engen Bande zwischen einem Krieger und seinem Streitross. Wenn ein Mann Treue und Tapferkeit von seinem Tier erwartete, musste er auch selbst dem Tier dienen, es füttern und striegeln und es pflegen, wenn es krank oder verletzt war.

Arthur hatte eine Hand voll kleiner Karotten mitgebracht, die er jetzt nacheinander seinem großen schwarzen Hengst gab, während er leise murmelnd seinen Hals tätschelte. Das prächtige Pferd schnaubte lebhaft, als könnte es gar nicht erwarten, sich wieder in Bewegung zu setzen.

Keiner der Ritter wechselte ein Wort mit Arthur, und er hatte dafür Verständnis. Jeder Einzelne von ihnen sollte die Zeit haben, die er brauchte, um sich mit der Ungerechtigkeit von Bischof Germanus' Mission abzufinden.

Neugierig sah Arthur zu, wie Lancelot das Segeltuch von einer alten Lattenkiste zog und die Hand über die kunstvoll verzierte Vorderseite eines riesigen Kampfschildes gleiten ließ. Noch nie hatte Arthur einen solchen Schild gesehen. Er hatte nichts mit denen gemein, die Ritter normalerweise trugen. Müßig überlegte Arthur, woher Lancelot dieses Stück wohl haben mochte.

Aus den Augenwinkeln bemerkte Arthur, dass Dagonet plötzlich seine riesige Streitaxt hob und mit zielstrebigem Schritt quer durch den Stall auf ihn zukam. Arthur machte sich auf alles gefasst. Um ein Haar hätte er nach Excalibur gegriffen, denn einen Augenblick lang glaubte er, Dagonet wolle ihn angreifen. Dagonet aber lief an Arthur vorbei, ohne ihn auch nur eines Blickes zu würdigen. Atem holend lehnte sich Arthur gegen die kalte Wand des Stalls und fragte sich, wie er seinem Freund, und sei es auch nur für den Bruchteil einer Sekunde, so sehr misstraut haben konnte.

Dann trat Arthur in die Mitte des Raumes und rief seine Männer zu sich. «Nehmt nicht zu viel mit», forderte er sie auf, als sie sich um ihn scharten. «Wir werden die volle sarmatische Ausrüstung nicht brauchen, denn sie würde uns nur langsamer machen. Wir werden mit leichtem Gepäck reiten, dafür aber umso schneller. Durch den Wald und zügig den Pass hinauf. Wir werden unsere Freunde von den Pikten hinter uns lassen und versuchen, auf kürzestem Weg das Landgut zu erreichen.»

«Das dürfte drei oder vier Tage dauern», meinte Tristran.

Arthur nickte. «Drei harte Tagesritte. Wenn uns das Glück hilft, gelingt es uns, diese Leute mitzunehmen, uns von den Sachsen fern zu halten und geradenwegs zum Wall zurückzureiten.»

Mit einem finsteren Lächeln fügte Lancelot hinzu: «Und bei unserem üblichen Glück ...» Arthurs und Lancelots Blicke trafen sich für einen Moment. Beiden war ihre Wut anzusehen, doch Arthur wusste, dass diese Wut unterschiedliche Gründe hatte. Aus Lancelots Augen sprach der Ärger über den Verrat. Arthurs Wut dagegen war von tiefer Traurigkeit durchdrungen. Dass sein Freund ihn zu hassen schien, hatte ihn schwer getroffen, auch wenn er wusste, dass es vorübergehen würde. Sie hatten sich noch nie entzweit, auch nicht wegen unbedeutender Dinge, und der Gedanke, dass sie gemeinsam einen Auftrag erfüllen sollten, während dieser Streit zwischen ihnen stand, beunruhigte Arthur. Er betete darum, dass sich ihr Verhältnis bald wieder ändern würde. Das Band zwischen ihnen war mit Blut geschmiedet worden, und es reichte so tief in ihrer beider Herzen, dass Arthur es für unzerreißbar hielt. Früher oder später würde die Wunde heilen und ihre Freundschaft wieder die alte sein.

Nach einem langen Augenblick wandte Lancelot sich ab und deckte seinen Schild so sorgfältig wieder zu, als wäre er wertvoller als Gold.

Schweigend ging Dagonet quer durch den Stall zurück und machte mit dem Packen weiter. Dann taten es ihm die übrigen Ritter gleich. Sie schärften ihre Klingen, überprüften ihre Bogensehnen und füllten kleine Taschen mit Brotlaiben und in Stoff eingewickelten Käsekugeln.

Der Knappe Jols umhüllte große Bündel von Pfeilen, um sie auf ein Packpferd zu laden. Er dachte auch an zusätzliche Messer und Schwerter für den Fall, dass einer seiner Ritter im Schlachtgetümmel auf Ersatz angewiesen war.

Plötzlich betrat Bischof Germanus die Stallung, dicht gefolgt von Horton. Germanus konnte nicht verbergen, wie sehr ihn das, was er hier sah, anwiderte. Für ihn waren Arthur und seine Männer nur eine Bande von Grobianen ohne Erziehung und ohne Ehre – und natürlich ohne den rechten Glauben. Er ließ den Blick vom einen zum anderen schweifen, als hätte es ihn in einen Kreis von Schurken und Halsabschneidern verschlagen.

Arthur trat vor, um den Bischof zu begrüßen. Germanus entließ Horton mit einer Handbewegung und erklärte: «Als Vertreter des Heiligen Stuhls wird mein Sekretär und

Vertrauter euch auf eurer Fahrt begleiten.» Horton war dabei offenbar gar nicht wohl.

Die Ritter ihrerseits starrten Horton ebenso misstrauisch wie belustigt an. Keiner von ihnen zweifelte daran, dass Horton nur zu einem Zweck mitkam – um seinem Herrn und Bischof als Spion zu dienen.

Arthurs Gesichtsausdruck verriet nichts, was Germanus hätte ahnen lassen, dass er Horton für einen Dummkopf hielt. Stattdessen wies er höflich lächelnd seinen Knappen an: «Jols, besorg ihm ein Pferd.»

Hinter ihm schnaubte Arthurs Hengst so plötzlich und heftig, dass Horton erschrocken zusammenfuhr.

Jols schüttelte grinsend den Kopf. «O nein, nein, nein», sagte er, «das ist Arthurs Schlachtross, das könnt ihr nicht haben.» Jols nahm Horton beim Arm. «Aber das da drüben ...»

Er führte Horton zu einem düsteren Stand in einer Ecke. Zunächst schien es, als wäre dieser Stand leer, bis plötzlich ein riesiges braunes Ungeheuer aus der Dunkelheit auftauchte. Das Pferd war still wie der Tod, und seine schwarzen Augen wirkten wie Fenster zu einer anderen Welt. Wäre es ein Mensch gewesen, dachte Horton schaudernd, dann hätte man ihn zweifellos in ein Irrenhaus gesteckt.

Horton betrachtete entsetzt das Pferd. «Oh ... wunderbar!», quiekte er.

Galahad schlenderte zu ihm hinüber und erklärte: «Das ist eine große Ehre für Euch. Dieses prachtvolle Pferd gehörte einst einem berühmten, besonders wagemutigen Ritter.»

Horton nickte begeistert und versuchte, nicht weniger tapfer zu wirken als die Ritter selbst. «Ich ... ich fühle mich wirklich geehrt!», stammelte er.

Arthur wandte sich wieder seinen Rittern zu. «Nun, da wir alle die passenden Pferde gefunden haben, sollten wir uns besser auf den Weg machen, Freunde.» Die Ritter packten ihre Satteltaschen fertig, warfen sie ihren Pferden über und saßen auf.

Arthur blickte zu Lancelot hinüber. Wie immer wollte er, dass sie alle als Einheit funktionierten. Als Lancelot Arthurs Blick mit einem bitteren Lächeln quittierte, griff Arthur nach den Zügeln und setzte sein großes schwarzes Streitross in Bewegung.

Während die Ritter an ihm vorbei aus dem Stall ritten, gab Bischof Germanus ihnen mit erhobener Hand seinen Segen. «Möget ihr bei der Erfüllung eurer Pflicht gegenüber Rom Erfolg haben», sagte er.

Ohne ihn eines Blickes zu würdigen, erwiderte Arthur: «Ich fühle mich meinen Männern verpflichtet.»

Germanus lächelte und nickte wie ein liebevoller Hirte. Als die Ritter in der Dunkelheit vor der Morgendämmerung verschwanden, rief er ihnen nach: «Dann bring sie heil zurück!»

Viele Meilen davon entfernt schlich ein Kundschafter der Pikten langsam durch das noch immer schwelende britische Dorf und spitzte die Ohren, um zu hören, ob die Ungeheuer, die das alles angerichtet hatten, möglicherweise noch in der Nähe oder einige ihrer bedauernswerten Opfer noch am Leben waren. Doch wohin immer er sich auch wandte, fand er nichts als Tod und Zerstörung. Kein Mensch und kein Tier hatte das Morden überlebt. Sämtliche Gebäude waren niedergebrannt und auch die Felder vom Feuer vernichtet. Voller Abscheu kniete sich der Kundschafter neben ein verstümmeltes Opfer. Es war eine junge Frau, deren Gesicht in einem Schrei des Entsetzens erstarrt war. Ihr Arm war zur Seite gestreckt, und ganz nah bei ihren blutigen Fingern lag ein Baby, auf dessen Schädel noch immer der Abdruck des Stiefelabsatzes zu erkennen war, der ihn zermalmt hatte. Vorsichtig zog der Mann einen Dolch aus dem leblosen Körper und betrachtete ihn näher. In seinen Augen brannten Tränen der Wut. Der Dolch war mit sächsischen Symbolen verziert. Der Kundschafter setzte sich in den Staub neben die tote Britin und hielt die Klinge in seiner vor Entsetzen, Wut und Rachgier zitternden Hand.

Einer nach dem anderen zogen die Ritter wie eine dunkle Kolonne aus den Toren des Kastells. Am Fuß von Badon Hill zogen sie, oberhalb der Festung und des Hadrianswalls, an den Hunderten von Rittergräbern mit ihren gewaltigen Schwertern vorbei, diesen bis zu zweihundert Jahre alten Denkmälern für all die Sarmaten, die ihr Leben dem Römischen Reich geopfert hatten.

Jols und Horton bildeten, Seite an Seite reitend, das Ende der Kolonne. Als sie am Friedhof vorbeikamen, verbeugte Jols sich respektvoll. Horton, der ihn beobachtet hatte, fragte: «Was ist das für ein Ort?»

«Badon Hill», erklärte Jols. «Die heilige Ruhestätte aller sarmatischen Reiter, die in Britannien ihr Leben ließen.» Horton schaute zum Friedhof hinüber, ohne recht zu verstehen, warum Jols so beeindruckt war. Wie heilig konnte ein Friedhof schon sein, auf dem nicht ein einziger Römer beerdigt war?

Als die Ritter diesen düsteren Ort im ersten schwachen Sonnenlicht passierten, ließ jeder Einzelne den Blick schweigend über die Gräber schweifen, wie fast immer, wenn sie

Badon Hill sahen. Jeder der Ritter stellte sich die Frage, ob auch er dazu verdammt war, die Ewigkeit unter all diesen vergessenen Kriegern in Britannien zu verbringen.

Sie näherten sich dem mächtigen Tor des Hadrianswalls. Nun ritten die Sarmaten nicht mehr hintereinander, sondern Seite an Seite, während Horton und Jols ihnen folgten. Über den fernen Bergen blitzte es, und leises Donnergrollen hallte in der Ebene wider. Es war, so dachte Horton, ein böses Omen für den Tag – und für die gesamte Reise.

Nachdem sie eine Weile schweigend dahingeritten waren, forderte Arthur den noch immer finster blickenden Lancelot auf: «Sprich es aus.»

Den Blick unentwegt nach vorn gerichtet, erklärte Lancelot: «Du kennst meine Meinung.» Arthur musterte ihn ausdruckslos. «Das wird meine Loyalität dir gegenüber jedoch nicht beeinträchtigen», fuhr Lancelot fort.

Im Rücken der Gruppe fragte Horton, ohne sich an einen bestimmten Ritter zu wenden: «Wie stehen die Aussichten, dass wir auf weitere dieser blauen Männer treffen?»

«Wettest du gern?», fragte Galahad zurück.

Horton zögerte. Er sorgte sich, dass so etwas zu Germanus durchdringen könnte. «Mitunter schon», räumte er ein.

Galahad nickte. «Dann kannst du ruhig dein ganzes Hab und Gut darauf setzen, und dazu noch alles, was du zusammenstehlen kannst.»

Bors, der bemerkte, dass es einige Unterhaltung versprach, Horton Angst einzujagen, fügte mit unheimlich klingender Stimme hinzu: «In den Bergen des Nordens sprechen die Bäume, und die wilden Tiere reden mit den Menschen. Berge verwandeln sich über Nacht in Ungeheuer, und überall wandern die Toten umher.»

Es funktionierte. Horton zitterte wie Espenlaub, auch wenn er verzweifelt versuchte, sich nichts davon anmerken zu lassen. «Eure Schwerter scheinen ja gute Arbeit zu leisten», machte er sich Mut.

«Das kommt, weil auf Arthurs Schwert ein heidnischer Zauber liegt», beeilte sich Jols zu erklären. «Es heißt Excalibur. Er hat es aus einem Felsen gezogen.»

«Einem Felsen?», fragte Horton und hob erstaunt die Augenbrauen.

Jols nickte. «In den Felsen gerammt von den Göttern. Es war das Schwert seines Vorfahren, eines mächtigen Königs. Gar viele versuchten das Schwert aus dem Stein zu ziehen, aber jeder große Krieger, der sich daran versuchte, fiel auf der Stelle tot um.»

Horton starrte Jols mit offenem Mund an.

«Als Arthur es schließlich herauszog», fuhr Jols in dem Bewusstsein fort, nicht so bald wieder einen so leichtgläubigen Zuhörer zu haben, «zuckten Blitze in alle Richtungen.»

Als die Ritter das hörten, lachten sie in sich hinein, dabei achteten sie darauf, dass Horton nicht bemerkte, wie sie sich über ihn lustig machten.

Selbst Lancelot musste lächeln. «Du hast Excalibur aus einem Stein gezogen?», fragte er Arthur.

Arthur schwieg.

«Hast du dem Jungen diesen Unsinn erzählt?», hakte Lancelot nach.

«Ich habe es als Junge aus dem Grabhügel meines Vaters gezogen, wie es sarmatischer Tradition entspricht.»

Lancelot kannte die Geschichte. Ein paar Augenblicke später sagte er: «Vielleicht hast du von deinem Christus ja zu lieben gelernt, aber das Kämpfen haben zweifellos wir dir beigebracht. Auf welche dieser Fähigkeiten werden wir auf dieser Reise wohl am ehesten angewiesen sein, was meinst du?»

Arthur sparte sich eine Antwort. Er konzentrierte sich ganz auf die riesigen Torflügel des Hadrianswalls, die sogleich geöffnet werden sollten, um die Ritter durchzulassen. Es war Schwerstarbeit, denn die römischen Wachen mussten zunächst die gewaltigen Angeln und Riegel mit Hilfe großer, talggetränkter Bürsten schmieren. Vollständig eingefettet, wurden die schweren Riegel mit Hilfe von Hämmern Stück für Stück zurückgeschoben. Schließlich trieben vier Soldaten zwei Ochsen an, von denen jeder an einem Torflügel zog, und so öffnete sich der Durchlass Zentimeter um Zentimeter. Die meisten Dorfbewohner hielten in ihrer Arbeit inne, um beim Öffnen des schweren Tores zuzusehen.

Auf dem Wall beobachtete Bischof Germanus zusammen mit dem Kommandanten des Kastells den Auszug der Ritter.

«Angesichts unserer nachlassenden Stärke», meinte der Kommandant, «scheint mir, als wären diese Römer hier auch nicht viel sicherer als auf ihrem Landgut.»

«Sie werden hier auch nicht allzu lange bleiben», entgegnete Germanus. «Sobald Arthur sie zurückbringt, brechen wir nach Rom auf.»

«*Falls* Arthur sie zurückbringt», sagte der Kommandant.

Der Bischof lächelte. «Arthur dient Rom mit all seiner Kraft, und in diese Kraft habe ich weit mehr Vertrauen als in die irgendeines römischen ‹Kriegers›.» Er warf einen Seitenblick auf den Kommandanten, dem bei der Beleidigung das Blut ins Gesicht stieg.

«Man hat uns Verstärkung versprochen», sagte der Kommandant. «Was ist damit?»

«Davon weiß ich nichts», erklärte Germanus mit starrem Blick.

Der Kommandant wusste, dass der Bischof log, und er fragte sich, ob er und seine Männer als Nächste auf dem Altar von Roms Unersättlichkeit geopfert werden sollten. Germanus' Miene verriet keinerlei Gefühlsregung, als er sich bekreuzigte und ging.

Neun

Kaum hatten die Ritter das imposante Tor im Hadrianswall passiert, spornten sie ihre Pferde an und galoppierten nördlich des Walls in eine andere Welt. Bors blieb gerade so lange hinter ihnen zurück, bis er Hortons unberechenbarem Pferd einen Schlag auf die Seite versetzt hatte. Das Tier stieß ein fürchterliches Wiehern aus, stellte sich auf die Hinterbeine und galoppierte dann den Rittern nach, während sich der verängstigte Horton verzweifelt an seinen Hals klammerte.

Sie trieben ihre Rösser so lange an, wie sie es irgend verantworten konnten. Dann machten sie an einer Quelle kurz Rast und tränkten die Pferde, bevor sie weiterritten. So ging es den ganzen Tag und die ganze Nacht hindurch bis zum frühen Morgen, ohne dass die Ritter ein Lager aufgeschlagen hätten. Sie trieben ihre Tiere bis an den Rand der Erschöpfung und pausierten gerade lange genug, um ihnen die überlebensnotwendige Erholung zu gönnen.

Den Reitern schien die wilde Hetzerei ebenso gut zu tun wie den Pferden. Sosehr sie sich auch weiter über die ungerechte Art ärgerten, mit der sie zu dieser Mission gezwungen worden waren, hob sich doch ihre Stimmung mit jeder zurückgelegten Meile. Lediglich der bedauernswerte Horton, der solch gnadenlose Ritte nicht gewohnt war, schien zu leiden. Bei jedem Auf und Ab im Sattel stöhnte er Mitleid erregend und betete um die nächste Rast, so kurz sie auch sein mochte.

Gegen Ende des zweiten Tages kamen die Ritter zu einem Waldrand. Zwischen den Bäumen war es schon dunkel, und so versuchten sie vergeblich, auszuspähen, was sie wohl erwartete. Die Pferde schnaubten vor Erschöpfung, als sie anhielten.

Tristran musterte aufmerksam die dichten Baumreihen. «Dort drüben!», sagte er dann und wies auf eine kaum wahrnehmbare Lücke rund hundert Ellen entfernt. «Ich wusste, dass der Pfad hier irgendwo sein muss», erklärte er befriedigt. «Er ist schmal und finster, aber er führt uns durch den Wald.»

Selbst dem tapfersten der Ritter lief beim Anblick des bedrohlich wirkenden Tunnels ein Schauder über den Rücken. Dann allerdings drang durch die Bäume mehr Licht, als sie erwartet hatten. Der Wald schien zu leben und sich um die Ritter zu schließen wie eine Faust um das Heft eines Dolches. Vor Angst zitternd und bebend in dieser Furcht einflößenden Atmosphäre, klammerte sich Horton an seinen Sattel.

Da er den Pfad kannte, ritt Tristran voraus, dicht gefolgt von Lancelot und Arthur. «Dieser Ort würde sich bestens für einen Hinterhalt eignen», meinte er.

«Das hoffe ich», erwiderte Lancelot in gezwungen beiläufigem Ton. «Mir wird allmählich langweilig.»

Seine herausfordernde Bemerkung veranlasste Bors zu einem höhnischen Schnauben. «Wenn sie erst über uns herfallen», sagte er, «wird sich das schon noch ändern.»

Schon nach einer kurzen Strecke bog der Pfad abrupt nach rechts ab, und es schien noch dunkler zu werden. Tristran vergewisserte sich, dass sein Bogen locker genug im Halfter saß. Auch die Ritter hinter ihm bereiteten sich auf einen Überfall vor. Arthur legte die Hand ans Heft von

Excalibur. Lancelot zog sein Schwert und hielt es so neben seinem Schoß, dass die rasiermesserscharfe Klinge in den Himmel zeigte. Bors und Dagonet legten Bolzen in ihre Armbrüste ein. Sie waren auf alles gefasst.

Selbst so kurz vor der Abenddämmerung drangen noch verschwommen einzelne Sonnenstrahlen durch den dichten Nebel. Je tiefer die Ritter in den finsteren Wald eindrangen, desto unheimlicher erschien ihnen die Stille. Außer dem Hufschlag ihrer Pferde und dem Wind in den Wipfeln war kein Laut zu hören.

Trotz ihrer einsatzbereiten Waffen konnte sich keiner der zermürbenden Wirkung dieser gespenstischen Umgebung entziehen. Horton hielt die Augen fest geschlossen und vertraute darauf, dass sein Pferd schon den richtigen Weg finden würde, und in der Tat hatte es bei dem engen Pfad und der dichten Vegetation zu beiden Seiten ohnehin kaum eine andere Wahl.

Nach einer weiteren Biegung wurde der Pfad breiter. In seiner Mitte kam in gebeugter Haltung ein alter Mann auf sie zu, der sich schwer auf einen Gehstock stützte. Er trug einen langen Umhang und eine Kapuze, die ihm so tief ins Gesicht hing, dass nur sein Mund zu erkennen war.

Die Anspannung stand den Rittern ins Gesicht geschrieben, als sie den Fremden erblickten. «Das ist nur ein harmloser alter Mann», meinte Bors erleichtert. Die anderen lachten – alle außer Horton.

‹Schon möglich, dass er harmlos ist›, dachte Arthur. ‹Aber trotzdem ist es merkwürdig, dass ein alter Mann allein auf einem solchen Pfad unterwegs ist.› Dann wandte er sich Lancelot zu und sagte: «Wollen wir uns diesen ‹harmlosen alten Mann› doch mal näher ansehen.» Die Ritter bildeten mit ihren Pferden eine Barriere und zwangen den Alten damit, ebenfalls stehen zu bleiben. Galahad fragte laut: «He, alter Bär, hast du vielleicht Pikten gesehen?»

Der Alte blickte lächelnd zu ihnen auf und präsentierte dabei sein schwarzes, unregelmäßiges Gebiss. Dann schüttelte er freundlich den Kopf und erklärte: «Nein, mein Herr. Keinen einzigen.» Er lachte kurz auf und setzte sich wieder in Bewegung.

Arthur aber stellte die Antwort des Alten nicht zufrieden. Er zog Excalibur und hielt es dem Mann vor die Nase.

«Selbst wenn du keine gesehen hast, sind doch sicher welche hier.»

Der Alte zuckte nur mit den Achseln.

«Und, wo sind all die Pikten?», fragte Arthur.

Der Alte schaute zu Arthur auf und lächelte wieder, diesmal noch breiter. «Überall», sagte er. Dann brach er in schallendes Gelächter aus und wiederholte: «Überall!» Während das Lachen des Alten einen immer merkwürdigeren, beängstigenderen Klang annahm, beschlich Arthur das unbestimmte Gefühl, dass der Alte tief in sein Innerstes blickte, all seine Geheimnisse erkannte und sein Herz mit Furcht erfüllte. Damit die Ritter nicht bemerkten, wie ihm zumute war, hob er sein Schwert und ließ den Mann gehen. Wortlos ritt Arthur weiter, gefolgt von seinen Rittern.

Als der Alte fast schon außer Sichtweite war, richtete er sich auf. Mit einem Mal wirkte er nicht mehr annähernd so gebrechlich wie noch wenige Augenblicke zuvor. Lächelnd warf Merlin den Gehstock beiseite. Nach einer Weile drehte sich Arthur noch einmal nach dem seltsamen Alten um, aber er konnte weit und breit niemanden mehr entdecken.

Ein eisiger Nieselregen setzte ein, und die Ritter quälten sich durchnässt und frierend einen schlammigen Hang hinauf, die Blicke immer auf den Wald um sie herum gerichtet. Lancelot war besonders nervös, ohne sich erklären zu können, warum. Er lenkte sein unruhiges Pferd wie eine wütende Wespe mal hierhin, mal dorthin und schloss schließlich zu Arthur auf, der ebenfalls versuchte, den Wald mit seinen Blicken zu durchdringen. Jede Bewegung zerrte an den Nerven – war es ein Reh, ein weiterer alter Mann … oder vielleicht ein Pikte? Arthur und Lancelot wechselten besorgte Blicke. Der Nieselregen ging in einen wahren Wolkenbruch über. Die Ritter senkten den Kopf, zogen sich ihren Umhang über den Helm und ritten weiter durch den immer düsterer werdenden Wald.

Es goss über eine Stunde lang wie aus Kübeln, die Ritter waren schnell bis auf die Haut durchnässt und zitterten vor Kälte. Als der Regen unvermittelt aufhörte, hob sich ihre Stimmung kaum. Die Pferde waren in langsamen Trott gefallen, und um sie herum schienen die Bäume bedrohlich zu schwanken. Vielleicht war es mehr als nur der Wind; vielleicht war es etwas weitaus Gefährlicheres. Der Regen, der von den Blättern tropfte, klang nun wie die gedämpften Schritte eines unaufhaltsamen Raubtiers. Die Männer waren völlig erschöpft, doch sie blieben trotz allem wachsam.

«Wenn sie da sind, warum greifen sie nicht an?», fragte Galahad, dem durchaus bewusst war, dass er flüsterte.

Gawain legte einen Finger an die Lippen. «Ssshh …» Er drehte den Kopf nach allen Seiten und versuchte, in den finsteren Tiefen des Waldes etwas zu erkennen.

Dagonets Stute taumelte zur Seite, und es kostete ihn einige Mühe, sie wieder auf den Pfad zu leiten. Arthur und die anderen sahen sich besorgt nach ihm um.

«Sie ist nur müde», erklärte Dagonet.

«Kein Wunder bei dem riesigen Haufen Scheiße, den sie herumschleppen muss», meinte Bors.

«Solange sie nur auf den Beinen bleibt», sagte Arthur.

Dagonet nickte energisch und klopfte seinem Pferd den Hals. «Das wird sie», erklärte er.

Horton, der zwischen Gawain, Bors und Galahad ritt, fragte ruhig: «Was ist aus dem berühmten Ritter geworden, dem einmal dieses stolze Ross gehörte?»

«Er kam ums Leben», sagte Gawain, und Galahad fügte hinzu: «Und zwar auf äußerst grausame Weise.»

«Das stimmt mich tieftraurig», beteuerte Horton. «Und was kostete diesen edlen Ritter das Leben?»

«Dieses verfluchte Pferd», antwortete Bors und zeigte auf Hortons Reittier.

Wieder jagten Bors' Worte Horton gewaltige Angst ein, während die anderen sich zusammennehmen mussten, um nicht laut loszulachen.

Mittlerweile hatte Arthur wieder die Führung übernommen. Da sie den Weg ohnehin nicht verlassen konnten, waren Tristrans Fähigkeiten als Kundschafter im Augenblick überflüssig, und so ließ er sich zurückfallen und gesellte sich zu Gawain. Arthur führte die Ritter auf eine Lichtung. Er sah, dass etwa hundert Ellen vor ihnen die Bäume zu beiden Seiten der Lichtung trichterförmig aufeinander zuliefen.

Arthur blickte sich aufmerksam um. Die Bäume schwankten leicht wie in einer sanften Brise, doch er war misstrauisch. Etwas an dieser Bewegung wirkte unnatürlich. Alle Äste schienen sich gleichzeitig wie auf Kommando hin und her zu wiegen, und obwohl sie sich nur leicht bewegten, fiel es doch allen Rittern auf. Angespannt starrten sie auf die Bäume. Horton, der schon in dem Glauben gewesen war, seine Angst habe ihren Höhepunkt erreicht, musste nun feststellen, dass er sich geirrt hatte.

Sehr leise sagte Arthur: «Die Bäume.»

Bors blickte ihn erleichtert an. Er hatte es sich also nicht nur eingebildet.

Tristran kam nach vorn geritten und sagte mit gesenkter Stimme zu Arthur: «Pikten.»

Auch wenn die Ritter sie nicht sahen, waren tatsächlich Dutzende von Pikten im Wald – einige auf dem Boden, andere oben in den Bäumen. Sie alle waren außer Sichtweite geblieben, während sie lautlos neben den Rittern herzogen. Während ihres Vordringens zerrten sie an kräftigen Kletterpflanzen, die sich durchs Geäst wanden wie lange, schlangenartige Stricke und die einzelnen Bäume miteinander verbanden.

Weiter vorn zogen noch mehr Pikten leicht an den Kletterpflanzen. Wie Puppenspieler wiegten sie die Bäume in einem gespenstischen Tanz. Sie zogen und gingen weiter, zogen und gingen weiter und überholten einander dabei wieder und wieder, während sie im Schutz der Dunkelheit mit den Rittern immer auf gleicher Höhe blieben.

Etwa in der Mitte ihrer Linie beobachtete Merlin mit seinem Stellvertreter die Ritter. «Wann schlagen wir los?», fragte sein Stellvertreter.

Merlin antwortete etwas auf Gälisch, und der andere nickte.

Der Weg führte auf eine weitere Lichtung. Obwohl sie den Rittern sicher erschien, näherten sie sich mit äußerster Vorsicht. Falls die Pikten ihnen gefolgt waren, wie Tristran vermutete, wäre hier ein guter Ort für ein Gefecht. Als Arthur die Lichtung erreicht hatte, riss er sein Pferd herum und blickte zurück. Die anderen folgten ihm und drehten sich in alle Richtungen, um den Feind auszumachen, der ihrer Überzeugung nach jeden Augenblick angreifen musste.

«Drachenformation!», rief Arthur.

Galahad bildete mit ihm die «Augen» des Drachens, Tristran und Bors seinen «Schwanz», die anderen seinen «Körper». Jols und Horton nahmen die sicherste Position in der Mitte der Formation ein, wo sie auf allen Seiten von Rittern umgeben waren.

Mit einem Mal senkte sich absolute Stille über den Wald, unterbrochen lediglich von dem sanften Wind in den Bäumen. Die Ritter lauschten und spähten in die Ferne, aber Pikten sahen sie nicht. Nach wenigen Augenblicken entspannte sich Arthur und steckte Excalibur in die Scheide zurück.

In diesem Moment brachen die Pikten unter schrillen, Furcht erregenden Schreien aus dem Wald und feuerten von allen Seiten ihre Pfeile ab. Arthur zog Excalibur erneut und griff mit seinen Rittern unter einem Hagel von Pfeilen an, während Pikten zu Fuß mit Breitschwertern, Armbrüsten und kurzen Lanzen auf sie zurannten.

Tristran und die anderen lenkten ihre Pferde mit den Knien und feuerten, so schnell sie konnten, Pfeile auf die Masse angreifender Gegner ab. Überall schossen mit großer Präzision und Schnelligkeit die miteinander verbundenen Kletterpflanzen hoch und schufen auf diese Weise ein dichtes Netz, das die Ritter gleich auf mehreren Seiten daran hinderte, den Wald zu verlassen. Mit dem Heer von Pikten vor ihnen und dem Netz um sie herum waren die Ritter gezwungen, auf die Lichtung zurückzuweichen, wo es den Pikten gelang, sie auf engstem Raum einzukreisen.

Tiefer im Inneren des Waldes, wohin die Kampfgeräusche kaum mehr drangen, traf nach mehrtägigem Ritt durchnässt und erschöpft der Kundschafter der Pikten in Merlins Lager ein. Dort saß Merlin mit seinem Kriegsrat zusammen. Der Pikte überreichte Merlin den sächsischen Dolch und berichtete auf Gälisch, was er in dem zerstörten Dorf gesehen hatte.

Merlin betrachtete den Dolch eingehend. Die eingeritzten Symbole gaben ihm Auskunft über seinen ehemaligen Besitzer. Schlagartig änderte sich sein Gesichtsausdruck.

«Sächsisch», sagte er zu seinem Kriegsrat.

Sofort begannen seine besorgten Berater einen lebhaften Wortwechsel, denn sie begriffen, dass dieses neue Wissen eine entscheidende Wende in dem Krieg bedeutete, den sie zu kämpfen glaubten.

«Die Römer gehen, und neue Eindringlinge kommen! Was hat das zu bedeuten?», fragte einer der Berater.

Die anderen schwiegen, und alle wandten sich Merlin zu, um seinen Ratschlag zu hören. Der aber bedachte sie nur mit einem langen Blick und äußerte: «Es ist Zeit.»

Die Männer schwiegen betreten, denn sie wussten mit diesem Satz nichts anzufangen.

Dann fuhr Merlin fort: «Vielleicht können uns dieser Artorius und seine Ritter ja noch gute Dienste leisten.»

Schockiert verfolgte der Kriegsrat, wie Merlin plötzlich einen seiner Untergebenen rief. «Waffenstillstand», sagte er. «Wir stellen den Angriff unverzüglich ein.» Der Mann verbeugte sich und lief weg, um den Befehl seines Anführers zu überbringen.

Auf der Lichtung töteten die Ritter einen Pikten nach dem anderen, doch sie waren klar in der Unterzahl. Arthur wusste, dass es nur eine Frage der Zeit war, bis ihre Lage aussichtslos wurde. Dann aber drang aus der Tiefe des Waldes der Klang eines Signalhorns zu ihnen. Ebenso plötzlich, wie der Angriff begonnen hatte, endete er. Die Pikten verschwanden blitzartig im Wald, als wären sie auf einmal selbst zu Bäumen und Blättern und Kletterpflanzen geworden, und das Schlachtgetöse wich einer gespenstischen Stille. Der Regen setzte wieder ein und nahm schnell an Stärke zu.

Die entkräfteten Ritter blickten einander ratlos an. Horton war leichenblass und wirkte, als würde er jeden Augenblick ohnmächtig. «Lasst uns von hier verschwinden», sagte Arthur, und niemand wollte ihm widersprechen. Sie verließen die Lichtung und galoppierten auf dem Weg weiter, so schnell ihre Pferde sie trugen.

Sie ritten die ganze Nacht durch und den gesamten folgenden Tag, aßen im Sattel und schliefen sogar im Reiten. Bei Sonnenuntergang am zweiten Tag durchquerten die Reiter einen Bach, bevor sie in der Ferne die Umrisse hoher, zerklüfteter Berge erblickten. Der Regen, der seit dem Angriff der Pikten ununterbrochen gefallen war, hörte auf. Die Ritter ließen den Wald hinter sich und machten am steinigen Ufer eines Sees Rast, um die Pferde zu tränken. Arthur ließ den Blick lange über das Ufer schweifen. Das glitzernde Wasser vor ihm nahm die orange- und rosafarbenen Schattierungen des Sonnenuntergangs an. Finster, still und drohend lag der Wald hinter ihnen. Arthur saß ab. «Wir können unser Nachtlager ebenso gut gleich hier aufschlagen wie anderswo», meinte er.

Lancelot stimmte zu. «Ja – sofern wir mit einem offenen Auge schlafen und den Wald im Blick behalten.»

Auch die anderen stiegen von ihren Pferden und bereiteten das Lager vor. Jols machte sich sofort auf, um trockenes Holz für ein Feuer zu sammeln.

Fast wie eine Antwort auf den grauen, regnerischen Tag wurde die Nacht sternenklar. Die Ritter, die sonst so oft lebhaft scherzend ums Lagerfeuer saßen, waren an diesem Abend tief in Gedanken versunken. Tristran ritzte sorgfältig und ehrerbietig einfache Bildnisse seiner persönlichen Gottheiten in die Rinde eines hohen Baumes. Dagonet saß an einen großen Findling gelehnt, schlürfte Wasser aus seinem Becher und hielt diesen hin und wieder auch seinem Pferd hin, das es ganz offensichtlich gewohnt war, mit seinem Herrn aus demselben Behältnis zu trinken. Bors saß dicht am Feuer und zielte mit seinem Bogen auf die Sterne.

Horton, der mehr Komfort gewohnt war, als dieser steinige Strand ihm zu bieten hatte, sammelte so viele Kiefernnadeln wie möglich, um sich damit ein schönes weiches Bett zu bereiten. Der Tag war sehr anstrengend gewesen, und jetzt sehnte er sich nach nichts mehr als nach Schlaf. Er breitete eine Decke über die Kiefernnadeln und legte sich voller Vorfreude auf das geradezu luxuriös weiche Bett. Sein Furcht erregendes Pferd stand neben ihm und starrte Horton mit seinen tiefen schwarzen Augen unentwegt an. Immer, wenn Horton gerade einzuschlafen schien, setzte das Pferd wie absichtlich einen Huf auf einen Zweig. *Knack!* machte es, und Horton schlug erschrocken die Augen auf. Wenig später trat das Pferd einen morschen Ast nieder, und schon starrte Horton erneut hellwach und zitternd in dic Dunkelheit, während er auf das nächste beunruhigende Geräusch wartete, für das er hoffte, eine harmlose Erklärung finden zu können. Schließlich machte er sich mit dem Gedanken vertraut, in dieser Nacht vermutlich keinen Schlaf zu finden.

Lancelot lag auf dem Rücken und starrte den Mond an.

Arthur setzte sich neben seinen Freund. Lancelot zeigte auf den Himmel. «Was ist da wohl?», fragte er. «Die Nachwelt? Der Tod?»

Arthur betrachtete den Mond nachdenklich, ohne zu antworten.

Lancelot fuhr dennoch fort. «Ist der Tod ein bestimmter Ort? Oder vielleicht ein Gott?»

Arthur lächelte bei seiner Erwiderung. «Bis du das herausfindest, wird noch viel Zeit vergehen.»

«Ich sorge mich nicht meinetwegen», erklärte Lancelot und deutete auf die anderen Ritter. «Ich kenne diese Männer seit unseren Kindertagen. Wir haben zusammen gespielt und zusammen reiten gelernt.» Lancelot sah Arthur an. «Sie haben immer zu mir aufgeschaut … auch wenn ich nicht weiß, warum.»

«Wegen deines Mutes, Lancelot», erklärte Arthur.

«Und zu dir, Arthur, schauen sie wegen deiner Weisheit und Gerechtigkeit auf. Diese Ritter werden dir überallhin folgen und für dich kämpfen, für was auch immer. Sie werden sogar für dich sterben.»

Arthur wirkte unangenehm berührt. Lancelot sprach die Wahrheit, Arthur jedoch hörte sie nicht gern.

«Ich muss dich also noch einmal fragen», fuhr Lancelot fort. «Ist diese Mission für Rom weise? Oder gerecht?»

Arthur schaute zum Mond hinauf. «Sie ist unsere Pflicht», entgegnete er.

«Arthur», nahm Lancelot nach einer kurzen Pause wieder das Wort auf, «du kämpfst für eine Welt, die es in dieser Art nie geben wird. Niemals. Ein Schlachtfeld dagegen wird es immer irgendwo geben … und ich werde auf dem Schlachtfeld sterben. Das weiß ich genau. Und ich hoffe, es wird eine Schlacht meiner eigenen Wahl sein. Sollte es dennoch die bevorstehende sein, wirst du mir dann einen Wunsch erfüllen?»

Arthur schaute zu seinem Freund hinüber.

«Begrabe mich nicht auf unserem traurigen Friedhof von Badon Hill», bat Lancelot. «Verbrenne mich und verstreue meine Asche bei einem kräftigen Ostwind.»

Bors legte einen Pfeil in seinen Kompositbogen. An einen Felsen gelehnt, zielte er sorgfältig auf den Mond und schoss. Die anderen verfolgten den Weg des Pfeils. Gerade, als er im Nichts verschwand, erhellte eine Sternschnuppe den Nachthimmel. Stolz blickte Bors von einem seiner Kameraden zum anderen. Er hatte mit einem einzigen Schuss einen Stern vom Himmel geholt.

Am nächsten Morgen setzten die Ritter ihre Reise fort. Auf dieser Seite des Waldes wurde die Landschaft allmählich schroffer. Raureif bedeckte die Felder wie ein kalter weißer Teppich und verzierte die Bäume mit silbrig glänzenden Eissplittern. Im bitterkalten Wind fielen Blätter von den Zweigen. Über den Himmel fegten tief hängende graue Wolken wie in einem Wirbelsturm. Den Rittern kam es so vor, als wäre die ganze Welt im Wechsel begriffen, als verwandelte sie sich vor ihren Augen in etwas anderes – eine fremdartige Landschaft, die so ganz anders war als alles, was sie kannten. Und tatsächlich änderte sich das Land vom Flachland hinter ihnen zum schroffen Bergland vor ihnen. Jede Etappe war noch ein wenig schwieriger als die vorherige. Die Pferde mühten sich schwitzend und keuchend die immer steileren Hänge hinauf. Vor allem Dagonets Pferd schien sich unter dem Gewicht seines Reiters zu quälen, doch auch die anderen Rösser bewegten sich während des Aufstiegs am Rand der Erschöpfung.

Als Arthur bemerkte, dass die Tiere kurz vor dem Zusammenbruch standen, ließ er seine Männer absitzen. «Führt sie, bis sie sich erholt haben», ordnete er an. «Wir haben heute Nacht noch einen anstrengenden Ritt vor uns.» Also stiegen die Ritter vom Sattel und führten ihre Pferde über die steilen, von Felsbrocken übersäten Hänge. Stunde um Stunde kämpften sie sich den Berg hoch, bis sie den Kamm erreicht hatten. Arthur war als Erster oben. Als die anderen kamen, hob er die Hand. Die erschöpften Ritter und Pferde blieben nebeneinander stehen und schauten auf das weitläufige Tiefland hinab. Etliche Meilen vor ihnen erkannten sie ein großes Landgut, das von einer Mauer umschlossen wurde, an die sich ein Dorf schmiegte.

Dagonet war zu müde, um etwas zu sagen, während er als Letzter zu ihnen stieß.

«Ist es das?», fragte Lancelot.

Arthur nickte. «Das ist das Landgut des Marius und seiner Familie», bestätigte er. «Der Leute also, die wir retten sollen.»

Bors lächelte säuerlich und streichelte sein erschöpftes Pferd. «Ich hoffe, sie werden unsere Mühen auch zu würdigen wissen.»

Tristran trat neben Arthur. «Keine Pikten hinter uns», sagte er. «Möglich, dass sie wegen der Sachsen besorgt sind.»

Arthur nickte ernst und erklärte: «Wir sollten genauso besorgt sein. Wir müssen unbedingt herausfinden, wie nahe sie schon sind.»

Die Ritter saßen wieder auf und machten sich auf den Weg hinab zum Landgut.

Zehn

Vorbei an Männern und Frauen, die das Land bearbeiteten, erreichten die Ritter das offene Tor von Marius' Gutshof. Am Waldrand standen mehrere Lehmhütten, in die sich die erschrockenen Bauern zurückzogen, als sich die Ritter näherten. Aus der Ferne drang ein metallischer Alarmton zu ihnen, und sie sahen, wie sich Söldner eilig auf den Mauern postierten. Das eiserne Tor fiel krachend ins Schloss, und die Ritter hielten an. Von oben hörten sie den Wachoffizier rufen.

«Wer seid ihr?»

«Römische Ritter», antwortete Lancelot mit lauter Stimme.

Der Söldner verschwand. Einen Augenblick später erschien ein anderer, dicker und selbstgefälliger Mann am Tor. Arthur erkannte auf den ersten Blick, dass es sich nur um den Gutsherrn Marius Honorius handeln konnte.

«Wer seid ihr?», rief Marius.

Lächelnd wandte Lancelot sich Arthur zu. «Wenigstens stellen sie einfache Fragen.»

«Ich bin Arthur Castus», erklärte Arthur, «Anführer der sarmatischen Ritter, entsandt vom römischen Bischof Germanus. Meine Männer sind hungrig und müde. Öffnet das Tor!»

Es war, als hätte Arthur Zauberworte gesprochen. Marius' rundes Gesicht hellte sich auf, und er signalisierte den Wachen, unverzüglich das Tor zu öffnen. Als Arthur und seine Männer in das Landgut einritten, kamen von allen Seiten staunende Dorfbewohner heran und betrachteten sie neugierig.

Hinter dem Tor saßen die Ritter ab; Galahad und Gawain gaben Jols ihre Zügel. Jols wiederum versuchte, Horton die Zügel von einem der Pferde in die Hand zu drücken, doch der hochnäsige Sekretär dachte gar nicht daran, eine derart niedere Arbeit zu verrichten.

Die Ritter sahen sich auf dem Gut um. Das Haupthaus war großzügig aus Stein und Holzbalken im römischen Stil errichtet und so geräumig, dass leicht fünf große Familien darin Platz gefunden hätten. Ein gutes Stück dahinter stand ein weiteres, weitaus weniger einladendes Steinhaus. Das fensterlose Gebäude machte einen abschreckenden Eindruck, der von dem Galgen vor seinem einzigen Tor noch verstärkt wurde.

Aufgeregt scharten sich die Kinder des Dorfes um die Ritter, doch nicht nur sie begrüßten Arthur und seine Männer begeistert. Ein Mönch packte Arthurs Hand und bedeckte sie unter ekstatischem Gemurmel mit Küssen. Arthur zog seine Hand weg und musterte den Mann mit einer Mischung aus Erstaunen und Besorgnis, so als wäre der Mönch ein Verrückter. Die anderen Ritter sammelten sich um Arthur.

Wenige Augenblicke später tauchten auch Diener, Soldaten und – allen voran – der Herr und die Herrin des Gutshauses auf, gefolgt von einem etwa zwölfjährigen Jungen mit wachen Augen. Marius' Frau Fulcinia war noch anzusehen, dass sie einst eine große Schönheit gewesen sein musste, auch wenn sie jetzt den verängstigten Blick einer misshandelten Frau hatte. Sie stand ein Stückchen hinter ihrem Gatten und hielt den Blick auf den Boden gesenkt.

Noch immer drängten sich die Menschen um die Ritter. Einige streckten die Hand nach ihnen aus, um sie zu berühren und sich so zu vergewissern, dass sie keine Geister vor sich hatten, sondern Menschen aus Fleisch und Blut. Einer der Mönche zupfte Bors am Ärmel. «Seid Ihr aus Rom?», erkundigte sich der Mönch.

«Nein», erwiderte Bors, «ich komme direkt aus der Unterwelt. Und dich nehme ich dorthin mit.»

Der Mönch starrte ihn entgeistert an und fragte sich, ob Bors wohl die Wahrheit sprach.

Marius klopfte Arthur auf die Schulter. «Es ist ein wahres Wunder, dass Ihr gekommen seid», erklärte er. «Musstet Ihr gegen die Pikten kämpfen?»

Die Ritter schauten Marius nur an, bis dieser endlich begriff, wen er vor sich hatte. «Mein Gott!», rief er schließlich. «*Der* Arthur und seine Ritter!»

«Wir haben Befehl, euch so schnell wie möglich von hier wegzubringen», erklärte Arthur.

Verwirrt schüttelte Marius den Kopf. «Ausgeschlossen.»

Arthur sah sich in der Menge um. «Wer von euch ist Alecto?», fragte er.

Der hübsche zwölfjährige Knabe bahnte sich einen Weg durch die Umstehenden und trat vor die Ritter. «Ich bin Alecto», erklärte er.

Marius beachtete seinen Sohn nicht, denn noch immer klangen ihm Arthurs Worte von der Abreise in den Ohren. «Das hier ist alles, was wir besitzen», betonte Marius. «Der Papst in Rom hat uns dieses Land in eigener Person gegeben.»

Achselzuckend meinte Lancelot: «Dann gebt Ihr es jetzt eben an die Sachsen weiter, mit den besten Grüßen vom Heiligen Vater.»

Alecto warf Lancelot einen stechenden Blick zu. Dass er sehr viel intelligenter war als sein Vater, war nicht zu übersehen. «Sachsen?», fragte er.

«Sie sind von Norden her eingefallen», antwortete Arthur dem Jungen.

Mit Verzweiflung in der Stimme rief Marius: «Dann muss Rom uns ein Heer zur Hilfe schicken!»

«Das ist bereits geschehen», erklärte Arthur. «Dieses Heer sind wir. Und jetzt solltet Ihr sofort Vorkehrungen für die Abreise treffen. Wir müssen weg, sobald Ihr gepackt habt.»

Marius schüttelte heftig den Kopf. Die Verwirrung war ihm noch immer anzusehen. «Ich lehne es ab zu gehen!», sagte er. «Dieses Land ist mir vom Heiligen Stuhl anvertraut worden!»

Gelassen erwiderte Arthur: «Um jedes Missverständnis zu vermeiden – wenn es mir nicht gelingt, Euch und Euren Sohn zurückzubringen, dürfen meine Männer und ich dieses Land niemals mehr verlassen. Ihr kommt mit, und wenn ich Euch an mein Pferd binden und den ganzen Weg zum Hadrianswall schleifen muss.» Dann verbeugte er sich mit spöttischem Respekt. «Mein Herr.»

Bors und Dagonet hatten ein breites Grinsen im Gesicht. Zu beobachten, wie ein hoher Herr unversehens ganz klein wurde, bereitete ihnen immer ganz besonderes Vergnügen.

An Fulcinia gewandt, sagte Arthur: «Gute Frau, meine Ritter haben Hunger.»

Fulcinia warf ihrem Gatten einen kurzen Blick zu, als wollte sie erst seine Erlaubnis einholen, bevor sie den Rittern etwas zu essen gab. Obwohl die Neuigkeiten Marius noch immer durcheinander brachten, war eindeutig er es, der hier das Heft in der Hand hielt. Er warf den Rittern einen finsteren Blick zu, bevor er Fulcinia kurz zunickte und davoneilte.

Fulcinia verbeugte sich vor den Männern. «Wenn Ihr mir folgen wollt …»

Sie drehte sich um und ging auf das Haupthaus zu. Die Ritter schlossen sich an. Auf ihrem Weg heftete sich ein junger, etwa sechzehn Jahre alter Dorfbewohner an Arthurs Fersen.

«Seid Ihr der Ritter Arthur, mein Herr?», fragte der Junge. «Ich heiße Ganis.»

Ohne ihn zu beachten, ging Arthur weiter.

«Ich bin ein guter Kämpfer, und klug bin ich auch», erklärte Ganis. «Ich wäre stolz, Euch dienen zu dürfen!»

Arthur blieb stehen und musterte ihn. «Du willst mir dienen?»

Ganis nickte beflissen. «O ja, mein Herr. Nichts lieber als das!»

«Dann sorg dafür, dass alle Dorfbewohner zusammenkommen», wies Arthur ihn an. «Ich muss nach dem Essen mit ihnen sprechen. Mit allen.»

Dann setzte Arthur ohne ein weiteres Wort seinen Weg zum Haus fort und überließ Ganis seiner Aufgabe.

Tief im Wald kamen die sächsischen Soldaten unter dem Kommando Cerdics und Cynrics an einer Gabelung des breiten Pfades an. Geoffrey, der britische Kundschafter, wartete dort auf sie, und die Truppen machten Halt, als sich Cerdic mit seiner Leibwache der Abzweigung näherte. Hinter ihnen lag ein weiteres verwüstetes Dorf.

Geoffrey schaute in den Himmel, wo ein Falke träge seine Kreise zog. Er hatte das seltsame Gefühl, dass der Falke auf ihn herabsah und die Bewegungen seiner Truppen verfolgte. Schon mehr als einmal hatte er von verzauberten Tieren gehört, und so erstaunte es ihn nicht sonderlich, dass ein großer Magier in der Gegend einem von ihnen Späherdienste befohlen hatte. Geoffrey beschloss, äußerste Vorsicht walten zu lassen. Schließlich zeigte er direkt geradeaus. «Dieser Weg ist länger», erklärte er Cerdic, «aber einfacher zu bewältigen.»

«Wie einfach er ist, will ich nicht wissen», entgegnete Cerdic barsch. «Nur, wie lange es dauert.»

Erneut beschlich Geoffrey ein merkwürdiges Gefühl. Diesmal blickte er zu den Bäumen hinauf und lauschte. Über seinem Kopf schwankte das Blätterdach im Wind, und das durchsickernde Licht warf verwirrende Muster auf den Waldboden.

Tristran, Arthurs Kundschafter, beobachtete sie von einem der Bäume aus. Als sein Falke wieder auf seinem Arm landete, schob Tristran einen Zweig beiseite, um einen besseren Blick nach unten zu haben. Im selben Augenblick hielt der britische Kundschafter plötzlich inne und lauschte. Schnell und lautlos verbarg Tristran sich wieder hinter dem Ast. Geoffreys Gespür für Gefahr beeindruckte ihn sehr. Der Kundschafter machte seine Arbeit gut – vielleicht sogar so gut wie Tristran selbst.

Arthur ließ den Blick über das Dorf vor dem Haupttor zu Marius' Landgut schweifen. Fulcinia hatte den Rittern ein schnell zusammengestelltes, aber üppiges Mahl bereitet, doch Arthur war zu sehr mit seinen Gedanken beschäftigt, um es würdigen zu können. Er nahm ein Hühnerbein und ließ seine Ritter bei Tisch zurück. Draußen lehnte er sich an eine der Brustwehren auf der mit Zinnen bestückten Mauer und sah zu, wie die Dorfbewohner vom Rand des Gutes Körbe mit Gemüse, Eiern und Getreide herbeischafften. Arthur spürte die Gegenwart eines anderen Menschen, und als er sich umdrehte, stand Alecto neben ihm.

«Was mich angeht, ich freue mich schon darauf, Rom wiederzusehen», gestand der Junge.

Arthur zeigte auf die Menschen in den Hütten. «Schließt ihr diese Leute jede Nacht vor den Toren aus?», erkundigte er sich. «Wo sie in Gefahr schweben, von den Pikten angegriffen zu werden?»

«Mein Vater», erklärte Alecto, «hat mir versichert, dass das dem Willen Gottes und unserer Mutter Kirche entspricht.»

«Welches Gesetz Gottes soll eine solche Behandlung von Menschen rechtfertigen?», fragte Arthur.

«Das sind doch nur Leibeigene», gab Alecto achselzuckend zurück.

«Dieses Wort kenne ich nicht», erwiderte Arthur.

Geduldig, als spräche er mit einem Kind, erklärte Alecto: «Leibeigene sind Leute, die aufgrund von Gottes Willen das Land ihrer Herren bestellen müssen. Und zwar bis zu ihrem Tod.»

«Gottes Wille?», hakte Arthur nach. «Du meinst, ihr Schicksal ist ihnen von Geburt an vorherbestimmt?»

«Ja», sagte Alecto. «Deshalb ist meine Familie auch nach Britannien gekommen, um dieser gefährlichen Überzeugung vom freien Willen ein Ende zu bereiten. Ich bin stolz, sagen zu können, dass wir zumindest im kleinen Rahmen durchaus Erfolge zu verzeichnen hatten.»

Arthur musste sich beherrschen, um das selbstgefällige kleine Herrensöhnchen nicht von der Mauer zu werfen.

Der Zorn färbte seine Stimme. «Dienen solche niedrigen Vorstellungen nun als Entschuldigung dafür, andere zu quälen und auszubeuten?»

Arthur hielt inne, als er bemerkte, wie getroffen und verwirrt Alecto war. Erst jetzt stellte Arthur fest, dass der Junge gar nicht wusste, was er redete.

«Verzeih mir», bat Arthur. «Das sind finstere Zeiten für uns alle.»

Ohne ein weiteres Wort rannte Alecto ins Haus zurück, und Arthur wandte seine Aufmerksamkeit wieder dem Dorf zu. Er sah, dass Ganis seine Aufgabe erledigt und die meisten Bewohner des Dorfes auf dem freien Feld vor den Toren des Landguts zusammengerufen hatte.

Arthur stieg von der Mauer herab. Der junge Ganis hatte ihn aus der Ferne beobachtet und rannte auf ihn zu, sobald Arthur sich in Bewegung setzte. Arthur ging durch das Tor und nahm vor den Dorfbewohnern Aufstellung. Die meisten Bauern schauten ihn nur an, wagten aber nicht, näher zu kommen. Marius hatte ihnen zur Genüge beigebracht, was ihnen blühte, wenn sie vor ihren Herren nicht die erwartete Unterwürfigkeit an den Tag legten.

«Ein gewaltiges, fürchterliches Heer ist auf dem Weg hierher», rief Arthur. Er wartete, bis das verängstigte Gemurmel unter den Leuten verebbt war. «Sie verschonen niemanden», fuhr er fort. «Niemanden und nichts. Wer von euch dazu in der Lage ist, sollte seine Sachen packen und sich auf den Weg nach Süden machen, zum Hadrianswall.»

Das Gemurmel wurde wieder lauter und aufgeregter.

«Diejenigen unter euch, die nicht aus eigener Kraft fliehen können», setzte Arthur wieder an, «werden mit uns kommen, wenn wir diesen Ort verlassen.» Er versuchte ein aufmunterndes Lächeln zustande zu bringen. Da zupfte Ganis an seinem Ärmel, und Arthur wandte sich ihm widerstrebend zu.

«Es gibt viel Böses hier», erklärte Ganis. «Mehr, als Ihr Euch vorstellen könnt. Diese Menschen sind erniedrigt und vom Schicksal verflucht!»

Ohne ihn weiter zu beachten, drehte Arthur sich um. Ein Stück weiter hielt er inne, als er einen elenden Mann in den Fünfzigern erblickte. Ein Arm des Mannes steckte in einem Loch, das in einen abgestorbenen Baumstamm gebohrt worden war, und sein Handgelenk war auf der Rückseite des Stammes angekettet. An seinem ausgezehrten, verwahrlosten Aussehen war abzulesen, dass der Mann schon eine ganze Weile in dieser Lage sein musste.

«Wer ist dieser Mann?», fragte Arthur.

«Unser Dorfältester», erwiderte Ganis.

«Euer Ältester?» Arthur konnte es kaum fassen. «Und wofür wird er hier bestraft?» Er zog an der Kette. «Antworte!», forderte Arthur.

Ganis deutete auf Marius' Haus und nahm all seinen Mut zusammen. Dann endlich redete er.

«Er hat sich unserem Herrn, dem Marius, widersetzt.»

Arthur starrte ihn ungläubig an.

«Ihr seid aus Rom», fuhr Ganis fort, «Ihr kennt die Wahrheit. Marius hat uns erklärt, dass er von der Kirche ist und für Gott spricht und dass es eine Sünde ist, sich ihm zu widersetzen.»

Wütend zog Arthur Excalibur und spaltete den Baumstamm. Der Dorfälteste war wieder frei.

Dann wandte Arthur sich Ganis zu und sagte leise, aber eindringlich: «Marius ist nicht von Gott gesandt, und du –

du bist seit deinem ersten Atemzug ein freier Mensch.» Er eilte davon, und Ganis starrte ihm wie vom Blitz getroffen nach.

Auf Arthurs Rückweg zum Landgut schloss sich ihm Tristran an. «Die Sachsen stehen östlich von hier», erklärte Tristran, «und wollen uns von Süden her den Fluchtweg abschneiden.»

«Wie viele sind es?», fragte Arthur. «Und wie lange dauert es noch, bis sie hier eintreffen?»

Lancelot kam zu ihnen, um Tristrans Bericht ebenfalls zu hören.

«Es sind ganze Heerscharen», informierte sie Tristran. «Und sie werden bis Sonnenuntergang hier sein. Vielleicht sogar noch früher. Wir müssen sofort hier weg», fügte er mit eindringlichem Blick auf Arthur hinzu.

Dieser nickte grimmig. «Wir müssen einen anderen Weg finden.»

Tristran deutete in die Ferne. «Dort beginnt ein Pfad, der nach Osten führt. Wir kreuzen dabei den Weg, über den die Sachsen gezogen sind.»

«Und was ist, wenn noch mehr von ihnen nachkommen?», fragte Lancelot.

«Uns bleibt keine andere Wahl», betonte Tristran. «Das ist der einzige Weg, auf dem wir abziehen können.»

Arthur nickte. «Dann los.»

Weniger als eine Stunde später sorgte Lancelot im Hof des Landguts dafür, dass Marius' Familie alle für die Flucht erforderlichen Vorkehrungen traf. Marius protestierte noch immer lautstark gegen seine Vertreibung, aber die Ritter achteten nicht auf ihn. Seine Frau beobachtete ihn aufmerksam; nur zu gut wusste sie, wie gern er seine Wut an ihr ausließ. Zwei von Marius' Söldnern kamen vorsichtig mit einer schweren Kiste aus dem Haus und wollten das Ungetüm auf einen Karren laden.

«Weg mit dem Zeug», befahl Lancelot. «Das ist kein Handelstransport. Wir werden dadurch zu langsam.»

«Aber es ist das Bettzeug meines Herrn», protestierte einer der Söldner.

«Der wird genauso auf der Erde schlafen wie wir alle», erklärte Lancelot und warf die Kiste auf den Boden.

In Gedanken verloren starrte Arthur auf das massive Steingebäude mit dem Galgen davor. Als er hörte, wie Lancelot die Söldner zurechtwies, ging er zu ihm hinüber. «Sorg dafür, dass uns sämtliche Pferde zur Verfügung stehen», sagte er. «Ein paar von den Dorfbewohnern schaffen es nicht zu Fuß.»

«Dorfbewohner?», sagte Lancelot, als hätte er nicht richtig gehört. «Die Leute halten uns doch nur auf. Unser Auftrag besteht darin, die Familie zu retten – das ist unsere ‹Pflicht› gegenüber Rom!»

«Unsere Ehre verpflichtet uns, sie alle zu retten, wenn wir es können.»

Lancelot schüttelte angewidert den Kopf. «Ehre», sagte er. «Was für ein Irrsinn.» Dann stürmte er in Richtung Stallungen, um nachzusehen, ob die Pferde bereitstanden.

Während die Ritter hastig die Dorfbewohner in einer Kolonne aufstellten, fielen erste zarte Schneeflocken. Wieder schaute Arthur auf das steinerne Gebäude. Die Vorbereitungen für den Abzug der Bevölkerung wurden in verzweifelter Hast getroffen, nachdem aus der Ferne die ersten sächsischen Signalhörner hörbar wurden. Alle wussten, dass sie nun keine Zeit mehr zu verlieren hatten.

Arthur warf noch einen Blick zurück auf das steinerne Gebäude hinter dem Herrenhaus, das ihm von Anfang an nicht aus dem Kopf gegangen war; es schien so, als wollte der merkwürdige Bau ihm etwas sagen. Unvermittelt sprang er von seinem Pferd und rannte auf das massive Tor zu. Zwei Söldner, die ihn über den Hof kommen sahen, versuchten, sich ihm in den Weg zu stellen. Ohne seine Schritte zu verlangsamen, zog Arthur Excalibur aus der Scheide und schwang es drohend.

«Verschwindet!», forderte er sie auf.

Widerstrebend wichen die Söldner zurück. Als die anderen Ritter hörten, wie Excalibur aus dem Leder gezogen wurde, waren sie sofort zur Stelle, um Arthur beizustehen. Als Erster war Lancelot, ebenfalls mit gezogenem Schwert, an seiner Seite.

Vor dem Gebäude angekommen, nahm Arthur verdächtige Schatten auf der Wand wahr. Zunächst konnte er nicht sagen, was sich verändert hatte. Dann wurde es ihm schlagartig klar: Der Eingang war zugemauert worden. Er legte die Hand auf die Mauer und zog sie gleich wieder zurück; sie war nass von frischem Mörtel. Er wandte sich an Dagonet. «Mach sie auf», befahl er. Dagonet trat vor und holte mit seinem riesigen Streitkolben aus, der gleich darauf mit einem markerschütternden Krachen inmitten der neu gesetzten Steine landete.

Mittlerweile hatten sich Mönche und Söldner eingefunden und verfolgten die Szene mit verstörten Blicken. Sie wussten offenbar, was Arthur entdecken würde. Dagonet fuhr mit seinem Zerstörungswerk fort, bis die Wand durchbrochen war und eine schwere Holztür zum Vorschein kam.

Marius und sein Gefolge eilten herbei. Dem Gutsherrn stand die Zornesröte im Gesicht. Arthur versuchte erfolglos, die Tür zu öffnen. Lancelot setzte einem der Söldner das Schwert an die Kehle und sagte nur: «Den Schlüssel.»

«Sie ist verschlossen!», keuchte der Söldner.

Lancelot drückte die Spitze seines Schwertes ein wenig tiefer in den Adamsapfel des Mannes, der daraufhin vor Schmerz zu wimmern begann. Noch einmal forderte der Ritter in drohendem Tonfall den Schlüssel.

Der Söldner klang verzweifelt, als er erklärte: «Sie ist von innen verschlossen! Es gibt keinen Schlüssel!»

Dagonet lächelte. «Rein zufällig habe ich den Schlüssel hier in meiner Hand.» Noch einmal holte er mit seiner Keule aus und schlug damit gegen die Tür. Zwei weitere Schläge, und sie war zertrümmert. In diesem Augenblick rannten mehrere angriffsbereite Söldner auf die Ritter zu, doch diese drehten sich rasch um und hielten die Soldaten mit ihren Schwertern in Schach.

Excalibur fest im Griff, trat Arthur durch die zersplitterte Tür. Abgesehen vom Licht, das durch die Öffnung drang, war es im Gebäude so finster, dass Arthur im ersten Moment nicht hätte sagen können, ob seine Augen geöffnet oder geschlossen waren. Behutsam tastete er sich weiter voran, während er sich an die Lichtverhältnisse gewöhnte. Aus dem Dämmer tauchte eine Furcht erregende Gestalt nach der anderen auf. Auf der einen Seite des Gebäudes erstreckten sich Zellen bis in die tiefste Dunkelheit. Wie Ungeheuer lauerten Folterinstrumente in der Finsternis. Arthur stellte fest, dass er in einen Kerker geraten war. Schlimmer noch: Hier wurden Menschen gequält. Erschüttert setzte er seinen Weg durch den Gang fort, langsam und bedächtig. Lancelot wartete widerwillig mit den anderen an der Tür, bereit, Arthur notfalls beizuspringen. Der Gestank aus dem Inneren war überwältigend.

Arthur drehte sich um und rief: «Bringt mir eine Fackel.» Ohne zu zögern, ergriff Jols eine Fackel und hielt sie in das Feuer einer Kochstelle, um gleich darauf in das Gebäude zu laufen und sie Arthur zu bringen. Lancelot holte einmal tief Luft und folgte Arthur.

Im unvermittelt aufflackernden Licht sah Arthur mit Schrecken, wie sich ein ältlicher Mönch mit irrem Blick vom Gebet an einem winzigen Altar erhob. Mit heiserer Stimme fragte der Mönch: «Wer seid Ihr, dass Ihr den Tempel des Herrn entweiht?»

Arthur nahm Jols die Fackel ab und hielt sie mit ausgestrecktem Arm vor sich, um die erschreckenden Einzelheiten besser erkennen zu können. In den Zellen lagen halb verhungerte, sterbende Menschen. Einer oder zwei, die noch kräftig genug waren, um sich zu bewegen, griffen unter herzerweichendem Stöhnen durch die Gitterstäbe. Sie schienen entweder unfähig zu sprechen, oder sie fanden keine Worte für das, was sie durchgemacht hatten. Einer der Mönche von draußen kam herein und packte Lancelot am Arm. «Wie könnt Ihr es wagen, diesen heiligen Ort zu betreten?»

Wütend zog Lancelot sein Schwert und durchbohrte den Mönch. Zutiefst erschrocken fielen die anderen auf die Knie, weinend und betend.

Der Mönch aus dem Kerker starrte entsetzt auf den Leichnam. «Das war ein Mann Gottes!», schrie er.

«Nicht *meines* Gottes», sagte Lancelot erbittert.

Lancelot stellte den Fuß auf das Gesicht des toten Mönchs und wischte die Klinge ab. Draußen trat eine Gruppe Söldner auf die Tür zu. Gawain streckte ihnen in Augenhöhe sein Schwert entgegen. «Wenn ihr auch nur einen einzigen Ritter anrührt, werdet ihr alle sterben», erklärte er vollkommen ruhig. Die Söldner traten zurück.

Danach gingen Gawain mit seinem Streitkolben und Galahad mit seiner Streitaxt von Zelle zu Zelle, um die Schlösser aufzubrechen. Galahad warf einen Blick in eine der Zellen und sagte: «Der da ist tot.»

«Dem Gestank nach müssten sie alle tot sein», meinte Gawain.

Lancelot nahm Arthur die Fackel ab und ging voraus, immer tiefer ins Innere des Kerkers, von einem grauenhaften Anblick zum nächsten. «Ist das ein Werk deines Gottes?», fragte er Arthur.

Arthur brachte nichts heraus, so sehr ekelte es ihn. Er nahm Lancelot die Fackel aus der Hand und erklärte: «Wessen Werk es auch immer sein mag – jetzt ist Schluss damit!» Arthur und Lancelot stiegen über eine steil abfallende steinerne Rampe ins Untergeschoss des Kerkers hinab. Links und rechts von ihnen lagen Zellen, in denen Leichen verwesten. Es war ein Beinhaus, die reinste Verdammnis.

«Ist da unten jemand?», rief Arthur in die Dunkelheit. Plötzlich nahm er eine Bewegung wahr, und aus einer der Zellen drang eine schwache Stimme zu ihm. Er hielt die Fackel höher und ging weiter.

Wenige Momente später tauchte Lancelot aus den Tiefen des Kerkers auf, dicht gefolgt von Arthur, der eine junge Frau auf den Armen trug. Mit einer völlig abgemagerten, knochigen Hand schützte sie ihre Augen vor dem Licht. Sie war schmutzig und verwahrlost. Gawain breitete eine Decke aus, und Arthur legte sie behutsam darauf. Daneben wurden vier weitere Gefangene auf den Boden gelegt. Einer von ihnen war ein kleiner, etwa zehnjähriger Junge namens Lucan. Dagonet kniete sich sofort neben ihn. Sachte half er dem Jungen beim Aufsitzen. Bebend vor Zorn versetzte Lancelot einem der Söldner einen Fußtritt.

«Bring den Leuten Wasser!», brüllte er den Mann an.

Der Anblick des abgezehrten Jungen zwischen den Toten erregte auch Dagonets Wut. Seine Miene verhärtete sich, als er Lucan anfassen wollte. Das Kind zuckte zusammen, sodass Dagonet seinen Zorn dämpfte.

«Keine Angst», erklärte er. «Vor mir musst du keine Angst haben.»

Er wollte den Jungen hochheben, doch Lucan griff nach dem Arm einer Frau neben ihm. Allem Anschein nach war sie schon seit Tagen tot. «Mutter», wimmerte der Junge leise. «Mutter …» Traurig löste Dagonet den kraftlosen Griff des Kindes und nahm es in die Arme.

Lancelot, der ungeduldig auf die Erfüllung seines Befehls wartete, rannte unvermittelt selbst zum Brunnen, füllte einen Becher und eilte zurück zu Arthur. Dieser wandte sich zu der Frau, die er herausgetragen hatte, hielt ihr den Becher an die Lippen und sah zu, wie sie behutsam daran nippte, während sie ihn nicht aus den Augen ließ. Sie starrte ihn an wie ein zu Tode erschrockenes wildes Tier, das nicht wusste, ob diese neuen Gesichter für sie nun die Rettung oder den Tod bedeuteten.

«Ich bin römischer Offizier», erklärte Arthur in beruhigendem Tonfall, «und du bist jetzt in Sicherheit.» Sie erwiderte nichts, sondern starrte ihren Retter nur weiter mit ausdruckslosem Blick an. Arthur fiel auf, dass ihre Augen hinter all dem Schmutz sehr schön waren.

Bors und Gawain zerrten Marius zu Arthur und stießen ihn auf die Knie. Voller Zorn packte Arthur ihn am Kragen und zog Marius' Gesicht so dicht vor das seine, dass ihre Nasen einander fast berührten. Marius versuchte verzweifelt, Arthurs wütendem Blick auszuweichen, doch es gelang ihm nicht.

«Was hat dieser Wahnsinn zu bedeuten?», knurrte Arthur ihn an.

Arthurs Zorn ängstigte Marius. «Das sind Heiden!», sagte er, als würde er damit alles erklären.

Galahad hielt Marius sein Schwert an die Kehle. «Das sind wir auch», erklärte er.

Marius war vollends verwirrt. «Diese Heiden weigern sich, den Platz zu akzeptieren, den Gott ihnen am Tisch des Lebens zugedacht hat. Deshalb müssen sie sterben! Als abschreckendes Beispiel für andere!» Verzweifelt wiederholte er: «Als abschreckendes Beispiel!»

«Sie haben sich geweigert, ihren Platz zu akzeptieren?», hakte Arthur nach. «Du willst sagen, sie haben sich geweigert, deine Leibeigenen zu sein?»

Marius nickte eifrig, erleichtert darüber, dass Arthur ihn endlich verstanden hatte. «Ja, das ist es! Jetzt habt Ihr es verstanden!» Arthur aber zog Marius den Kragen so eng um den Hals zusammen, dass von seiner Stimme nur noch ein Quieken blieb. Marius wusste, dass er schnell sprechen musste. «Als römischer Ritter müsst Ihr mich doch verstehen», presste er heraus. «Und natürlich als Christ …»

Unvermittelt ließ Arthur Marius los, sodass er nach hinten fiel. Auf dem Boden sitzend, rief Marius verbittert: «Wir brauchen Eure Eskorte nicht! Meine Söldner sind stark genug, um uns zu schützen!» Dann zeigte er auf die Gefangenen am Boden. «Und diese Leute da, die Ihr aus meinem Kerker geholt habt, sind zum Tode verurteilt worden – und zwar nach Gottes Gesetz! *Sein Wille geschehe!*»

Fulcinia eilte zu dem Mädchen, und die geschundene junge Frau schien sie zu erkennen. Als Marius den Blick bemerkte, den die beiden wechselten, rappelte er sich auf und packte Fulcinia am Hals.

«Du!», rief er. «Du hast sie am Leben erhalten! Du hast ihr Essen gebracht!»

Marius schlug Fulcinia, die weinend zu Boden fiel. Mit einem Mal jedoch landete Arthurs Faust mit solcher Wucht auf Marius' Kinn, dass dessen Füße den Kontakt zum Boden verloren. Einen Moment lang lagen Marius und Fulcinia fast Seite an Seite auf der Erde.

«Sie hat mich in Versuchung geführt ...», sagte Marius zu Arthur, während aus der Platzwunde an seinem Kinn das Blut rann, «... und sie wird auch Euch in Versuchung führen!» Arthur sah, wie das Mädchen Marius mit unverhülltem Hass anstarrte.

Söldner und Mönche kamen herbeigeeilt, um Marius zu helfen, doch niemand kümmerte sich um Fulcinia. Lancelot half ihr behutsam auf die Beine.

Marius' Gesicht war rot vor Zorn, und aus seinen Mundwinkeln quollen Speichelbläschen. «Wenn wir erst einmal am Wall angekommen sind und bei Eurem Vorgesetzten von der Kirche», zischte er und deutete auf Arthur, «werdet Ihr für Eure Ketzerei schrecklich büßen.»

Arthur zog Excalibur aus seiner Scheide und erklärte: «Vielleicht sollte ich dich auch gleich hier töten, um mein Schicksal zu besiegeln.»

Der Mönch vom Altar hastete zu Arthur und packte seinen Ärmel. «Ich war gewillt, mit ihnen zu sterben, um sie an den Ort zu führen, der ihnen vorbestimmt ist.»

Arthur hielt inne und sah den Mönch drohend an.

«Mauert sie alle ein», sagte er ruhig. Dann wandte sich Arthur den Rittern zu, die ihn erstaunt betrachteten, als wollten sie herausfinden, ob er seine Worte ernst meinte. Arthur schaute Dagonet in die Augen und wiederholte: «Mauert sie ein, habe ich gesagt!»

Dagonet grinste breit. Ihm bereitete ein solcher Befehl keinerlei Schwierigkeiten. Als er sich an die Arbeit machte, trieben die anderen Ritter die übrigen Mönche zusammen und stießen sie in den Kerker. Kaum waren sie unter großem Wehklagen drinnen, begann Dagonet auch schon, Stein auf Stein zu setzen und mit Mörtel zu verbinden.

Während die Ritter arbeiteten, schaute Arthur zuerst Marius und dann die Söldner an, die um ihn herumstanden. Er sagte kein Wort, und das war auch nicht notwendig.

Elf

Die Trommeln des anrückenden Sachsenheeres klangen immer lauter. Die Ritter, angeführt von Dagonet und Gawain, verließen das Landgut des Marius. Hinter ihnen strömten die Dorfbewohner über das freie Feld, manche auf Pferden, andere zu Fuß. Aber nicht alle Leibeigenen hatten sich dem Exodus angeschlossen. Einige glaubten, hinter den Mauern des Landguts sicherer zu sein, während andere hofften, nun endlich ein glückliches Leben ohne Marius führen zu können. Und wenn die Sachsen tatsächlich kommen sollten, was würde das ändern? Auch sie würden eines Tages wieder abziehen, und dann würde das Landgut denen gehören, die geblieben waren und es für sich beanspruchten. Arthur hatte die starrsinnigen Dorfbewohner zu überzeugen versucht, aber sie lächelten ihn nur selbstgefällig an und wünschten ihm eine gute Reise. Achselzuckend überließ er sie ihrem Schicksal und schloss sich der Kolonne an.

In einem hölzernen, von zwei Pferden gezogenen Karren waren die Verwundeten und Kranken untergebracht. Über den Wagen hatten die Ritter eine Plane gespannt, um die geschundenen Menschen in dem beginnenden Schneetreiben trocken zu halten. Auch Dagonet saß in dem Karren, den Rücken an die Seitenwand gelehnt. Er hielt den schlafenden Lucan in den Armen, strich ihm zärtlich über die Stirn und achtete darauf, ob das Kind womöglich Schmerzen hatte oder Durst.

Wenige Fuß von ihm entfernt lag bewusstlos das Mädchen auf dem Boden des Karrens. Eine Decke war über sie gebreitet, ein Mehlsack diente ihr als Kopfkissen. Fulcinia saß neben ihr, murmelte tröstende Worte und kümmerte sich um ihre Wunden. Die Hände des Mädchens waren in einem schrecklichen Zustand, und Fulcinia schien es, als hätte man ihr jeden Finger einzeln gebrochen.

Arthur ritt neben den Karren und betrachtete das Mädchen. Dann sprach er Fulcinia an. «Warum war sie in diesem Kerker?», fragte er.

Fulcinia machte Arthur mit einem einzigen Blick klar, dass sie größte Sympathien für seinen Gerechtigkeitssinn hegte. «Ja. Warum?», sagte sie nur.

Arthur verstand. In diesem Augenblick lief Marius zu Fuß an seine Seite und versuchte, mit Arthurs Pferd Schritt zu halten. Fulcinia wandte rasch den Blick von Arthur ab, weil sie fürchtete, dass sich die Wut ihres Gatten erneut entflammen könnte. Sie hatte ausreichend Zeit gehabt, zu lernen, wie sie seinen Zornausbrüchen am besten aus dem Weg ging.

Atemlos vom schnellen Tempo, versuchte Marius trotzdem, seiner Stimme möglichst viel Autorität zu verleihen. «Ich möchte, dass man meine Frau auf der Stelle wieder in meine Obhut gibt», forderte er von Arthur. «Wir können uns auch ohne Euch zum Wall durchschlagen!»

Arthur schaute nicht zu ihm hinab, sondern suchte weiterhin den Horizont ab. «Wenn wir unsere Kräfte nicht bündeln, werden alle, die den Sachsen in die Hände fallen, abgeschlachtet.» Er senkte seinen Blick auf den keuchenden Marius und fragte: «Wer, glaubst du wohl, hat mehr Glück – du oder wir?»

Marius wollte gerade antworten, als er über einen Stein

stolperte und hinfiel. Während er fluchend im Dreck lag, rumpelte der von Arthur begleitete Karren an ihm vorbei.

Arthur bemerkte, dass sich Ganis mit der Axt eines der Bauern von der Gruppe löste und auf den Wald zuging. «He!», rief er und ritt auf den jungen Mann zu. «Wo willst du hin?»

«Ich werde ein paar Sachsen töten, um Euch den Weg frei zu machen.»

Fast wäre Arthur in lautes Lachen ausgebrochen, und er konnte nur mit größter Mühe ein strenges Gesicht aufsetzen. «Das wirst du nicht tun», erklärte er. «Du kommst mit uns. Geh wieder zur Kolonne zurück.»

Ganis blickte ihn flehend an. Schließlich war dies eine einmalige Gelegenheit, zu beweisen, dass er das Zeug zum heldenhaften Ritter hatte.

«Und zwar sofort!», befahl Arthur streng. Er riss sein Pferd herum und ritt davon. Mit einem enttäuschten Seufzer schulterte Ganis seine Axt und kehrte zur Gruppe zurück.

Als das Mädchen die Augen wieder öffnete, sah es Arthur, der erneut neben dem Karren ritt. Trotz ihrer Benommenheit nahm sie wahr, dass sein Stiefel in einem Steigbügel steckte, und war fasziniert von dieser Vorrichtung. Dann wanderte ihr Blick zu dem kunstvoll verzierten Heft von Excalibur mit seinen komplizierten heidnischen Mustern. Und schließlich schaute sie in Arthurs Gesicht, immer bereit, sofort wieder die Augen zu schließen und sich schlafend zu stellen, damit er nicht bemerkte, dass sie ihn beobachtete.

Arthur aber blickte nicht zu der jungen Frau, sondern ritt an die Spitze der Kolonne. Lancelot schloss zu ihm auf.

Während sie gemeinsam das Gelände vor ihnen nach Anzeichen eines bevorstehenden Angriffs absuchten, meinte Lancelot: «Sie wird nicht durchkommen.» Arthur antwortete nicht, und Lancelot fuhr fort: «Der kleine Junge auch nicht. Wir verschwenden unsere Zeit mit diesen Leuten und setzen ihretwegen unser Leben aufs Spiel. Du weißt das.»

Arthur erwiderte ruhig: «Wenn es sein muss, setzen wir sie auf unsere Pferde. Ob sie nun bei uns sind oder nicht – falls dieser Pfad plötzlich nicht weiterführt, müssen wir kämpfen, so oder so.» Und, Lancelot ansehend, fügte er hinzu: «Spar dir deine Wut besser dafür auf.»

Ohne ein weiteres Wort ritt Lancelot davon. Arthur hielt inne und warf einen Blick zurück. In der Ferne sah er Rauch aus der Richtung von Marius' Gutshof aufsteigen. Vor ihnen lag ein schneebedeckter Berg. Arthur betrachtete den imposanten Gipfel mit Unbehagen. Er wusste, dass es nicht leicht werden würde, ihn zu überqueren. Doch er wusste auch, dass dieser jämmerliche Menschenzug keine andere Wahl hatte, wenn sie das Leben aller Beteiligten retten und ihre Mission erfolgreich abschließen wollten.

Die Nacht brach herein. Am Kerker angekommen, blickten sich Cerdic, Cynric und ihr Kundschafter Geoffrey um. Dann bemerkten sie den frischen Mörtel an der Wand, und so wurde schon zum zweiten Mal an diesem Tag die steinerne Mauer eingerissen und die dahinter liegende Tür aufgebrochen.

Zwei Soldaten zerrten den irrsinnigen Mönch unter großem Geschrei zu Cynric. Dieser jedoch wollte nicht viel Zeit mit dem Verrückten verschwenden, und so packte er ihn grob an der Schulter und herrschte ihn an: «Halt's Maul!»

Einer der Krieger berichtete: «Er behauptet, sie hätten ihn im Gebäude eingemauert und die Familie mitgenommen. Ein gewisser Arthur …»

Geoffrey nickte. «Der, von dem ich gesprochen habe», erklärte er. «Arthur Castus, der Anführer der sarmatischen Reiter.»

Diese Nachricht versetzte Cynric in große Erregung. «Der Mörtel war noch nicht trocken», stellte er fest. «Allzu weit können sie inzwischen nicht gekommen sein.»

An Cerdic gewandt, meinte Geoffrey: «Sie werden mit großer Wahrscheinlichkeit nach Süden ziehen, auf den Hadrianswall zu.» Er zeigte auf die Vorgebirge in der Ferne. «Also müssten sie in dieser Richtung unterwegs sein, sofern sie sich keinen anderen Weg haben einfallen lassen.»

Cynric trat vor und sagte ungeduldig zu seinem Vater: «Ich kann sie mit meinen Männern einholen, wenn wir sofort losziehen.»

Bevor Cerdic antworten konnte, hatte Cynric sich auch schon umgewandt. Entschlossenen Schrittes ging er zu seinen leicht bewaffneten Fußsoldaten und weihte sie in seine Pläne ein. Cerdic gefiel das nicht; für ihn hatte das Verhalten seines Sohnes einen Beigeschmack von Ehrgeiz, der seine Autorität in Frage stellte. Doch dann kam ihm ein Gedanke. Zu Geoffrey gewandt, fragte er: «Wissen sie, dass wir hinter ihnen her sind?»

«Ich habe Spuren gesehen, die vom Wall kommen», erklärte der Kundschafter, «aber keine, die dorthin zurückführen. Deshalb vermute ich, dass sie einen anderen Weg gewählt haben.»

«Und wo ist dann die Familie geblieben?», fragte Cerdic.

Geoffrey zeigte auf einen schmalen, kaum erkennbaren

Pfad in der Ferne. «Wenn sie nicht auf der kürzesten Strecke Richtung Süden auf den Wall zureiten, sind sie am ehesten gegen Osten unterwegs.» Der Kundschafter hielt inne und schaute Cerdic an. «So hätte ich es jedenfalls an ihrer Stelle gemacht.»

Den Blick in die Ferne gerichtet, wog Cerdic seine Entscheidung ab.

Voller Entschlossenheit kam Cynric zu seinem Vater zurück. «Wir sind bereit!», erklärte er.

Cerdic nickte und wandte sich Cynric zu. «Nimm deine Leute und verfolge sie.» Als Cynric einen Moment zögerte, schrie Cerdic: «Los jetzt!»

Cynric war so überrascht, dass er wie angewurzelt stehen blieb. «Ostwärts?», fragte er. «Sollen wir uns den Rittern allein entgegenstellen?»

«Ja», antwortete Cynric mit durchdringendem Blick und einem kaum wahrnehmbaren Lächeln um die Lippen. Cynric war sich bewusst, dass er auf die Probe gestellt werden sollte – oder sein Todesurteil gefallen war. Nach kurzem Zögern verbeugte er sich und sagte: «Gut.»

«Ich führe unsere Truppen nach Süden, direkt auf den Wall zu», erklärte Cerdic. «So kriegen wir sie auf alle Fälle.»

Raewald schubste den Mönch vor sich her zu seinem Befehlshaber und fragte: «Und was machen wir mit diesem Mönch?»

Mit einem herausfordernden Funkeln in den Augen sah Cerdic seinen Sohn an. Er brauchte gar nichts zu sagen, denn Cynric verstand die unausgesprochene Frage auch so: *Was würdest du mit ihm tun?* Mit eiskalter Miene drehte sich Cynric zu Raewald um und befahl: «Bringt ihn wieder dahin, wo ihr ihn gefunden habt.»

Der Mönch brüllte wie am Spieß, als Raewald ihn zurück in sein Grab zu seinen Glaubensbrüdern zerrte, um ihn ein drittes – und letztes – Mal bei lebendigem Leibe einzumauern. Zufrieden lächelte Cynric seinem Vater zu. In diesem Augenblick standen sie auf einer Stufe. Doch während Cynric in einem Gefühl der Macht schwelgte, überkam Cerdic die Ahnung einer gefährlichen Bedrohung.

Seite an Seite ritten Arthur und Lancelot des Weges. Dann stieß Tristran, der den Pfad vor ihnen ausgekundschaftet hatte, wieder zu ihnen. Es schneite nun so heftig, dass die Umgebung nicht mehr klar zu erkennen war. Mühsam schleppte sich die Kolonne den immer steiler werdenden Hang hinauf, und instinktiv schlossen die Ritter dichter zu Arthur auf – zum einen, weil sie sich in seiner Nähe sicherer fühlten, zum anderen, um ihn zu beschützen. Mittlerweile wurde der Pfad vor ihnen immer schmaler.

Fulcinia lag neben dem schlafenden Mädchen im Wagen. Obwohl sie sich mit einem schweren Mantel zugedeckt hatte, zitterte sie noch immer vor Kälte. Arthur glitt von seinem Pferd in den Karren und betrachtete eine Weile das schlafende Mädchen. Dann kletterte er auf den Bock und setzte sich neben Dagonet. Lucan schlief in Dagonets Schoß, fest eingewickelt in einen Umhang des Ritters. Dagonet trug seinen schwersten Mantel und hatte den Kragen hochgeschlagen.

Plötzlich wachte hinter ihnen die junge Frau auf. Sie starrte Arthur an, und einen Augenblick lang kam es ihr vor, als ob sie noch schliefe und er nur ein seltsames, faszinierendes Wesen aus ihren Träumen sei.

Dagonet registrierte Arthurs Anwesenheit mit einem Nicken. Arthur blickte zu dem kranken Jungen hinunter und fragte: «Wie geht es ihm?»

Dagonet schüttelte den Kopf. «Er glüht, Arthur», sagte er. Dann lächelte er. «Aber vielleicht ist das ja sein Glück, und nur das Fieber verhindert, dass er bei diesem Wetter erfriert.»

Bei der Erwähnung von Arthurs Namen horchte das Mädchen auf. Ihr Vater hatte oft und mit einem gewissen Respekt von diesem Ritter gesprochen. Andere in ihrem Dorf hatten ihn entweder als Engel oder als Teufel beschrieben, der zu erstaunlichen, ja geradezu übermenschlichen Leistungen fähig sei. Arthur hob den Umhang, der den Jungen bedeckte, und betrachtete einen tiefen, eitrigen Schnitt im Arm des Kindes. Dann ließ er seine Hand sanft über Lucans Gesicht und Nacken gleiten, um zu fühlen, wie hoch sein Fieber war. Als Lucan vor Kälte zu zittern begann, deckte Arthur ihn wieder zu und wickelte den Jungen bis zum Kinn fest in den Umhang.

Fulcinia holte eine Knoblauchzwiebel aus ihrer Jacke. Sie brach die Hälfte davon ab und reichte sie Dagonet. «Zerdrück das und reib es in die Wunde», forderte sie ihn auf. «Er kann durchkommen, wenn er schön zugedeckt bleibt.» Ohne zu zögern, zog Dagonet seinen eigenen schweren Umhang aus und legte ihn zusätzlich über Lucan, auch wenn seine eigenen muskulösen Arme nun schutzlos der Kälte ausgeliefert waren. Der Junge war nur halb bei Bewusstsein, dennoch schien Lucan Dagonets Großzügigkeit irgendwie zu würdigen. Als Dagonet den Knoblauch auftrug, streckte Lucan seine andere Hand aus, um Dagonets vernarbtes Gesicht zu berühren. Dagonet zuckte instinktiv zurück. Doch dann übermannte ihn das Mitgefühl, und er ließ zu, dass der Junge mit seinen kleinen Fingern seine Narben nachzeichnete. «Wenn du keine Angst vor mir hast», flüsterte er ihm zu, «dann kann ich ja wohl kaum Angst vor dir haben.»

Arthur kletterte nach hinten in den Wagen und kniete neben dem Mädchen nieder. Er sah, dass Fulcinia die misshandelten Finger der jungen Frau mit Stoffstreifen umwickelt hatte. Arthur griff nach einer ihrer Hände, aber sofort zuckte sie vor Schmerz zusammen und zog die Hand zurück. Arthur jedoch gab nicht nach, bis sie ihm vorsichtig und langsam erlaubte, ihre Hände zu nehmen und die Verbände zu entfernen. Erschreckt sah Arthur, was mit ihr geschehen war, und er tat sein Bestes, um seine Gefühle vor ihr zu verbergen. Immer noch starrte ihn das Mädchen wortlos an.

«Sie haben dir die Finger ausgerenkt», erklärte der Ritter mit leiser, gütiger Stimme. «Wenn wir nichts tun, wirst du sie nie wieder benutzen können. Ich muss sie wieder einrenken.»

Sie durchbohrte ihn weiter mit ihren Blicken, als suchte sie in Arthurs Augen nach etwas, das es ihr leichter machte, ihm zu vertrauen.

«Es wird wehtun», warnte Arthur. «Es wird sogar schrecklich wehtun.» Das Mädchen schwieg, aber er glaubte so etwas wie Trotz in ihrem Gesicht zu erkennen. Arthur drehte ihre Hand so, dass der Handrücken an seiner Brust lag. Dann nahm er ihren Zeigefinger fester in die Hand, schaute ihr in die Augen und … *knack!* Er erwartete, dass sie vor Schmerz aufschreien würde – er ging jedenfalls davon aus, dass er es an ihrer Stelle getan hätte –, doch die junge Frau starrte ihn nur noch intensiver an, als hätte er sie herausgefordert und sie die Herausforderung angenommen.

Arthur nahm den zweiten Finger, zog ruckartig daran

und renkte ihn wieder ein. Der Schmerz, dachte er, muss unerträglich sein, aber das Mädchen gab noch immer keinen Ton von sich. Als er den nächsten Finger berührte, wurde die Qual endlich doch zu stark, die junge Frau legte den Kopf an Arthurs Brust und presste die Augenlider zusammen. Mit ihrem freien Arm zog sie ihn fest an sich, während sie verzweifelt gegen den Schmerz kämpfte. Schließlich konnte sie es nicht mehr ertragen und schrie auf. Als wollte sie sich ablenken, begann sie plötzlich zu sprechen.

«Sie haben mich gefoltert …», flüsterte sie heiser. Arthur blickte sie scharf an, erstaunt darüber, dass sie überhaupt redete. «Sie haben mich mit … Geräten gefoltert.»

Arthur renkte einen weiteren Finger ein. Das Mädchen stöhnte auf und fuhr dann fort: «Sie haben mich gezwungen, Dinge zu gestehen, von denen ich keine Ahnung hatte.»

Ein weiterer Finger. Unbeschreibliche Schmerzen. Trotz allem rang sie sich ein grimmiges Lächeln ab. Als die anderen Ritter ihre Stimme hörten, ritten sie näher an den Wagen heran, um ihr zuzuhören. Arthur zwang einen weiteren Finger zurück in seine Gelenkpfanne.

«Alle Finger», forderte sie. Arthur renkte den nächsten Finger ein. Die Qual drohte sie zu überwältigen, doch sie fuhr fort: «… und dann hörte ich Eure Stimme in der Dunkelheit und sah Euch mit einem Licht in der Hand.»

Der letzte Finger war der schlimmste von allen. Sie unterdrückte einen Schrei, und Tränen quollen ihr aus den Augen, doch aus ihrem Mund kam nur ein leises Stöhnen. «Ihr habt mich vom Tod ins Leben zurückgeholt», sagte sie.

Arthur strich ihr sanft über die Stirn. Sie schloss die Augen unter seiner kühlen Hand und erklärte dann: «Ich heiße Guinevere.» Sie brachte ihr Gesicht näher an das seine, und Arthur war sich nicht sicher, ob sie ihn küssen oder beißen wollte.

«Ihr seid also Arthur», sagte sie.

Arthur nickte.

«Der von den Rittern vom Großen Wall?», fragte sie.

So formuliert hatte Arthur es noch nie gehört, doch er nickte erneut und bestätigte: «Ja, das bin ich … das sind wir.»

Guinevere streckte die Hand aus und strich Arthur leicht über die Wange. Die Berührung war sanft, aber ihr Blick blieb hart. Sie zog die Hand zurück und musterte Arthur genauer.

«Mein Vater hat von Euch erzählt.» Ihr Blick wurde noch eine Spur schärfer. «Ihr seid also der ruhmreiche Brite, der Leute aus seinem eigenen Volk tötet.»

Arthur war wie vor den Kopf geschlagen. Er suchte nach einer Antwort, aber Guinevere, erschöpft von ihren Qualen, ließ sich zurücksinken und verlor das Bewusstsein. Arthur blieb noch eine Weile bei ihr sitzen, bevor er aufstand und vom Karren wieder auf sein Pferd stieg. Schweigend ritt er in das immer dichter werdende Schneetreiben.

Zwölf

Cynric und seine Kämpfer erreichten den Rand des Hochlandes. Geoffrey, der britische Kundschafter, ritt voraus, um mögliche Hinterhalte der Gegenseite rechtzeitig zu erkennen. Sorgfältig suchte er den Boden ab, doch alle Spuren verliefen in dieselbe Richtung. Mit Genugtuung stellte er fest, dass der Schneefall seine Arbeit leichter machte als gewöhnlich. Geoffrey saß ab, kniete nieder und schob behutsam den Schnee zur Seite. «Weniger als der Schneefall eines Tages auf dieser Spur», murmelte er vor sich hin. Dann schaute er zu Cynric zurück, der im Sattel geblieben war. «Wir haben sie bald eingeholt», sagte er.

Cynric nickte zufrieden. Als hätte ihm die Information neue Energie verliehen, trieb er seine Männer stürmisch voran. Die leicht bewaffneten Fußsoldaten marschierten vor Cynric und dem Kundschafter her, der rasch wieder aufsaß, um nicht den Anschluss zu verpassen.

Mit düsterer Miene schritt Merlin durch die ausgebrannten Ruinen von Marius' Landgut. Zwischen den schwelenden Überresten der Hütten und des Hauptgebäudes lagen die verkohlten, grotesk verzerrten Leichen von Menschen und die Kadaver von Tieren. Einige der Opfer spiegelten mit ihren von Schmerz und Entsetzen entstellten Gesichtern noch den ganzen Schrecken ihres Todes wider. Diejenigen Dorfbewohner, die geblieben waren, um das Landgut für sich zu beanspruchen, hatten in gewisser Weise bekommen, was sie wollten. Sie würden nun auf ewig hier bleiben.

Sogar die Pikten, die Merlin an diesen Ort des Todes begleiteten, ließen die grausigen Anblicke und Gerüche nicht unberührt. Gewalt und Schrecken waren ihnen nicht fremd, aber das, was sie hier vorfanden, war selbst für sie kaum zu ertragen. Einer von ihnen würgte und übergab sich, und andere sahen aus, als würden ihnen jeden Augenblick die Tränen kommen.

Merlin beugte sich über den verbrannten, fast nicht mehr als solchen erkennbaren Leichnam eines kleinen Jungen. Aus dem steinernen Kerker kam einer von Merlins Untergebenen, der seinen Anführer nur kopfschüttelnd ansah. Auch hier wohnte nur noch der Tod. In ihrer Verzweiflung hatten die Mönche, kurz nachdem Raewalds Männer den letzten Stein gesetzt hatten, ihrem Leben selbst ein Ende bereitet. Die Mauer vor der Tür des großen steinernen Gebäudes war an ein und demselben Tag nun schon zum dritten Mal niedergerissen worden. Hätten sie abgewartet, so wären sie ein weiteres Mal befreit worden. Oder auch nicht. Merlins Untergebener konnte nicht beurteilen, ob sein Anführer angesichts der Leichen erleichtert oder enttäuscht war. Seine Miene verriet nichts, doch der Krieger zweifelte nicht daran, dass Merlin mehr wusste, als er sagte.

Die Kolonne der Ritter quälte sich über das Hochland, während der Schneesturm noch stärker wütete und ihnen in der endlos scheinenden weißen Landschaft jede Sicht nahm. Die Kranken und Verwundeten im Karren wärmten sich gegenseitig, indem sie sich aneinander schmiegten. Die Übrigen im Zug, die nicht ritten, setzten einfach einen

Arthur (Clive Owen), Söldner der Römer in Britannien, wird sich nur nach und nach seiner britischen Wurzeln bewusst.

Die kämpferische Keltenprinzessin Guinevere (Keira Knightley) muss sich wider Willen auf einen Pakt mit den Römern einlassen, um ihr Land vor dem Angriff der Sachsen zu schützen.

Arthur und seine Ritter

Lancelot (Ioan Gruffudd) ist Arthurs rechte Hand. Er kämpft stets mit zwei Schwertern zugleich.

Tristran (Mads Mikkelsen) ist der einsame Wolf unter den Rittern. Töten gilt ihm als Kunst.

Bors (Ray Winstone), der Veteran unter den Kämpfern, hat fünf Kinder und drei Frauen.

Arthur in der Uniform der römischen Söldner

Guinevere mit einem Jungen ihres Volkes

Sachsenfürst Cerdic (Stellan Skarsgård) hofft, nach dem Abzug der römischen Besatzer die Herrschaft über Britannien an sich reißen zu können.

Cynric, sein Sohn (Til Schweiger)

Guinevere auf dem Weg in den Kampf

Lancelot, Guinevere und Arthur ziehen gemeinsam in die Schlacht.

Fuß vor den anderen und ertrugen diese weiße, kalte Hölle mit einer Schicksalsergebenheit, die auf der schlichten Tatsache beruhte, dass sie gar keine andere Wahl hatten. Es war sinnlos, eine Rast zu machen, denn die nahezu einzige Möglichkeit, zu verhindern, dass Menschen und Pferde erfroren, bestand in ständiger Bewegung.

Arthur ritt zum Vorratswagen und holte eine große Tasche mit Brotlaiben heraus, um Dagonet, Lucan und schließlich Guinevere etwas davon zu bringen. Sie nahm es dankbar und gereizt zugleich entgegen.

Arthur schaute zu ihr hinab und fragte mit einem freundlichen Lächeln: «Fühlst du dich besser?»

Guinevere wirkte schon ein wenig kräftiger – und trotziger. «Ich kann ebenso gut laufen wie die anderen», erklärte sie.

Es überraschte und erfreute Arthur, dass sie schon wieder bei so klarem Verstand war. «Das wirst du auch», sagte er, «sobald du wieder völlig gesund bist.»

Keck fragte Guinevere: «Habt Ihr auch den Mut, mir ein Pferd zu geben, oder wollt auch Ihr mich als Gefangene halten?»

«Wenn du kräftig genug bist», erklärte Arthur, «steht es dir ebenso frei wie jedem anderen, den Sachsen geradewegs in die Arme zu reiten.»

«Niemand muss das Geringste für mich tun», sagte Guinevere wütend.

Das Lächeln war nun aus seinem Gesicht gewichen. In einem Ton, in dem unüberhörbar Verärgerung mitschwang, erwiderte Arthur: «Niemand tut hier etwas ausschließlich für dich. Wenn die Verwundeten reiten könnten, würde uns das allen nützen, weil wir dann schneller vorankämen.»

«Ihr glaubt, ich sei verwundet», gab sie zurück. «Dann lasst mich das Reiten doch einfach ausprobieren!»

Arthur funkelte sie wütend an, bevor er zur Spitze des Zuges ritt. Guinevere biss in ihr Brot und schaute ihm nach. Kurz darauf kam er mit einem Pferd zum Karren zurück. «Du wolltest ein Pferd? Hier ist es.» Er befahl dem Kutscher anzuhalten und streckte Guinevere die Hand hin, um ihr beim Aussteigen zu helfen. Sie ignorierte sein Hilfsangebot und stieg voller Ungeduld, wenn auch etwas zittrig, ab. Sie war noch schwach und schwankte leicht, wollte sich aber nichts anmerken lassen, und Arthur war viel zu verärgert, um ihren tatsächlichen Zustand wahrzunehmen.

Er führte sie ein Stück von der Kolonne weg und half ihr aufs Pferd, indem er einen ihrer Füße in den Steigbügel schob. Arthur sah, dass sie keine Schuhe trug. Ihre Füße waren in dickes Tuch gehüllt.

Kaum hatte sie den Fuß im Steigbügel, zog Guinevere ihn auch schon wieder heraus. «Ist das ein Einfall der Römer, um den Reiter zu Tode zu schleifen?»

Arthur verlor allmählich die Geduld. «Genau genommen haben es die Sarmaten erdacht», fauchte er zurück.

Arthur schob ihre Füße in die Bügel. Als er sein eigenes Pferd bestieg, schaute Guinevere ihm zu. Arthur seinerseits bemerkte, dass sie sich auf dem Rücken des Pferdes sofort wohl fühlte und offenbar eine geübte Reiterin war. Er trabte los, und auch sie trieb ihr Pferd mit leichtem Druck in die Flanken an. Einen Augenblick später ritten Arthur und Guinevere Seite an Seite.

«Es wäre eine Lüge von mir, zu behaupten, ich hätte noch nie von Euch gehört», sagte Guinevere.

«Ja, du hast schon einmal erwähnt, dass dein Vater dir Lügen über mich erzählt hat», konterte Arthur.

Leidenschaftlich erwiderte sie: «Mein Vater lügt nicht. Ich habe außerdem auch noch von anderen viel über Euch gehört.»

Arthur hielt den Blick stur nach vorn gerichtet. «Hast du das? Und was waren das für Geschichten?», fragte er.

«Märchen», antwortete Guinevere. «Geschichten, wie man sie von Leuten erzählt, die nie gelebt haben. Leute, die so tapfer und so selbstlos sind, dass es sie gar nicht wirklich geben kann. Arthur und seine Ritter. Ein Anführer, der Brite und Römer zugleich ist. Aber dennoch habt Ihr Euch ganz den Römern verschrieben – denen, die sich nehmen, was ihnen nicht gehört. Demselben Rom, das Eure Männer aus ihrer Heimat entführt hat.»

Verärgert zischte Arthur sie an. «Gib nicht vor, alles über mich oder meine Männer zu wissen!»

In aller Ruhe fragte Guinevere: «Und wie viele Briten habt Ihr schon getötet?»

«So viele, wie mich töten wollten», entgegnete Arthur. «Schließlich hat jeder Mensch das Recht zu leben.»

«Leben? Das tun Tiere auch!», erwiderte Guinevere. «Als Menschen dagegen haben wir das Recht, frei in unserem eigenen Land zu leben! Ich gehöre zu diesem Land, aber wozu gehört Ihr?»

Arthur entspannte sich etwas und wandte sich ihr zu. «Hat man dich deshalb gefoltert?», fragte er sanft. «Weil du frei sein wolltest?»

«Viel zu frei», antwortete sie. Dann deutete sie auf Lucan und fügte verbittert hinzu: «Und wollt Ihr auch wissen, warum sie diesen Jungen gefoltert haben? Weil er einen *Eurer Mönche* angespuckt hat. Der Junge muss schon deshalb überleben, damit er noch mehr Kinder aufziehen kann, die auf Mönche spucken.»

«Diese Mönche sind nicht mein Volk», erklärte Arthur.

Guinevere schüttelte den Kopf. «Ihr habt gar kein Volk, Arthur.»

Schweigend ritten sie eine Weile nebeneinander her. Dann fragte Arthur nochmals, warum man sie gefoltert hatte, und aus seiner Stimme sprach tiefes Mitgefühl.

Arthurs überraschend einfühlsamer Tonfall verwirrte Guinevere. «Warum solltet Ihr Euch Gedanken darüber machen, aus welchem Grund ich gefoltert wurde?»

«Ich mache mir eben Gedanken darüber», entgegnete Arthur schlicht. «Wie geht es deinen Händen?»

Guinevere wusste nicht recht, wie sie sich diesem Mann gegenüber verhalten sollte. Seiner Warmherzigkeit stand seine Loyalität zu Rom gegenüber. Noch immer trotzig, aber mit einem scherzhaften Beiklang in der Stimme antwortete sie: «Ich werde es überleben, das verspreche ich Euch.»

Arthur lächelte.

«Hat mein Land denn gar nichts, was Euer Herz rührt?», fragte Guinevere dann.

Nicht nur ihre Frage, sondern auch ihr unvermittelter Wechsel zu einem anspielungsreichen Ton verunsicherte Arthur, sodass ihm nicht gleich eine Antwort einfiel. «Euer eigener Vater hat doch eine Britin geheiratet. Selbst er muss also etwas an diesem Land gefunden haben», fügte sie hinzu.

Arthur wusste nicht, was er darauf entgegnen sollte. «Du scheinst eine Menge über meine Vergangenheit zu wissen», räumte er ein. «Aber es gibt auch Dinge, von denen du nichts ahnst, die du aber wissen solltest, bevor du von den Gipfeln deiner Überlegenheit herab über mich ein so vernichtendes Urteil fällst.»

Er griff in seinen Umhang, holte eine Pflanzenzwiebel hervor und legte sie in ihre Hand. Nun war Guinevere die Ratlose. Nach einem Augenblick des Schweigens ritt Arthur davon, während sie kurz stehen blieb.

Lancelot hatte sie die ganze Zeit über nicht aus den Augen gelassen. Als sich Arthur entfernt hatte, gesellte er sich zu Guinevere. Sie warf ihm einen kurzen Blick zu und sagte: «Ist das nicht ein schönes Land?»

Lancelot blickte sich um. Er sah nichts weiter als eine schneebedeckte Wüste. «Du machst einen Scherz.»

Guinevere war beleidigt. «Was habt Ihr denn zum Vergleich anzubieten?», fragte sie entrüstet. «Das Schwarze Meer! Für mich ist das hier der Himmel auf Erden.»

Lancelot musste über diese Leidenschaft lächeln. «Ich glaube nicht an den Himmel», erklärte er. «Bislang habe ich nur die Hölle erlebt …» Es war Lancelot unmöglich, sich in der Nähe einer schönen Frau aufzuhalten, ohne mit ihr zu schäkern, und das galt auch jetzt. «… aber wenn du aus dem Himmel kommst», hauchte er mit seinem verführerischsten Lächeln, «dann nimm mich doch dahin mit.»

Guinevere fühlte sich beleidigt, aber zugleich auch ein wenig geschmeichelt. Schließlich war Lancelot einer der berühmten Ritter der Tafelrunde – und ein besonders gut aussehender noch dazu.

Lächelnd erwiderte sie: «Ich hoffe nur, dass Ihr Euer Schwert geschickter einzusetzen wisst als Eure Schmeicheleien.»

Lancelot brach in schallendes Gelächter aus. «Beide haben schon unzählige Opfer gefordert, das versichere ich dir.»

Mit einem Mal war der Schnee mit Regen vermischt.

Lancelot richtete den Blick zum Himmel und streckte die Hand aus, um die Tropfen aufzufangen. Missmutig schüttelte er den Kopf. «Schnee und Regen zugleich – ein böses Omen», sagte er. Dann wandte er sich wieder Guinevere zu. «Du steigst besser wieder in den Wagen», meinte er.

Guinevere blickte ihn an, als hätte er sie schon wieder beleidigt. Lancelot lächelte freundlich zurück. «Du bist noch nicht ganz wiederhergestellt. Schone dich also und werde gesund.»

Tatsächlich war Guinevere von dem kurzen Ritt bereits erschöpft, und obwohl sie sich gegen jeden Ratschlag – selbst gegen einen guten – von einem dieser hochnäsigen Ritter sträubte, musste sie sich eingestehen, dass die relative Wärme und Trockenheit im Wagen ihr weitaus erstrebenswerter schien als weitere Meilen auf einem Pferd im Schneeregen. So nickte sie nur und ritt zu dem Karren, saß vom Pferd ab und stieg ein. Dann band sie ihr Pferd hinten am Wagen fest, damit es neben ihm hertrotten konnte, bis sie es wieder brauchte.

Eine Stunde später – das Wetter war immer schlechter geworden – vernahm Arthur Gesang und Gelächter aus dem Wagen. Neugierig ritt er hinüber. Als er vorsichtig hineinschaute, um dabei nicht entdeckt zu werden, sah er Guinevere, die Lucan ein lustiges Lied vorsang und ihn mit Gesten zum Lachen brachte. Bei jeder neuen Verszeile kitzelte sie ihn am Kinn und im Gesicht. Lucan war im siebten Himmel. Hin und wieder warf Dagonet vom Kutschbock aus einen Blick nach hinten, denn schon das kleinste Anzeichen von Frieden und Glück in Lucans Gesichtchen stimmte ihn froh.

Arthur ritt weiter, fasziniert von dieser ganz neuen Seite an Guinevere.

Dagonet summte zufrieden Guineveres Lied mit. Dann schlug er mit der Faust auf sein Schild, von dem eine glasartige Eisschicht absprang. Er nahm eine der größeren Scherben und hielt sie Lucan hin. Der Junge wirkte nach dem kurzen Moment des Spiels mit Guinevere so erschöpft, als brächte er kaum mehr die Kraft zum Lächeln auf. Entmutigt dachte Dagonet, dass der Kleine wohl noch immer nicht über den Berg war. Mit Guineveres Hilfe deckte er Lucan mit seinem Schild zu, während der Junge dankbar an dem Eisstück lutschte.

Als der trostlose Wintertag hoch oben in den Bergen in die Nacht überging, erreichten die Ritter eine dicht mit Nadelbäumen bestandene Hochebene. Arthur hielt an, und die Ritter sammelten sich um ihn.

«Wir schlafen hier im Schutz der Bäume», entschied Arthur. «Bei Tagesanbruch ziehen wir weiter.»

«Wir sollten besser gleich weiterreiten», meinte Lancelot.

«Damit wir morgen die ersten Toten begraben können? Nein, wir brauchen etwas Erholung», entgegnete Arthur.

Lancelot war offenbar anderer Meinung, äußerte sich aber nicht weiter. Guinevere, die vom Wagen aus den kurzen Wortwechsel verfolgt hatte, fragte sich, ob zwischen den beiden möglicherweise grundsätzliche Meinungsverschiedenheiten über die Beurteilung ihrer Lage herrschten.

Arthur wandte sich an Tristran. «Du musst noch einmal auf Erkundung gehen.»

«Gut», erwiderte Tristran. «Ist auch besser, als hier im Schlaf zu erfrieren.»

Als Ganis Arthurs Befehl hörte, richtete er sich auf. Tristran wendete sein Pferd und ritt zurück, hangabwärts wieder auf die Sachsen zu. Arthur und die anderen bereiteten inzwischen ihr Lager. Sehnsüchtig beobachtete Ganis, wie Tristran auf den dunkler werdenden Horizont zuritt – jener Art von Abenteuer entgegen, die er selbst so gern erlebt hätte.

Unter dem zeltartigen Dach des Wagens wusch Fulcinia mit einem Lappen und einem Kübel voll Wasser nach und nach den Schmutz aus Guineveres Haar. Guinevere legte dabei Stück um Stück ihre abgerissene, schmutzige Kleidung ab. Lancelot, der draußen vorbeiging, sah die Silhouette der nackten jungen Frau im Wagen. Der Vorhang, der als eine Art Tür diente, war offen, und ihre Blicke trafen sich. Während er den bezaubernden Anblick genoss, schien Guinevere einfach nur verwundert darüber, dass er sie so anstarrte. Dann zog Fulcinia langsam die Plane zu, und der Bann war gebrochen.

Als Lancelot seine Wache antrat und ein Feuer entfachte, hatte er noch immer Guineveres Anblick vor Augen. Von seinem Platz aus sah er Arthur, der neben seinem Pferd schlief, gewärmt von einem weiteren Feuer. Die anderen Ritter schliefen entweder ebenfalls oder waren als Wachen um das Lager verteilt. Unvermittelt trat Guinevere lautlos neben Lancelot. Ihr Haar war noch feucht und ihr Gesicht gerötet, nachdem Fulcinia es abgeschrubbt hatte. Sie war in einen schweren Umhang mit Kapuze gehüllt. Wie verzaubert blickte Lancelot sie an. Gerade noch war sie nur einer jener schmutzigen Flüchtlinge aus dem Dorf gewesen, die er am liebsten zurückgelassen hätte, damit die Sachsen sich ihrer annehmen konnten. Mit einem Mal aber war sie wie verwandelt, und verblüfft musste er feststellen, wie ungenügend ihn seine Vorstellungskraft auf den Anblick ihrer Schönheit vorbereitet hatte. Als sie auf ihn zutrat, stand Lancelot abrupt und unbeholfen auf.

Guinevere setzte sich wortlos an Lancelots Feuer. Er stand einen Moment lang verlegen da, bevor er sich neben ihr niederließ. «Wie sieht sie aus?», fragte sie, den Blick starr in die Flammen gerichtet. «Eure Heimat. Wie ist es da?»

«Oh, so wie überall, mehr oder weniger», erwiderte Lancelot. «Wir haben Ziegen geopfert, ihr Blut getrunken, nackt ums Feuer getanzt …» Er lächelte, als er ihre verärgerte Miene sah, bevor er beschloss, ihr eine ernsthafte Antwort auf ihre Frage zu geben.

«Sarmatien. Heimat. Woran ich mich erinnere? Ein Meer aus Gras, der Himmel weiter, als das Auge reicht, von Horizont zu Horizont, weiter, als man reiten kann – grenzenlos.»

Guinevere nickte. Sie rückte ein wenig näher ans Feuer und zog die Knie ans Kinn. Dann sagte sie: «Manche würden das Freiheit nennen, und genau dafür kämpfen wir. Für unser Land, unser Volk und das Recht, selbst über unser Schicksal zu bestimmen. Aber Ihr wisst ja selbst, dass die Freiheit einen hohen Preis hat. Ihr seht also, Lancelot, dass wir beide viel gemeinsam haben.»

Lancelot erwiderte nichts.

Nach einer Weile fragte Guinevere, ohne Lancelot dabei anzuschauen: «Wenn Ihr wieder zu Hause seid – wollt Ihr Euch dann eine Frau nehmen und Söhne haben?»

Lancelot schüttelte den Kopf. «Ich habe schon zu viele Söhne getötet. Welches Recht sollte ich auf eigene haben?»

Seine offene, traurige Antwort rührte Guinevere. «Keine Familie, keine Religion. Gibt es überhaupt etwas, woran Ihr glaubt?»

Lancelot warf einen Blick zu Arthur hinüber. Dann

schaute er Guinevere direkt in die Augen. «Wenn es nach meinem Willen gegangen wäre, hätten wir dich und den Jungen sterben lassen.» Guinevere, schockiert von seiner Antwort, schwieg, und Lancelot stand auf, um in der Umgebung des Lagers nach dem Rechten zu sehen.

Tief in der Nacht hatten fast alle Dorfbewohner Schlaf gefunden. Das Gleiche galt für Marius' Familie und sein Gefolge – nicht jedoch für Marius selbst. Er saß an einem kleinen Feuer und besprach sich leise mit mehreren seiner Söldner. Dagonet beobachtete sie aufmerksam, ohne aber ihre geflüsterten Worte verstehen zu können. Dann nahm er den zitternden Lucan in die Arme, wickelte eine Decke um sie beide und legte sich auf den Boden.

Von unterschiedlichen Stellen des Lagers aus suchten die Ritter im Wald nach Anzeichen dafür, dass der Feind nahte. Nur Bors schien keine unmittelbare Gefahr zu fürchten. Er saß auf einem Felsbrocken neben seinem Pferd und flocht ihm die Mähne. Mann und Tier wirkten absolut gelassen.

Währenddessen sank auch Arthur, der hatte wachsam bleiben wollen, immer wieder in den Schlaf der Erschöpfung. Die Augen fielen ihm zu, bevor er dann doch wieder hochschreckte und sich misstrauisch umsah. Von irgendwo ganz in der Nähe drang, sanft und undeutlich, eine Stimme zu ihm. Zunächst dachte er, es wäre Guinevere, die Lucan im Wagen wieder etwas vorsang. Unvermittelt brach der Gesang ab. Arthur stand auf und blickte über das Lager. Es herrschte eine gespenstische Stille. Alles war völlig verlassen – keine Ritter, keine Dorfbewohner, keine Pferde … keine Guinevere. Arthur lief ein Schauder über den Rücken. Er zog Excalibur und wirbelte verwirrt herum.

Dann setzte der Gesang wieder ein, näher als zuvor. Es war die Stimme einer Frau – lieblich, unheimlich, beängstigend. Doch am stärksten ängstigte ihn, dass er die Stimme erkannte.

Er schob Excalibur wieder in die Scheide und folgte vorsichtig der verführerischen, geisterhaften Stimme in die Dunkelheit. Als er auf einen Baum zuging, tat sich vor ihm plötzlich ein Weg auf, wo noch einen Augenblick zuvor keiner gewesen war. Arthur war erstaunt, aber nicht erschreckt. Er empfand ein merkwürdiges Gefühl der Sicherheit, als wüsste er genau, wohin er ging und wem er gleich begegnen würde. Als er sich vorsichtig den Pfad entlangtastete, stieß er auf eine Erhebung im Gelände, die den Blick auf das verdeckte, was sich dahinter befand. Mit langsamen Schritten stieg Arthur hinauf.

Ein seltsames, unklares Licht, dessen Quelle nicht auszumachen war, erhellte seinen Weg. Arthurs Hand ging erneut zu Excalibur, und im selben Augenblick drang die singende Stimme noch deutlicher zu ihm, betörender denn je.

Der Pfad führte zu einem Bach und einem Tümpel im Wald, von dem das überirdisch wirkende Leuchten offenbar ausging. Auf der gegenüberliegenden Seite des Tümpels erblickte er eine schöne junge Frau, die über dem Wasser zu schweben schien. Sie wandte sich zu ihm um. Mit einem Schrecken erkannte Arthur die Frau: Es war seine Mutter, so jung und schön wie damals, als er noch ein Kind war. Mit einem geisterhaften Lächeln auf den Lippen ging sie tiefer in den Wald hinein. Arthur beschleunigte seinen Schritt, um der Gestalt zu folgen. Bei jedem Schritt hörte er ein platschendes Geräusch, und nun erst bemerkte er, dass der Weg zu einem schmalen Bach geworden war. Das Rinnsal leuchtete, als erzeugte es sein eigenes Licht.

Arthur versuchte, mit der Gestalt, die sich zurückzuziehen schien, Schritt zu halten. Zweige und Dornengestrüpp zerrten an seinen Kleidern. Fast undurchdringlich wirkte die Finsternis, wäre da nicht dieses Leuchten gewesen, das den Weg vor ihm erhellte. Plötzlich fand er sich in einer riesigen Grotte wieder, deren Wände glitzerten, als wären sie mit Edelsteinen besetzt. Arthur erkannte nun, dass das Glitzern von Eisenkies ausging – einem Mineral, das die Oberfläche bildete und auch die Quelle des gespenstischen Leuchtens im Wasser war. Diese Erkenntnis beruhigte ihn ein wenig – fast so, als könnte alles an diesem merkwürdigen Erlebnis auf ähnlich natürliche, vernünftige Weise erklärt werden.

Der Gesang seiner Mutter hatte erneut ausgesetzt. Als er sich nach ihr umsah, war sie wie vom Erdboden verschluckt. Dafür hörte Arthur nun eine andere Stimme.

«Möge heute Nacht Frieden herrschen zwischen uns, Arthur Castus.»

Vor ihm stand Merlin, und es war Arthur ein Rätsel, weshalb er den Anführer der Pikten bis zu diesem Augenblick nicht gesehen hatte. Hinter Merlin verteilten sich in der Grotte weitere Pikten. Doch statt hasserfüllter Krieger mit wildem Blick sah Arthur ganz gewöhnliche Menschen: Frauen mit Kindern im Arm, kleine Jungen und Mädchen, unbewaffnete Männer. Arthur musterte sie voller Misstrauen und versuchte zu entscheiden, ob es sich wirklich um tatsächlich existierende Menschen handelte oder ob sie nur Teil eines merkwürdigen Traumes waren … oder Geister.

Instinktiv zog Arthur ein weiteres Mal Excalibur heraus und schwang es drohend.

Merlin lächelte traurig. Mit dem Zeigefinger auf das mächtige Schwert deutend, sagte er: «Bleibt uns wirklich keine andere Wahl – nun, da wir uns nach all diesen Jahren endlich wieder begegnen?»

Arthur ließ das Schwert sinken und packte Merlin am Kragen seines Umhangs. Einen Moment lang schien es fast, als wollten sie ihre Kräfte messen, doch Merlin wehrte sich nicht. Stattdessen warf er Arthur nur einen gütigen, wenn auch ein wenig enttäuschten Blick zu.

«Hol dein Schwert, Merlin», forderte Arthur ihn auf, «damit wir einen gerechten Kampf austragen können!»

Schlachtenerprobte Krieger näherten sich Arthur drohend, doch Merlin lächelte nur noch mehr, während er sich aus Arthurs Griff löste. Er nickte den bewährten Männern zu. «Meine besten Kämpfer waren der Ansicht, ich sollte dich herausfordern, als ihr den Wald betreten habt», erklärte Merlin. «Aber meine jüngeren Krieger … sie haben eine andere Auffassung. Schau sie dir an. Siehst du es in ihren Augen?»

Fast gegen seinen Willen musterte Arthur die Gesichter der jungen Männer, bevor er sich wieder Merlin zuwandte und sagte: «Es tut mir Leid, dass die Jüngeren ihre Fähigkeiten nicht mehr an uns erproben wollen.»

Merlin war von der Antwort enttäuscht, aber nicht überrascht. Er nickte einem seiner Männer zu, der Arthur eine Armbrust vor die Füße warf. «Unsere jungen Männer werden noch genug Gelegenheit bekommen, ihre Fähigkeiten zu erproben», meinte Merlin.

Arthur hob die Armbrust auf und betrachtete sie eingehend. «Von den Sachsen?», fragte er. «Haben sie viele davon?»

Merlin nickte. «Meine Kundschafter berichten, dass ein Achtel ihrer Truppen nur noch wenige Meilen von hier entfernt ist», erklärte er.

Die Neuigkeit beunruhigte Arthur sehr.

«Und genau in diesem Augenblick», fuhr Merlin fort, «schleicht sich Rom mit eingezogenem Schwanz davon.» Er durchbohrte Arthur mit seinem Blick. «Und was tun Arthur und seine Ritter?»

Arthur schleuderte die Armbrust wieder auf den Boden. «Wir haben nicht die Absicht, bis zur Abschiedsfeier zu bleiben», erklärte er.

Ein junger Mann trat auf Arthur zu. Erstaunt erkannte Arthur ihn als den Pikten wieder, dessen Leben er im Kampf um die Kutsche des Bischofs verschont hatte. Vorsichtig streckte der junge Mann die Hand nach Excalibur aus. Arthur wollte schon einen Schritt zurücktreten, als er merkte, dass der Pikte nichts Böses im Sinn hatte. Er ließ die Hände nur sanft über die Reliefs der heidnischen Gottheiten am Heft des Schwertes gleiten und fragte schließlich auf Gälisch: «Sind das unsere Götter?»

«Fianna bátar …», antwortete Merlin.

Arthur zögerte. Er ließ den Blick noch einmal über die Pikten in der leuchtenden Grotte schweifen.

Dann erkundigte sich Merlin auf Gälisch: «Verstehst du unsere Sprache?»

Arthur nickte und bestätigte in derselben Sprache: «Ich spreche sie.»

Die Pikten konnten es kaum fassen, ihren Todfeind so zu hören. Arthur erschienen sie nun noch menschlicher als zuvor. «Ja, sieh sie dir nur an», sagte Merlin. «Erkennst du dich nicht selbst in ihren Augen?» Er trat näher an Arthur heran. «Vierhundert Jahre Blutvergießen liegen hinter uns!», klagte Merlin. «Und nun braucht dieses Land einen wahren König. Meine Zeit ist abgelaufen. Jetzt ist deine Zeit gekommen – deine und die deiner Ritter!»

«Meine Ritter sind Fremde in diesem Land – und ich bin ein Römer!», entgegnete Arthur.

«Glaubst du, der Zufall habe dich und deine Ritter auf diese Insel geführt?», fragte Merlin. «Trotz deiner römischen Abstammung sind das unsere Götter auf deinem Schwert!»

Arthur hielt Excalibur hoch. «Dies ist das Schwert meines Vaters, und vorher war es das seines Vaters ...»

«Und doch stammt es, ebenso wie du, aus *diesem* Land. Und dies ist dein Volk.»

Arthur sah sich unter den Pikten um. Er konnte seine Verwandtschaft mit ihnen nicht länger leugnen.

Merlin fuhr fort: «Diese neue Generation glaubt fest daran, dass du als Römer in der Lage bist, die Sachsen aufzuhalten. Und als Brite hast du auch die nötige Willenskraft.»

Arthur entgegnete: «Du bist ihr Anführer, denke daran, Merlin. Wenn du die Sachsen zurückschlägst, kannst du eines Tages König werden.»

Merlin blickte Arthur tief in die Augen und sagte: «Nicht ich. Diese Ehre ist dir vorbehalten!»

Und mit einem Mal, als hätte ein Vorhang sich gehoben, erkannte Arthur, dass Merlin Recht hatte. Und doch widersprach es all dem, woran Arthur glaubte. Er konnte seinen Widerstand nicht so schnell aufgeben. «Du bist wahnsinnig», sagte er.

«Hör mir zu», fuhr Merlin fort, «dies ist nicht mehr meine Zeit. Die Welt um uns zerbricht in Stücke, Arthur. Tod, Angst, Hass ... die Tage der Männer sind gekommen. Die Zeit der geistigen Führer ist vorbei; was unser Land jetzt braucht, ist ein gerechter Krieger. Das ist deine Zeit, die deiner Ritter und dieser Menschen.»

Mit plötzlicher Leidenschaft trat Merlin näher an Arthur heran und beschwor ihn: «Überlege dir – ein einiges Volk! Einigkeit! Meine jungen Krieger trauen dir all das zu. Du und deine Ritter, ihr genießt einen wahrhaft Furcht erregenden Ruf!»

«Und meinen Rittern bin ich verpflichtet. Sie erwarten von mir, dass ich sie nicht an ihre Feinde verrate.»

Arthur wandte sich von Merlin ab. Für einen Augenblick war der Bann gebrochen. Dann aber beugte sich Merlin dicht an Arthurs Ohr und fragte beinahe flüsternd: «Und wer ist dein Feind, Arthur?»

Arthur drehte sich noch einmal zum Anführer der Pikten um. In seinen Augen lag noch immer Trotz, aber nun auch die Furcht vor dem, was Merlin gleich sagen würde.

«Wer ist dein Feind?», wiederholte Merlin. «Etwa deine Mutter …?»

Instinktiv hob Arthur Excalibur wieder in Angriffsstellung, und seine linke Hand ballte sich zur Faust. Auf Gälisch rief er: «Meine Mutter war eine Britin, die von ihrem eigenen Volk getötet wurde!» Dann sackte er in sich zusammen, als hätten seine Worte ihn erschöpft. Arthur ließ sein Schwert sinken, bis dessen Spitze im Staub der Grotte verschwand. Mit müder Stimme fuhr er fort: «Welcher Sünde hatte sie sich schuldig gemacht, Merlin? Dass sie sich in *euren* Feind verliebte?»

Merlin zuckte mit den Achseln. «Es ist passiert …»

Arthur schnaubte verächtlich.

«Und wie vielen Müttern haben deine Ritter das Kind oder den Mann genommen?», fragte Merlin.

«Ich suche mir meine Feinde nicht aus», entgegnete Arthur.

Nun wurde Merlin sichtlich wütend. «*Alle* sind deine Feinde!», rief er. «Willst du dieses Schwert mit nach Rom nehmen, Arthur? Um allen Römern den Kopf abzuschlagen, die nicht deiner Meinung sind?»

«Ich gehe nicht nach Rom, um zu kämpfen», erklärte Arthur, «sondern um dem geliebten Lehrer meines Vaters zu folgen.»

«Aber wofür?», warf Merlin ein. «Um aus Britannien zu fliehen?»

«Für die Freiheit aller Menschen», sagte Arthur.

Mit ruhiger Sicherheit erwiderte Merlin: «Die Freiheit, die du suchst, wirst du in Rom nicht finden – und daran könnten auch keine zehntausend Männer wie du, Arthur, mit zehnmal zehntausend Rittern etwas ändern. In Rom wirst du eines Tages in der Bedeutungslosigkeit sterben. Hier dagegen …» – er deutete auf die Pikten hinter ihm – «… braucht man dich, hofft man auf dich … hier ist ein Volk, das du retten kannst. Nur hier, Arthur, kannst du eine neue Welt errichten!»

Als Arthur sich erneut abwandte, erkannte Merlin Verärgerung und Verwirrung in seinem Gesicht.

«Dein großes Schwert – das Schwert deines Vaters – wurde aus dem Eisen dieses Landes geschmiedet», fuhr Merlin fort. «Wenn du dieses Schwert im Dienst dieses Landes gebrauchst, wird es den Geist derer zurückbringen, die wir verloren haben.»

Ruhig erwiderte Arthur: «Wir können niemals all diejenigen zurückbringen, die wir verloren haben, weder körperlich noch im Geiste. Die Toten sind für immer tot.»

«Glaubst du?», fragte Merlin.

Dann legte Merlin seinen Arm um Arthurs Schultern. Arthur zuckte bei der Berührung nicht zurück. Stattdessen wäre er – er wusste nicht, wie ihm geschah – plötzlich am liebsten in Tränen ausgebrochen.

Im nächsten Augenblick schien sich die Grotte vor Arthurs Augen aufzulösen. Plötzlich war die Nacht dunkler, erfüllt von Lärm und Schrecken und dem stechenden Geruch brennender Hütten. Als blickte er durch einen Zauberspiegel, sah Arthur sich als zehnjährigen Jungen, der am Rock seiner Mutter hing. Er war überrascht, wie jung sie war – jünger als er jetzt. Sie weinte vor Angst. Der junge Arthur hielt die Augen fest geschlossen, um all das Schreckliche um sich herum nicht wahrnehmen zu müssen. Der Mann Arthur wusste, dass er in einer Art mystischer Vision gefangen war, aus der er sich nicht losreißen konnte. Instinktiv wurde ihm klar, dass er keinen Einfluss hatte auf den Ausgang der Ereignisse, die nun noch einmal in schrecklicher Lebendigkeit vor ihm abliefen.

Arthur fühlte sich, als wäre er mit einem Mal in zwei verschiedene Körper gespalten: in sein jetziges Ich und in sein jüngeres. Er betrachtete die Szene zugleich aus der Distanz und aus nächster Nähe, war ebenso Beobachter wie Bestandteil seiner Vision. Schlachtengetöse umgab ihn – das Klirren von Schwertern, Befehle, Schreie der Wut und Schreie der Todesangst. Er spürte die Hitze der Flammen auf seinem Gesicht und das Zittern seiner Mutter. Wenn sie weinte, schrie oder betete, klang es ihm laut und deutlich im Ohr; er spürte die Wärme ihres Atems und spürte, wie ihre Tränen auf seine Wangen tropften.

Als er zusah, wie römische Soldaten mit Schwertern und Lanzen auf die Krieger der Pikten losgingen, wusste Arthur nicht mehr, ob er ein Erwachsener oder ein Kind war. Er wusste nur noch, dass er seine Mutter retten musste … und sich selbst.

Unversehens – auch dass das geschehen würde, wusste er – fiel aus der Hand seines römischen Freundes, des sterbenden Legionärs Ramus, eine Fackel zu Boden. Arthur durchlebte wieder den Schmerz, den er bei Ramus' Tod empfunden hatte, und musste hilflos mit ansehen, wie die Fackel die grob gezimmerte Einrichtung des Hauses in Brand steckte und ein kleines Inferno auslöste, als die Flammen das trockene Strohdach erreichten. Arthur, das Kind, drängte seine Mutter aufzustehen; Arthur, der Erwachsene – fest entschlossen, sie diesmal durch die Tür in Sicherheit zu bringen –, zerrte an ihr mit aller Macht. Vergebens: In seiner tiefsten Verzweiflung musste er erkennen, dass er an dem, was geschehen sollte, nichts würde ändern können; ihm blieb nichts, als ohnmächtig bis zum unvermeidlichen Ende zuzusehen.

Wie vor so langer Zeit stieß Arthurs Mutter den Jungen aus der Tür, als die brennenden Balken einstürzten. Wieder stand der junge Arthur draußen und sah schreiend zu, wie seine in den Flammen eingeschlossene Mutter mit vor Entsetzen weit aufgerissenen Augen hilflos in der brennenden Hütte stand. Wieder beschloss er, sie zu retten, indem er durch den Wald zum Friedhof der Ritter am Badon Hill rannte. Und wieder spürte der junge Arthur, auf dem Friedhof angekommen, die düstere Stimmung an diesem Ort des Todes. Die Schwerter, die als Grabsteine dienten, erschienen ihm wie ein stummer, starrer Wald, gewachsen aus den Samen des Verderbens. Unter ihnen lag ein ganzes Heer von Rittern. Im Leben gab es nichts, was diese Hundertschaften nicht hätten bewerkstelligen können; nun aber konnten sie dem verängstigten Kind, das verzweifelt nach dem Grab seines Vaters suchte, nicht helfen.

Als er zusah, wie er das mächtige Schwert Excalibur aus dem Grab seines Vaters zog, schweifte sein Geist kurz zu der Legende, die sich aus dieser Verzweiflungstat entwickelt hatte. Man erzählte sich, die stärksten und tapfersten Ritter des ganzen Landes hätten versucht, das gewaltige Schwert aus einem verzauberten Stein zu ziehen; nur Arthur aber, der reinen Herzens war, habe es geschafft und sei daraufhin von Gott als Führer seines Volkes auserwählt worden. In dem Augenblick, als der zehnjährige Arthur verzweifelt am Heft des Schwertes zerrte und «Vater! Bitte! Lass dein Schwert los!» schrie, schien Arthur, dem Erwachsenen, das tatsächlich Geschehene fast ebenso mystisch wie das, was die Legende beschrieb. Denn diese Nacht hatte den Jungen – wenn schon nicht auf magische Weise, so doch unwiderruflich – zum Mann gemacht, den Sohn zum Waisen und das Kind zum Krieger.

Wieder riss der Junge Excalibur aus dem Boden, wieder fiel er hintenüber, und wieder sprang er auf; wieder trug er die schwere Waffe geschultert, weil seine dünnen Arme zu schwach waren, sie anders zu halten. Und wieder rannte er, keuchend vor Angst wie vor Erschöpfung, vom Friedhof der Ritter den Hang hinauf und zurück zu dem brennenden Haus.

Der erwachsene Arthur wusste bereits, was der Junge noch erfahren sollte – dass für seine Mutter jede Hilfe zu spät kam. Er sah die wilde Entschlossenheit im Gesicht des Jungen, sah, wie er bereit, ja fast schon mit Gier erwartete, einem Pikten zu begegnen und ihn mit seinem Blut für das büßen zu lassen, was er durchmachte und was seiner Mutter angetan worden war. Doch der junge Arthur traf keine Pikten. Als er in sein verwüstetes Dorf zurückkam, hatten sie sich schon wieder in den Wald zurückgezogen, wo die Dunkelheit und ihre Hautbemalung sie verschwinden ließen wie Rauch im Wind.

Als Arthur das brennende Haus wieder sah, war der Schmerz, den er dabei empfand, ebenso groß wie damals, wenn nicht gar größer. Die Hoffnungslosigkeit hatte in seinem Herzen Wurzeln geschlagen und war im Laufe der Jahre immer weiter gewachsen, bis sie in die hintersten Winkel seiner Seele reichte. Der Junge in Arthur war noch immer wie vor den Kopf geschlagen; er konnte einfach nicht glauben, dass Gott so etwas zuließ. Der erwachsene Arthur aber hatte genügend Zeit gehabt, die Grausamkeit Gottes kennen zu lernen.

Als der Schlachtenlärm verstummt war, senkte sich eine unheimliche Stille über das Dorf. Selbst das Tosen der Brände war zu dem Knacken allmählich verlöschender Feuer abgeebbt, so fröhlich wie ein Herdfeuer und so grauenerregend wie ein fast vollständig abgebrannter Scheiterhaufen.

«Mutter!», schrie der Junge, die Stimme heiser vor Kummer und vor Wut. «MUTTER!»

Und Arthur, der Mann, dem nun die Tränen in Strömen über die Wangen liefen, flüsterte: «Mutter …»

Und dann sah Arthur etwas in dieser schrecklichen Nacht, das nicht in seine Erinnerung eingegangen war. Ein jüngerer Merlin stand zwischen den Bäumen am Waldrand und betrachtete Arthur, das Kind, das so außer sich war vor Schmerz, mit einem Ausdruck tiefer Traurigkeit und Teilnahme. Während seine Pikten Hals über Kopf in die Wälder flüchteten, ging Merlin in die entgegengesetzte Richtung auf das Dorf und auf den Jungen zu. Seine Miene zeigte dem erwachsenen Arthur, dass er zu spät gekommen war, um dem Kind zu helfen. Er konnte nichts weiter tun als den Augenblick des Schmerzes mit ihm teilen. Merlin kniete sich nieder und legte Arthur tröstend einen Arm um die Schultern.

Ängstlich betrachtete der Junge den Pikten, doch Merlins Blick machte ihm bald klar, dass er nichts zu befürchten hatte. Er begann erneut zu schluchzen. «Meine Mutter …», stieß er leise hervor, die Stimme heiser vom Weinen.

«Sei stark, Junge», redete Merlin beruhigend auf ihn ein.

Mit einem Mal begann vor Arthurs Augen Merlins trauriges, mitfühlendes Gesicht zu altern, und bald waren sie beide wieder in der Grotte und in der Gegenwart. Die Vergangenheit blieb ebenso vergangen wie unabänderlich.

«Du warst doch noch ein Junge», sagte Merlin fast wie zu sich selbst.

Arthur standen Tränen in den Augen. Er entgegnete nichts.

«Ich kann mit dir fühlen», erklärte Merlin. «Auch ich habe jemanden an den Feind verloren – meine geliebte Tochter. Wir haben beide einen hohen Preis gezahlt – dennoch waren wir in der Lage, unsere Männer zu schützen und zu kämpfen.»

Arthur schob Excalibur zurück in die Scheide.

«Weißt du, was für mich ein großer Anführer ist?», fragte Merlin. «Ein Mann, der Anführer hasst. Ein Mann, der sogar sich selbst in dieser Position misstrauen würde. Ein Mann, der sich nur deshalb als Anführer zur Verfügung stellt, weil es einer tun muss.»

«Ich bin meinen Rittern verpflichtet», betonte Arthur. «Und ich habe die Verantwortung dafür übernommen, dass sie wieder nach Hause kommen.»

Merlin nickte. «Ja, sie haben noch eine Heimat. Aber wo genau im Himmel oder in der Hölle ist Arthurs Zuhause? Gibt es das überhaupt in der Wirklichkeit – oder nur in deiner Vorstellung?»

Arthur wusste auf diese Frage keine Antwort. Er war sich selbst nicht sicher.

«Einmal kommt der Augenblick, an dem Gott dir deinen Weg vorgibt, Arthur, und dann ist es an dir, diesen Weg zu gehen oder dich zu verweigern.» Er deutete auf die piktischen Familien. «Diese Menschen sind dein Schicksal.»

Arthur schüttelte den Kopf und dachte an seinen geliebten Pelagius. «Es gibt kein Schicksal», erklärte er, «sondern nur den freien Willen.»

«Dein Fehler besteht darin, anzunehmen, dass das Schicksal und der freie Wille einander ausschließen», sagte Merlin. «Doch das ist falsch. In manchen Momenten muss man sich für ein bestimmtes Schicksal *entscheiden*. In manchen Momenten ist das nicht die Sache Gottes, sondern deine eigene.»

Als Arthur sich umwandte, um zu antworten, sah er, wie Merlin einmal nickte. Dann verschwanden er und seine Pikten, einer nach dem anderen, aus der geheimnisvollen Grotte in den Nebel. Zugleich endete auch das unheimliche Leuchten. Im nächsten Augenblick war Arthur in der Dunkelheit allein.

Dreizehn

Die Begegnung mit Merlin hatte Arthur zutiefst verstört. Als er wieder im Lager neben dem Feuer und in der Nähe seines Pferdes lag, wusste Arthur nicht mehr, ob es sich bei der ganzen Sache um einen Traum, eine magische Vision, handelte oder ob er tatsächlich in dieser merkwürdigen Grotte Merlin und den anderen Pikten von Angesicht zu Angesicht gegenübergestanden hatte. Was auch immer der Fall war – Arthur zweifelte nicht daran, dass diese Begegnung äußerst wichtig war und er Merlins Rat befolgen sollte. Erneut gingen ihm Bilder von den Pikten, dem Friedhof der Ritter und seiner Mutter durch den Kopf.

Endlich schlief er ein, doch blieb sein Schlaf so flach, dass ihn das kleinste Geräusch aufweckte. Als das kalte Licht der Morgendämmerung durch die Bäume drang, hörte er in unmittelbarer Nähe Schritte. Kaum hatte er die Augen geöffnet, schien es ihm, als wäre das ganze Lager in Aufruhr. Zunächst völlig verwirrt, wollte Arthur aufspringen – und sah im selben Augenblick einen der Söldner mit erhobenem Schwert über sich stehen. Während der Soldat zum Hieb ausholte, nahm sein Gesicht einen verblüfften Ausdruck an. Als Arthur dann mit Excalibur in der Hand aufstand, bemerkte er plötzlich, dass die Spitze einer Klinge aus der Brust des Söldners ragte. Wenige Schritte dahinter nickte Lancelot, der dem Mann sein Schwert in den Rücken geschleudert hatte, Arthur zu, um dann rasch nach Pfeil und Bogen zu greifen.

Mittlerweile drangen von allen Seiten des Lagers teils wütende, teils erschreckte Rufe und Schreie an Arthurs Ohr.

Dagonet hatte tief und fest geschlafen, als er von fünf Söldnern zugleich angegriffen worden war, doch dann war er mit einem Mal hellwach. Er rammte einem der Angreifer das Heft seines Schwertes an die Schläfe und schlug einen zweiten mit seinem Schild nieder – um dann ebenso plötzlich in seiner Bewegung innezuhalten.

Wenige Schritte von ihm entfernt hatte Marius Lucan den linken Arm um den Hals gelegt, während er ihm mit der rechten Hand ein Messer an die Kehle hielt. Dagonet blieb vollkommen reglos stehen. Auch die anderen Ritter starrten Marius nur an.

«Tötet sie!», rief Marius den Söldnern zu. «Ich werde dem Bischof erzählen, dass ihr uns alle vor diesen teuflischen Rittern beschützt habt! Wenn wir erst wieder am Wall sind, wird der Bischof uns beistehen.»

Auch die Söldner standen wie angewurzelt da. Einige schienen verwirrt, während andere Marius trotzig ansahen. Dann straffte sich einer von ihnen und sagte: «Als Soldat befolge ich Befehle, dennoch werde ich niemanden kaltblütig ermorden.» Er warf sein Schwert auf den Boden. Weitere Söldner taten es ihm gleich und verweigerten Marius den Gehorsam.

Marius stieg die Zornesröte ins Gesicht, und er drückte Lucan die Klinge fester an die Kehle. Der Junge wimmerte vor Angst und Schmerz, während Blut aus seinem Hals tropfte. «Tötet sie alle!», forderte Marius. «Tut, was ich euch befehle!»

Ein Pfeil bohrte sich in Marius' Brust. Er verstummte und betrachtete verwundert den Schaft, der bis zu den Federn eingedrungen war. Als er aufblickte, sah er Guinevere mit dem Bogen eines Söldners in der Hand. Marius taumelte mit entsetzter Miene rückwärts. Dagonet rannte auf ihn zu und holte Lucan aus den Armen des Sterbenden.

Alle anderen blieben wie angefroren stehen, als Guinevere einen weiteren Pfeil einlegte, den Bogen hob und die Sehne an ihre Wange zog. Dass sie mit dem Bogen umzugehen wusste, bezweifelte niemand mehr. Langsam bewegten sich die Söldner auseinander. Guinevere richtete den neuen Pfeil auf einen der Männer, und dieser hielt inne. Auch die anderen Söldner blieben stehen und betrachteten sie ruhig. Sie wussten so genau wie Guinevere selbst, dass es nur eine Frage der Zeit war, bis sie überwältigt wäre. Und es würde kein Mord sein, sondern Selbstverteidigung. Einer der Söldner bückte sich zu seinem Schwert, das er soeben hatte fallen lassen.

In diesem Augenblick trat Arthur neben Guinevere, Excalibur auf Augenhöhe vor sich haltend. Einen Moment lang standen die beiden einer beträchtlichen Streitmacht geübter Schlächter allein gegenüber und starrten sie unverwandt an. Sogleich aber schlossen sich die übrigen Ritter Arthur und Guinevere an und hoben kampfbereit ihre Waffen. Die Ritter behielten die Söldner im Auge, aber keiner konnte der Versuchung widerstehen, Guinevere einen bewundernden Seitenblick zuzuwerfen. Da stand sie – eine zerbrechliche junge Frau, die sich noch nicht vollständig von den erlittenen Folterungen erholt hatte – und hielt einen schweren Kampfbogen in der Hand, ohne im Geringsten zu zittern oder auch nur mit der Wimper zu zucken. Der Anblick nötigte Lancelot ein stolzes Lachen ab. Langsam zog er sein Schwert aus der Scheide.

Mehr war nicht nötig. Die Söldner ließen ihre Waffen

fallen. Alecto rannte zu Arthur, und Guinevere änderte ihr Ziel geringfügig und schoss den Pfeil ab. Er blieb genau in der Mitte eines Astlochs im Baum hinter dem Söldner stecken. Sie warf seinen Kameraden einen ausdruckslosen Blick zu, aber die Männer hatten verstanden.

Lässig hängte sich Guinevere den Bogen über die Schulter. Als sie sich umwandte, fand sie die bewundernden Blicke aller Ritter auf sich gerichtet. Galahad und Gawain stießen gar zusammen, weil sie nur noch Augen für dieses erstaunliche Mädchen hatten.

Fast widerstrebend löste sich Alecto aus der Nähe von Arthur und trat zum Leichnam seines Vaters. Er kniete nieder und betrachtete Marius' Gesicht. Zunächst offenbarte er keinerlei Gefühlsregung; erst als Fulcinia ihren Sohn in die Arme nahm, brach Alecto in Tränen aus und vergrub sein Gesicht an der Brust seiner Mutter.

Arthur ging auf die Söldner zu. «Hat Marius euch Gold angeboten dafür, dass ihr uns überwältigt?»

Alle sahen ihn an – die einen trotzig, andere schuldbewusst. «Ja», gab schließlich einer zu und erklärte beinahe lächelnd: «Wir sind eben Söldner.» Dann betrachtete er Marius' Leichnam. «Er hat uns dafür angeheuert und die Befehle gegeben.»

«Ich verstehe», entgegnete Arthur. «Und jetzt müsst ihr verstehen, dass von nun an ich derjenige bin, der euch die Befehle erteilt. Ihr bekommt für eure Dienste weiterhin das, was man euch versprochen hat.»

«Wir können aber auch einfach abreiten und euch hier zurücklassen», erwiderte der Söldner. «Wenn das Heer der Sachsen so groß und Furcht erregend ist, wie wir gehört haben, legen wir vielleicht keinen großen Wert darauf, gegen sie zu kämpfen.»

«Gemeinsam sind wir stark genug, sie zu besiegen», knüpfte Arthur an. «Aber wenn du und deine Männer euch entscheiden solltet zu gehen …» – er lächelte freundlich –, «… werden meine Ritter und ich – und Lady Guinevere – euch töten.»

Der trotzige Ausdruck verschwand aus den Gesichtern der Söldner, und sie warteten darauf, dass ihr Wortführer ihnen signalisierte, wie es weitergehen sollte. Nach kurzer Bedenkzeit erwiderte der Söldner Arthurs Lächeln.

«Vielleicht könntet ihr das, vielleicht aber auch nicht», entgegnete er. «In jedem Fall aber stimme ich mit Euch darin überein, dass wir gemeinsam stärker sind. Wir reiten mit euch.»

Arthur gab dem Söldner die Hand. Dann wandte er sich an die anderen und sagte: «Macht euch bereit. Wir haben immer noch …»

Plötzlich hob Arthur die Hand. «Ruhig!», zischte er. Dann zeigte er in den Wald. Zugleich mit Lancelot zog er das Schwert. Sie verständigten sich mit Handzeichen und traten hinter zwei Bäume am Wegrand. Sie hörten jemanden näher kommen. Guinevere eilte zu den Dorfbewohnern und wies sie an, in Deckung zu gehen. Ritter und Söldner griffen zu den Waffen und stellten sich auf den bevorstehenden Angriff ein.

Aus dem Wald trat Tristran mit seinem Pferd am Zügel. Auf dem Rücken des Tieres festgebunden waren zwei sächsische Schwerter, ein Schild und ein Bogen.

Die Anspannung der Ritter löste sich, und Bors fragte Tristran: «Na, wie viele von ihnen hast du ins Paradies der Sachsen geschickt?»

Der erschöpfte Tristran hob nur drei Finger. «Sie waren uns ganz dicht auf den Fersen», erklärte er mit heiserer

Stimme. «Ich musste sie deshalb rasch töten – und das war kein Vergnügen.» Dann fügte Tristran, den Blick auf Arthur gerichtet, mit fester Stimme hinzu: «Wir müssen weg hier – auf der Stelle.»

Vierzehn

Die Kolonne quälte sich übers freie Feld, während der Wind den Schnee umherwirbelte und ihnen die Sicht nahm. Guinevere kauerte mit Fulcinia, Lucan und den übrigen Kranken und Verwundeten im Wagen. Zusammen erzeugten die mit Decken, Umhängen und anderen Kleidungsstücken eingehüllten Mitglieder der kleinen Gruppe gerade genug Wärme, um nicht vor Kälte zu erstarren. Noch immer lenkte Dagonet die Pferde, die den Karren zogen. «Wenn mich einer fragen würde», dachte er, «dann würde ich sagen, dass wir in die falsche Richtung fahren.» Auch den übrigen Rittern und Söldnern blieb nichts anderes übrig, als Tristran und Arthur zu vertrauen. Der Schnee umgab sie mit einem fast undurchdringlichen weißen Vorhang, und selbst im günstigsten Fall konnten sie nur ein paar Ellen weit sehen.

Alecto ritt am hinteren Ende der Kolonne, trauernd in sich zusammengesunken, den Kopf unter einer Kapuze verborgen und gegen den schneidenden Wind gesenkt. Arthur richtete das Wort an ihn:

«Alecto, du hast einen großen Verlust erlitten. Ich fühle mit dir.» Das Heulen des Windes klang gespenstisch.

Schniefend entgegnete Alecto: «Mein Vater konnte Recht und Unrecht nicht mehr unterscheiden.»

«Menschen können irren, Alecto», erklärte Arthur. «Doch die Kirche hilft uns, auf unserem Weg zu bleiben.»

Alecto bedachte Arthur mit einem geringschätzigen Blick.

«Weg? Es gibt gar keinen Weg mehr in Rom! Man braucht keinen Weg, wenn einem das Schicksal vorherbestimmt ist!»

«Was redest du denn da?», fragte Arthur.

«Arthur, wisst Ihr es denn nicht?» Alecto blinzelte im scharfen Wind. «Die Vorstellung eines freien Willens gilt mittlerweile als Ketzerei. Was mein Vater geglaubt hat, glaubt heute ganz Rom.»

«Du meinst, dass jeder Mensch nur ein Sklave des göttlichen Willens ist?»

«Genau», erklärte Alecto. «Wir sind so, wie Gott uns geschaffen hat. Wir haben keine Wahl.»

Kopfschüttelnd erwiderte Arthur: «Pelagius ging nach Rom, um zu lehren, dass alle Menschen frei sind und selbst über ihr Schicksal entscheiden können ...»

Alecto wirkte aufgebracht. «Lehren? Wie denn?», fragte er. «Sie haben Pelagius getötet.»

Arthur fühlte sich, als hätte er einen Schlag in die Magengrube bekommen. Einen Augenblick lang blieb ihm die Luft weg, und er brachte kein Wort heraus.

«Pelagius getötet?», stieß er schließlich hervor. «Und wann?»

«Vor einem Jahr», erwiderte Alecto. «Germanus und andere in Rom wurden von ihm wegen ihrer Ansichten angegriffen. Deshalb sorgten sie für seine Exkommunikation und ließen ihn dann umbringen.»

Arthur überkam ein Gefühl vollkommener Ohnmacht. Pelagius war für ihn mehr gewesen als einer der großen christlichen Denker. Er war sein Freund und Mentor und derjenige, der für ihn alles verkörperte, was an der Kirche gut war und ihm Hoffnung vermittelte. Die Nachricht von seinem Tod traf Arthur schwerer, als es jede andere Mitteilung in diesem Augenblick vermocht hätte. Arthur hatte das Gefühl, als wäre jede Verbindung zu seinem Glauben durchtrennt und ihm jeder Halt geraubt worden.

Alecto, der sah, wie niederschmetternd sein Bericht von Pelagius' Tod auf Arthur wirkte, bedauerte, so rücksichtslos gesprochen zu haben. Mitfühlend fuhr er fort: «Die Kirche hasst die Freiheit mehr als die Hölle. Arthur, das Rom, nach dem Ihr Euch sehnt … dieses Rom lebt nur noch in Euren Träumen.»

Arthur antwortete nicht. Bevor Alecto noch mehr sagen konnte, lenkte er sein Pferd zur Seite und ließ den Rest des Zuges passieren. Schweigend starrte er ins Leere, während der Schneesturm ihn in einen weißen Mantel hüllte.

Am folgenden Tag hatte es zu schneien aufgehört, doch niedrig hängende graue Wolken bedeckten den Himmel, und die Temperatur war deutlich unter die Frostgrenze gefallen.

«Wir müssen so bald wie möglich einen Unterschlupf finden», sagte Arthur zu Tristran und zeigte auf die Dorfbewohner. Diese trugen alles am Leib, was sie an Kleidung besaßen, doch das war in vielen Fällen offensichtlich nicht genug. «Sonst erfrieren die Leute bald.»

«Wir haben Glück», erklärte Tristran. «Das nächste Dorf ist kaum fünf Meilen entfernt. Dort wird man uns sicher aufnehmen.»

«Und wenn nicht?», wandte Arthur ein.

Lächelnd legte Tristran die Hand auf seine Armbrust. «Wer wird schon so hartherzig sein, Leuten wie uns die Gastfreundschaft zu verweigern?»

In der Kolonne sprach sich schnell herum, dass eine Ruhepause bevorstand. Mit neuer Hoffnung beschleunigten die Dorfbewohner ihre Schritte. Die Aussicht, sich eine

Weile aufwärmen, ja vielleicht sogar über Nacht bleiben zu können und eine heiße Mahlzeit zu genießen, war verlockend.

Als sie jedoch gegen Mittag das Dorf erreichten, wurde schnell klar, dass sie hier keine Gastfreundschaft erwarten konnten. Was einst eine Gruppe kleiner, gepflegter Hütten und einiger öffentlicher Gebäude gewesen war, glich nun einem Albtraum aus Tod und Zerstörung. Die Gebäude waren niedergebrannt und die verkohlten Trümmer ebenso mit Schnee bedeckt wie die verstümmelten Leichen der Bewohner. Hier und da starrten ihnen aus der Kälte zuerst verbrannte und später gefrorene Gesichter entgegen – Gesichter von Männern, Frauen und Kindern, Köpfe von Hunden und Pferden. Es war, als wäre die Hölle selbst eingefroren.

«Sachsen», brachte Arthur angewidert hervor. «Sie wollen uns den Weg abschneiden.»

Lancelot schüttelte den Kopf. «Sie zerstören jedes Dorf auf ihrem Weg.» Totenblass wandte er sich an Arthur. «Hast du jemals erlebt, dass ich mich vor irgendetwas oder irgendjemandem gefürchtet habe?» Er ließ den Blick über die schreckliche Szenerie schweifen und erklärte: «Jetzt fürchte ich mich.»

Arthur schaute Lancelot nur wortlos in die Augen. In dem unausgesprochenen Gedankenaustausch zwischen ihnen ging es um das schwierige Wort «Ehre».

Lucan spähte über die Tuchabdeckung des Wagens. Mitgenommen von dem entsetzlichen Anblick, klammerte er sich an Dagonets Arm und fragte: «Wird das auch mit uns passieren?»

Dagonet rang sich ein Lächeln ab und deutete auf sein Pferd, um den Jungen ein wenig abzulenken.

«Hab ich dir schon erzählt, dass mein Pferd früher ein Mensch war?», fragte er. Lucan betrachtete ihn verwirrt und entzückt zugleich. Dagonet nickte. «Ehrlich. Ein Mann, der tapfer im Kampf gestorben ist. Und der später wieder auf die Erde zurückgekommen ist – in Gestalt dieses herrlichen Pferdes. Um andere Krieger in die Schlacht zu tragen.»

Dann machte er mit dem Arm eine Geste, die alle Pferde rundum einschloss. «Sie alle waren einmal Krieger!» Lucan lachte, denn nun erkannte er, dass ihm Dagonet etwas vorgemacht hatte, dennoch war er ihm dankbar für die Geschichte.

Dagonet spielte den Beleidigten. «Das stimmt wirklich!», beteuerte er. «Manchmal in der Nacht, wenn du dich ganz leise in den Stall schleichst, kannst du sie dabei erwischen, wie sie miteinander reden. Wenn wir zum Wall zurückkommen, hören wir einmal zu, du und ich. Dann wirst du dich wundern, was sie einander alles zu erzählen haben.»

«Was erzählen sie denn?», fragte Lucan.

Dagonet zog den Jungen näher zu sich heran. «Ach, meistens Dinge, die nur ein Pferd versteht und nur Pferde angehen. Aber all diese Gäule mögen dich so, dass es mich nicht wundern würde, wenn sie dich in eines ihrer Pferdegeheimnisse einweihen.»

«Glaubst du wirklich?», fragte Lucan.

Dagonet nickte ernst. «Wart's nur ab.»

Der geschwächte Junge nickte und legte sich mit einem verträumten Lächeln wieder auf den Boden des Karrens, wo er seine kurze Liste von Gründen, am Leben zu bleiben, um Dagonets Versprechen ergänzte.

Galahad und Gawain hatten Dagonets wundersame Geschichten gehört, und Gawain fragte: «Hat Dagonet jemals so mit dir geredet?»

Galahad lachte kurz auf, als wäre ihm soeben etwas klar geworden. «Ich bin mir nicht einmal sicher, ob er überhaupt einmal mit mir geredet hat», erklärte er. «Und wenn, dann sicher jeweils nie mehr als ein oder zwei Worte.»

Weiter vorn berieten sich Arthur, Tristran und Lancelot. Die anderen Ritter führten die Flüchtlinge inzwischen in ein dichtes Wäldchen, wo sie zumindest vor dem eisigen Wind geschützt waren. Sofort entfachten einige der Dorfbewohner Feuer, um sich zu wärmen. Es war schwierig, genügend trockenes Holz zu finden, und so erhob sich bald dichter schwarzer Rauch aus den spärlichen Flammen.

«Wie sollen wir vorgehen?», fragte Arthur.

Tristran zeigte auf den dichten Wald vor ihnen. «Das sind die letzten Ausläufer der Mourne-Berge», erklärte er. «Wenn wir über diesen Hügel sind, treffen wir auf einen großen See.»

Lancelot war bestürzt. «Und wie sollen wir jemals über den See kommen? Gibt es da vielleicht eine Brücke? Oder eine Fähre?»

Tristran hätte fast laut losgelacht. «Merkst du nicht, wie kalt es ist? Wir werden bestimmt leicht ohne nasse Füße über den See kommen.»

Wortlos trieb Arthur sein Pferd an und galoppierte auf den Waldrand zu. Tristran, Lancelot und Guinevere folgten ihm. Arthur kam als Erster oben an, doch bald schlossen die anderen zu ihm auf. Gemeinsam betrachteten sie den vor ihnen liegenden See.

«Seht ihr?», sagte Tristran. «Zugefroren.»

«Lancelot, hol die anderen», sagte Arthur. «Sag ihnen, wir ziehen sofort zu dem See hinunter und überqueren ihn so schnell als möglich. Die Sachsen können nicht weit hinter uns sein.»

Lancelot musterte den steilen, schmalen Weg, der zum See führte. «Wenn es uns gelingt, all diese Bauern da hinunterzubekommen, ohne dass sie sich den Hals brechen, ist das ein Wunder.»

«Wunder geschehen», erwiderte Arthur mit einem geheimnisvollen Lächeln.

Lancelot begab sich zu den Flüchtlingen, um den Zug wieder in Bewegung zu setzen. Auf ein Handzeichen von Arthur ritten Tristran und Guinevere vorsichtig den abschüssigen Weg hinab und auf die weite Eisfläche vor ihnen zu. Bald schon erschien die Kolonne auf dem Hügel hinter ihnen. Äußerst behutsam bahnten sich die Karren, Pferde und Menschen ihren Weg über den Berg, den Wald zur einen Seite und einen siebenhundert Fuß hohen Steilhang zur anderen.

Nach der Hälfte des Abstiegs fragte Arthur: «Tristran, gibt es noch einen zweiten Weg?»

Tristran blickte zu seinem Falken hinauf, der im Gegenwind schwebte. Er schüttelte den Kopf. «Aber auf der anderen Seite gibt es Pfade.»

Arthur seufzte. «Dann lasst uns weiterziehen.»

Nach mehreren mühseligen Stunden kam die Kolonne am Rand des zugefrorenen Gewässers aus dem Wald. Der See war lang und schmal. Arthur schätzte seine Breite auf nicht mehr als dreihundert Ellen, wobei im Schnee jedoch nicht ganz genau auszumachen war, wo er begann und wo er endete.

«Bist du sicher, dass dies ein See ist?», fragte Arthur. «Ich halte es eher für einen Fluss.»

«Ein sehr träger Fluss», fügte Lancelot nickend hinzu.

«Es ist dennoch ein See», beteuerte Tristran. «Und ich werde verflucht froh sein, wenn wir wohlbehalten auf der anderen Seite sind.»

Arthur ritt das Ufer allein ab und sah sich um. Alles hier schien sich für einen Hinterhalt anzubieten. Aufmerksam suchte er die Umgebung nach Anzeichen dafür ab, dass die Sachsen irgendwo lauerten, bereit zum Angriff.

Nach kurzem Zögern führte er sein Pferd langsam und vorsichtig auf das Eis und lauschte auf Geräusche, die das Einbrechen der Eisdecke ankündigen würden. Entschlossenen Blickes trieb Guinevere ihr Pferd an und folgte Arthur auf den See, und sofort taten es ihr die anderen Ritter gleich. Je weiter Arthur auf den See hinausritt, desto mehr krachte und knackte es unter den Hufen seines Pferdes, sodass er fürchten musste, jeden Augenblick zu versinken.

«Bist du sicher, dass es keinen anderen Weg gibt?», fragte Arthur Tristran.

«Es muss sein, Arthur», erwiderte der Kundschafter.

Arthur drehte sich im Sattel um und gab der Kolonne das Zeichen, ihnen zu folgen. Mit weit ausholenden Bewegungen winkte er in beide Richtungen, um ihnen zu bedeuten, dass sie sich möglichst weit über den See verteilen sollten.

Je weiter sich die Dorfbewohner und die Söldner auf den See hinauswagten, desto lauter wurden die knackenden Geräusche im Eis. Die Ritter beobachteten das Ufer vor ihnen und wandten sich immer wieder auch in die Richtung um, aus der sie gekommen waren – immer in Erwartung des Feindes, der ihnen dicht auf den Fersen war.

Die Kolonne hatte gerade die Mitte des Sees erreicht, als sie aus der Ferne die Trommeln der Sachsen hörten. Alle hielten inne und drehten sich um. Arthur und Lancelot schauten einander mit wilder Entschlossenheit an. Sie wussten, dass ihr Glück sie soeben verlassen hatte.

Galahad sagte zu Bors: «Jetzt kannst du deinem Pferd endlich mal eine Pause gönnen, damit es nicht ständig deinen fetten Hintern herumschleppen muss …»

Bors deutete auf sein Hinterteil und warf Galahad ein schmatzendes Geräusch zu.

Und Gawain fügte lächelnd hinzu: «Es wird eine wahre Freude sein, mit diesem schrecklichen Krach Schluss zu machen.»

Dagonet verließ den Bock des Karrens und übergab die Zügel einem der älteren Jungen aus dem Dorf. Dann bestieg er sein Pferd, zog sein Schwert und schloss sich den anderen Rittern an. Wie immer sagte er dabei nichts. Sein grimmiges Lächeln zeigte, dass er zu allem bereit war, mochte kommen, was wolle.

Als Lancelot auf den Wald zuritt, lag ihm sein übliches zweideutiges Lächeln auf den Lippen. Die anderen Ritter wussten nie, ob er nun darauf brannte, sich in den Kampf zu stürzen, oder Angst vor dem hatte, was auf ihn zukam. Sie gelangten zu dem Schluss, dass es wohl von beidem etwas war. Er schaute sich nach ihnen um, und sein Lächeln wurde breiter. Sie alle grinsten herausfordernd und gleichzeitig freundschaftlich zurück. Es war Arthur, dem sie folgten, doch Lancelot machte ihnen Mut.

Das Lächeln in Lancelots Gesicht wich einem Ausdruck grimmiger Entschiedenheit. Er ritt zu Arthur hinüber. Schweigend saßen sie Seite an Seite auf ihren Pferden, und Arthur suchte sorgfältig den Waldrand ab, während das Trommeln immer lauter wurde und näher kam. Auch Lancelot versuchte abzuschätzen, an welcher Stelle die Sachsen aus dem Wald brechen und wie sie angreifen würden. Ohne Arthur anzuschauen, fragte Lancelot: «Hast du Befehle?»

Arthur blickte zu den Dorfbewohnern hinüber, die sich um die Karren versammelt hatten und mehr vor Angst als vor Kälte zitterten. «Ganis!», rief er.

Der junge Mann rannte sofort zu Arthur hinüber und blickte erwartungsvoll zu ihm auf.

«Du wirst den Zug nach Süden führen», sagte Arthur zu Ganis. «Die Hauptstreitmacht der Sachsen ist landeinwärts unterwegs. Wenn ihr an der Küste entlangzieht, bis ihr ein gutes Stück südlich vom Wall seid, werdet ihr in Sicherheit sein.»

«Bitte, schickt mich nicht weg, Arthur!», flehte Ganis. «Ich kann doch kämpfen! Ich möchte nur zu gern bleiben und an Eurer Seite kämpfen.»

Arthur blickte lächelnd auf den Jungen. «Und ich hätte in der Schlacht, die uns bevorsteht, gern einen so tapferen Krieger wie dich», erklärte er. «Aber du kannst mir – und uns allen – besser dienen, wenn du tust, worum ich dich bitte.» Er zeigte auf die Kolonne. «Diese Menschen brauchen deine Hilfe und deine Führung. Ihr Leben liegt in deinen Händen.»

Enttäuscht, aber mit vor Stolz glänzenden Augen nickte Ganis und erwiderte: «Wie Ihr wünscht, Arthur.»

Arthur wandte sein Pferd in Richtung der Söldner um, die sich schon in Formation aufgestellt hatten, bereit zum Kampf. «Ihr zieht mit den Leuten», sagte er.

Der Anführer der Söldner trat vor. «Wir fürchten den Kampf nicht», betonte er.

Arthur zischte wütend: «Ihr werdet tun, was ich euch sage!» Dann nahm sein Gesicht plötzlich einen milderen Ausdruck an, und er blickte seinem Gegenüber in die Augen. «Die Kolonne könnte ohne euren Schutz verloren sein. Alecto muss wohlbehalten zum Wall zurückgebracht werden. Das ist eure Pflicht.»

Der Anführer der Söldner blickte Arthur unsicher an.

Mit einem gezwungenen Lächeln fügte Arthur hinzu: «Außerdem solltet ihr immer alle Seiten bedenken – ihr versäumt zwar diese Schlacht, dafür steht euch jedoch möglicherweise eine noch viel aussichtslosere bevor.»

Der Söldnerführer nickte und ging zurück zu seinen Männern. Mit drohend erhobenem Zeigefinger und einer Kopfbewegung in Ganis' Richtung erklärte Arthur den Söldnern: «Dieser junge Mann ist euer Anführer. Ihr gehorcht ihm, wie ihr mir gehorchen würdet. Haben wir uns verstanden?»

Die Söldner nickten, wenn auch zum Teil widerstrebend.

In diesem Augenblick sprang Lucan aus dem Karren und rannte zu Dagonet hinüber, der sich niederkniete, um ihn aufzufangen. Der Junge sprang in Dagonets Arme und schmiegte sich an ihn. Belustigt, aber auch mit Rührung beobachteten die anderen Ritter, wie zärtlich ihr grobschlächtiger, wortkarger Kamerad sein konnte.

«Ich bleibe bei dir», sagte Lucan mit Tränen in den Augen.

Dagonet klopfte ihm sachte auf den Rücken und entgegnete: «Das wäre gar nicht gut für dich. Möchtest du nicht lieber im Karren sein, wo du es schön warm hast?»

«Nein!», erklärte der Junge entschieden.

Mit einem warmherzigen Lächeln erklärte Dagonet: «Also ich selbst wäre lieber da drinnen. Geh du an meiner Stelle, ja?»

«Bitte, bitte», flehte Lucan weiter.

Dagonet zog ihn an sich und küsste ihn auf die Wange. Dann setzte er ihn wieder ab und schob ihn auf die Kolonne zu. «Dort bist du sicher. Geh jetzt!» Noch einmal warf der Junge Dagonet die Arme um den Hals. Während dieser versuchte, streng zu wirken, streichelte er den Jungen beruhigend. «Und vergiss nicht», ergänzte Dagonet, «wenn wir zum Wall kommen, haben du und ich und die Pferde eine Menge zu bereden.»

Lucan musste unwillkürlich lächeln, und Dagonet fuhr ihm durchs Haar. Nach einer letzten Umarmung rannte Lucan über das Eis zurück und sprang in den Karren. Fulcinia wickelte sofort eine Decke um ihn, und Lucan sah Dagonet mit tränenüberströmtem Gesicht nach.

Plötzlich trat Schrecken in Fulcinias Blick. Ihr Sohn war auf dem Weg zu Arthur, ein großes Schwert in der Hand. Alecto hob das Schwert vors Gesicht und präsentierte es dem Ritter. «Ich kann kämpfen», erklärte er.

Fulcinia schrie auf: «Alecto! Nein! Bitte!»

Arthur blickte zu ihr hinüber und saß ab. Er legte Alecto die Hand auf die Schulter. «Du bist ein tapferer Mann», sagte er, «aber du hast eine wichtigere Pflicht zu erfüllen.»

Alecto musterte Arthur mit ernstem Blick.

«Du musst zurück nach Rom», erklärte Arthur.

Lancelot betrachtete Alecto von seinem Pferd herab. «Du bist der Grund dafür, dass wir all das hier durchmachen», bemerkte er mürrisch. «Und wenn du nicht gerettet wirst, ist alles, was wir tun, umsonst.»

Alecto blickte hoch in Lancelots ernstes Gesicht und dann in Arthurs mitfühlendere Miene.

«Er hat Recht», bestätigte Arthur.

«Wenn es dich also nicht zu sehr stört – geh endlich», ergänzte Lancelot, dem seine Wut anzuhören war.

Alecto errötete vor Zorn und Verlegenheit. Widerstrebend drehte er sich um und schloss sich der Kolonne an. Fulcinia schenkte Arthur ein dankbares Lächeln, und Arthur nickte ihr zu. Dann saß er wieder auf und ließ den Blick erneut über die Umgebung schweifen. Das Trommeln war noch lauter und intensiver geworden. «Los jetzt!», rief er in Richtung des Wagenzuges.

Wer kein Pferd hatte, kletterte auf einen der Karren oder saß hinter einem Reiter auf. Die Söldner bestiegen ihre Pferde und ritten in Formation los. Als die Karren anrollten, während das Eis unter ihren Rädern unheimliche Geräusche von sich gab, blickte sich Horton um und folgte der Kolonne in der Hoffnung, dass es niemand merken würde.

Kaum aber hatte er die ersten Schritte getan, spürte er auch schon Galahads Schwert im Rücken. «Du bleibst schön hier!», erklärte der Kämpfer lächelnd. «Wir brauchen deinen starken Arm!»

Unter dem Gelächter der anderen Ritter schloss sich der niedergeschlagene Horton erneut dem Knappen Jols an.

Guinevere stieg vom Pferd und holte ihren Bogen hervor. Sie bemerkte, dass alle Ritter sie anstarrten. Bevor Arthur dazu etwas sagen konnte, erklärte Guinevere trotzig: «Ihr könnt einen Bogenschützen mehr sehr gut gebrauchen, oder willst du das abstreiten?»

«Das kann ich beim besten Willen nicht», gab Arthur lächelnd zu.

Guinevere spannte den Bogen, als handelte es sich um ein Spielzeug. Arthur saß ab und stellte sich zwischen sie und Lancelot. Jols und Horton blieben mit den Pferden ein paar Schritte weiter hinten auf dem Eis.

Während sich die Ritter in Schlachtordnung formierten, zogen die Flüchtenden langsam in südlicher Längsrichtung über den See. Die Eisfläche war zu beiden Seiten von Steilufern gesäumt. Dagonet warf dem Karren noch einen sehnsüchtigen Blick nach. Immerhin beruhigte ihn das Wissen ein wenig, dass der schmale Weg die Sicherheit Lucans und der anderen erhöhte, denn um die Kolonne einzuholen, mussten die Sachsen zuerst mit den Rittern fertig werden. Und mit den Rittern, sagte sich Dagonet, wurde so schnell niemand fertig.

Die Ritter nahmen ihre Schilde und Schwerter herunter. Bors und Tristran zogen ihre Kompositbogen aus den Halterungen am Sattel und warfen sie über die Schulter. Auch ihre Schwerter und ihre normalen Bogen trugen sie auf dem Rücken, um die Waffen wechseln zu können, wenn die Umstände es im Verlauf der Schlacht erforderten. Für den Beginn des Kampfes jedoch bereiteten sie ihre Armbrüste vor.

«Die Pfeile, Jols!», rief Bors.

Jols lud von einem Lastpferd ein großes Bündel Pfeile ab und schnitt das Band durch, das sie zusammenhielt. Er gab dem wenig begeisterten Horton mit einem Zeichen zu verstehen, er solle ihm helfen, sie an die Männer zu verteilen. Guinevere prüfte die Sehne des Söldnerbogens, während Jols ihr einige Pfeile vor die Füße legte.

Mit einem Mal herrschte vollkommene Stille. Das beharrliche Trommeln war verstummt. Guinevere und die Ritter beobachteten das Ufer, als Cynrics Krieger am Rand des zugefrorenen Sees auftauchten.

«Rechteck bilden!», schrie Arthur. «Pferde nach hinten!»

Das römische Rechteck erforderte normalerweise eine Vielzahl Soldaten, die Reihe für Reihe dicht aufeinander folgten und auf allen vier Seiten von großen Schilden geschützt waren. Diese Formation ließ sich zur Verteidigung gegen fast jede Art von Waffen einsetzen, war jedoch auch für den Vormarsch geeignet, bei dem sich der Pulk römischer Legionäre in eine fast unaufhaltsame Kampfmaschine verwandelte.

Weit weniger eindrucksvoll zeigte sich diese Formation, wie Arthur durchaus bewusst war, wenn sie aus nur sieben Rittern und einer jungen Frau bestand. Bei einer offenen Schlacht gegen die zahlenmäßig weit überlegene sächsische Streitmacht jedoch erschien sie ihm als die einzig sinnvolle Aufstellung.

Alle Ritter hatten auf dem Eis neben sich Schilde liegen, die sie nun aufnahmen, um sich in der Rechteckformation aufzustellen. Jols platzierte auch neben Guinevere einen langen metallenen Schild. Sie aber schüttelte den Kopf und sagte: «Ich brauche keinen Schild.»

«Nimm ihn, sofern dein Körper nicht gegen Pfeile gefeit ist», forderte Arthur sie auf.

«Wie soll ich mit dem Bogen schießen, wenn ich dieses Stück Wand in der Hand habe?», entgegnete Guinevere.

«Du wirst noch reichlich Gelegenheit zum Schießen haben», erklärte Arthur. «Aber erst einmal tust du, was ich dir sage.»

Stirnrunzelnd hängte Guinevere sich den Bogen um und nahm den Schild auf. Bei Lancelot und Arthur, die neben ihr standen, sah sie, wie sie ihn zu halten hatte, um zusammen mit den anderen einen undurchdringlichen Schutzwall zu bilden. So schufen die Ritter ihre winzige Rechteckformation, während das Eis unter ihren Füßen knackte und ihre Angst vor dem Ertrinken wuchs.

Arthur begutachtete das Rechteck. «Dicht beieinander bleiben!», rief er. «Schulter an Schulter!»

Jols und Horton zogen die Pferde in die Mitte des Rechtecks, das an drei Seiten von Schilden geschützt war. Jols wusste, dass jeder kluge sächsische Bogenschütze zunächst auf ungeschützte Pferde zielen würde, um den Rittern jegliche Hoffnung auf ein Entrinnen zu nehmen.

Als Cynrics Krieger Arthurs Ritter in Schlachtformation erblickten, hielten sie am Ufer inne. Cynric, der sich am Ende der Kolonne aufgehalten hatte, ritt nach vorn und nahm seinen Platz an der Spitze seiner Kämpfer ein. Mit einem zufriedenen Lächeln musterte er die lächerlich kleine Gruppe von Rittern auf dem Eis. Endlich saß der Gegner in der Falle. Der Rest sollte kein Problem sein.

Die Feinde starrten einander über die Eisfläche hinweg an und warteten gespannt darauf, dass einer den ersten Zug machte.

Die Stille war gespenstisch. Nun, da die Kolonne das Eis nicht mehr mit ihrem Gewicht belastete, waren auch die bedrohlichen Geräusche unter ihren Füßen wesentlich leiser geworden. Und nachdem die Trommeln der Sachsen verstummt waren, hörten die Kämpfer nur noch das Heulen des Windes, das Knattern der sächsischen Banner und das Knacken des Eises.

Neugierig beobachtete Guinevere, wie Bors eine seltsame Vorrichtung an seinem Arm befestigte. Eine solche Waffe hatte sie noch nie gesehen. Der Apparat bestand aus einer dünnen hölzernen Rinne, die vom Handgelenk bis zum Ellbogen reichte und Bors' Unterarm in eine äußerst biegsame Armbrust verwandelte. Nachdem sie angebracht worden war, nahm Bors einen sehr kurzen Pfeil und legte ihn in die Sehne seines Kompositbogens.

Die Ritter waren bereit, die Sachsen am Seeufer ebenso. Nervös musterte Cynric den Feind. Seine Truppe war zahlenmäßig fraglos überlegen, aber irgendetwas an der geisterhaften Ruhe, die Arthur und seine Mannen ausstrahlten, beunruhigte ihn zutiefst. Cynric beschlich das unbestimmte Gefühl, dass die Ritter etwas wussten, was ihm verborgen blieb.

«Wartet, bis ich den Befehl gebe», sagte Arthur leise.

Lancelot warf einen Seitenblick auf Guinevere. Ihre Miene wirkte ebenso ernst wie entschlossen.

«Du siehst besorgt aus», sagte Lancelot. «Da drüben warten ja auch sehr viele einsame Männer.»

Guinevere hielt den Blick ungerührt geradeaus gerichtet. «Keine Sorge», erwiderte sie. «Ich werde schon nicht zulassen, dass dir einer von ihnen Gewalt antut.»

Cynric betrachtete die Formation der Ritter. Um besser abschätzen zu können, wie weit sie entfernt war, gab er einem seiner Armbrustschützen ein Zeichen. Der Mann schoss einen einzelnen Pfeil ab, der weit vor den Rittern auftraf und auf dem Eis an ihnen vorbeischlitterte. Cynric hatte noch nicht entschieden, wie er vorgehen sollte.

Draußen auf dem Eis wägte auch Arthur seine Möglichkeiten ab. «Ich glaube, sie warten, bis wir sie einladen», sagte er. «Bors, was meinst du – kannst du es besser als dieser sächsische Bogenschütze?»

Bors lachte auf und legte den kurzen Pfeil in die Rinne an seinem Arm.

Guinevere schaute ihn zweifelnd an. «Sie sind viel zu weit weg …»

Bors aber grinste nur, bevor er sehr sorgfältig zielte – und schoss.

Einer der Sachsen fiel schreiend zu Boden; der Pfeil hatte ihn mitten ins Gesicht getroffen. Mit einem wütenden Fußtritt stieß Cynric den sich am Boden windenden Mann beiseite und schlug einem der Trommler auf die Schulter. Ein unregelmäßiger Trommelschlag setzte ein, und die sächsische Linie zog sich auf doppelte Länge auseinander, bis die Krieger in drei Reihen zu je siebzig Soldaten dastanden. Wie ein Mann setzten die Sachsen ihre ledernen Helme auf und stimmten einen Kampfgesang an.

Arthur wandte sich seinen Leuten zu. «Zielt auf die Flügel, damit sie enger zusammenrücken!»

Guinevere wickelte sich Stoffstreifen um diejenigen Finger, die beim Schießen am stärksten beansprucht werden. Dann prüfte sie die Spannung ihres Söldnerbogens. Ohne sich umzusehen, griff sie nach hinten, holte einen Pfeil aus dem Stapel und legte ihn ein.

Bors nahm seine Schussvorrichtung wieder ab und nahm sich einen normal langen Pfeil. Alle Ritter waren bereit, die Bogensehnen gespannt. Sie warteten.

Auf Cynrics Kommando begann in vollkommenem Gleichschritt der sächsische Vormarsch. Kaum hatten sie sich in Bewegung gesetzt, schossen die Ritter ihre Pfeile ab. An den Flügeln sank ein Sachse nach dem anderen getroffen zu Boden.

«Schneller!», befahl Arthur.

Guinevere, Tristran und Bors legten neue Pfeile ein und ließen sie beinahe gleichzeitig abfliegen, luden nach und schossen wieder. Drei Sachsen am Ende der Linie bekamen Pfeile in die Brust, dann fielen drei weitere. Diese unglaubliche Treffsicherheit bewiesen sie so oft, dass die Sachsen zusehends unruhiger wurden – besonders diejenigen an den Flügeln, die unter dem Pfeilhagel der Ritter am meisten zu leiden hatten.

«Wir sind in Schussweite!», rief Cynric dem Befehlshaber seiner Bogenschützen zu. Auf dessen Kommando blieben die Sachsen unvermittelt stehen. Die leidgeprüften Krieger an den Flügeln nutzten die Gelegenheit, um die Reihen zu schließen, sodass ihre Kampflinie nun nicht mehr drei, sondern vier Mann tief war. Cynric nickte einem anderen Offizier zu, der den sächsischen Bogenschützen Befehle zurief. Die sächsischen Kämpfer setzten Pfeil und Bogen völlig geordnet und genau ein. Zunächst schoss die erste Reihe ihre Pfeile ab, um sich dann zum Nachladen niederzuknien; dann schoss die zweite und kniete nieder, dann die dritte und schließlich die vierte, bevor beinahe mechanisch das Ganze wieder von vorn begann. Schon nach kürzester Zeit war der Himmel über dem zugefrorenen See von einer gewaltigen Wolke aus Pfeilen verdunkelt.

Wie schwarze Blitze sahen die Ritter die ersten Geschosse auf sich zukommen. «Testudo!», rief Arthur, und zu Guinevere gewandt: «Nimm deinen Schild und halte ihn vor dich.»

Wenige Sekunden bevor der erste Hagel aus Pfeilen sie erreichte, bildeten die Ritter mit ihren Schilden eine römische Testudo, die Schildkrötenformation. Arthur, Lancelot, Tristran und Guinevere hielten die Schilde direkt vor ihre Körper, während Gawain, Galahad, Bors und Dagonet die ihren über die Köpfe hoben und sie alle zusammen auf diese Weise einen nahezu undurchdringlichen Schutzwall mit einem ebensolchen Dach bildeten. Horton und Jols duckten sich derweil zwischen den Pferden unter die hoch erhobenen Schilde. In einer Welle nach der anderen fielen Dutzende von Pfeilen auf die Testudo, wo sie von den Schilden aufs Eis abgelenkt wurden, ohne Schaden anzurichten.

«Jetzt!», befahl Arthur. «Und denkt daran: immer auf die Flanken zielen!»

Auf Arthurs Kommando setzten die Ritter ihre Schilde ab und nahmen ihre Bogen in die Hand, um in Richtung Ufer zu schießen. Wie zuvor sanken getroffene Sachsen an den Flügeln zu Boden, worauf die übrig gebliebenen instinktiv zur Mitte der Formation drängten.

Ungeduldig wandte sich Cynric an seinen Offizier, der nickte und erneut den Befehl zum Angriff gab. Wieder lenkten die Schilde der Ritter alle sächsischen Pfeile ab. Cynrics Enttäuschung ging in Wut über, und er rief: «Vorwärts!»

Der Offizier zögerte einen Augenblick, bevor er das Kommando an seine Männer weitergab. Auf der Stelle erhoben sich die Sachsen und marschierten auf das Eis.

«Da kommen sie!», sagte Lancelot. «Sorgen wir dafür, dass sie es bereuen!»

Während die Sachsen vorsichtig näher rückten, legten die Ritter ihre Schilde aufs Eis und begannen zu schießen, so schnell sie konnten. Jols und Horton, die ihnen neue Pfeile reichten, hatten alle Hände voll zu tun.

Immer mehr Sachsen gingen an den Flügeln zu Boden und schrien mit einem Pfeil in Brust, Hals oder Gesicht ein letztes Mal im Todeskampf auf. Verglichen mit denen, die in die Beine getroffen wurden, waren sie dennoch im Vorteil. Die Pfeile hatten eine solche Durchschlagskraft, dass sie Knochen zerschmettern oder schreckliche Fleischwunden in Schenkel und Waden reißen konnten. Hier in der Wildnis – weit entfernt selbst von der einfachen medizinischen Versorgung, die ihnen anderswo zur Verfügung gestanden hätte – blieb diesen Verwundeten keine andere Wahl, als auf ihren Tod zu warten. Alle, die ein gebrochenes Bein hatten, wussten, dass der Bruch allein nicht lebensbedrohlich, ihre Lage aber dennoch hoffnungslos war.

Angesichts der Erwartung, stundenlang unter furchtbaren Schmerzen auf dem Eis liegen zu müssen, bevor die Kälte ihnen den Tod brachte, setzten viele Krieger ihrem Leben selbst ein Ende. Sie zogen ihr Schwert und fügten sich lange, tiefe Schnitte in den Bauch zu oder trennten sich die Kehle durch.

Die sächsischen Krieger, die auf dem Eis weiter auf die Ritter zumarschierten, tauschten angsterfüllte Blicke aus. Vor sich hatten sie eine zwar winzige, offenbar jedoch unbezwingbare Streitmacht, während sie hinter sich nur noch die Schreie der Sterbenden vernahmen. Doch trotz des Entsetzens, das aus ihren Gesichtern sprach, waren die Sachsen mutige Kämpfer, die nicht so schnell aufgaben. Schritt für Schritt rückten sie vor und kamen den Rittern immer näher.

Wütend trieb Cynric sie an. «Weiter! Vorwärts, ihr Schweine! Schneller!», schrie er. Die Sachsen beschleunigten ihren Gang und marschierten entschlossen auf die Ritter zu. Arthur, Guinevere und die anderen schossen weiter, so schnell sie konnten, und trafen jetzt mit fast jedem Schuss Gegner an den äußeren Enden der Formation. Die Kämpfer an den sächsischen Flanken waren es bald leid, als bevorzugte Zielscheiben der Ritter herhalten zu müssen. So unauffällig wie möglich reihten sie sich weiter hinten und näher zur Mitte hin ein.

Drei weitere Pfeile schwirrten durch die Luft und trafen drei Sachsen genau in die Stirn. Die Männer fielen gleichzeitig rücklings aufs Eis, als wären sie am Hals zusammengebunden. Als die übrigen Sachsen entsetzt feststellten, dass anscheinend jeder gegnerische Schuss einen der Ihren niederstreckte, kam der Vormarsch beinahe zum Stillstand. Doch Cynric schlug den Kriegern in seiner Reichweite mit der flachen Seite seines Schwertes auf den Rücken, um sie weiter anzutreiben. «Bewegt euch!», knurrte er. «Vorwärts, oder ich töte euch auf der Stelle!»

Ohne die Augen von den vorrückenden Sachsen zu wenden, sagte Lancelot zu Arthur: «Ihr Kampfgeist lässt nach.»

Arthur nickte und schickte einen weiteren Pfeil auf den Weg. «Das sollten wir noch etwas beschleunigen. Schneller schießen!»

Obwohl Guinevere mit ihrem normalen Bogen sehr schnell war, bemerkte sie, dass Bors und Tristran in derselben Zeit fast doppelt so viele Pfeile losschnellen ließen und Jols mit dem Nachreichen kaum hinterherkam. Die beiden setzten nun ihre kurzen sarmatischen Kompositbogen ein, die mit erstaunlicher Geschwindigkeit nachgeladen und abgeschossen werden konnten.

«Gib mir auch so ein Ding», sagte sie zu Bors.

Grinsend warf er ihr einen Kompositbogen zu. Sie fing ihn auf und nickte dankend.

«Der wird dir gefallen», meinte Bors.

Als Guinevere probehalber an der Sehne des sarmatischen Bogens zog, bemerkte sie, dass ihre Spannung weitaus höher war als bei jeder Waffe, die sie je in der Hand gehabt hatte. Sie ließ sich davon jedoch nicht abschrecken und schoss einen Pfeil ab. Verblüfft beobachtete sie, wie dieser gleich zwei Sachsen nacheinander durchschlug. Mit offenem Mund bewunderte Guinevere ehrfürchtig den Kompositbogen mit seiner unfassbaren Genauigkeit und Durchschlagskraft. Als Bors ihren doppelten Treffer sah, bog er sich vor Lachen. «Hab ich's dir nicht gesagt?»

Guinevere nutzte die Vorteile dieser für sie neuen und erstaunlichen Waffe voll aus, indem sie sie Schuss um

Schuss auf die Sachsen richtete. Zwar gelang es ihr nicht noch einmal, zwei Krieger mit einem einzigen Pfeil niederzustrecken, doch es ging auch kein Schuss daneben.

Tristran zog die Sehne seines Bogens so weit zurück, dass es fast schien, als würden seine beiden Enden sich berühren. Sein Pfeil durchbrach den Schild eines Sachsen und schlug in den Arm ein, der ihn hielt.

Obwohl die Fläche zwischen den Angreifern und dem Ufer bereits von den Leichen ihrer Waffenbrüder übersät war, rückten die Sachsen weiter vor. Galahad traf einen Offizier. «Ihre Hartnäckigkeit ist dennoch bewundernswert», stellte er fest.

Bors war anderer Meinung. «Scheiße muss ich nicht bewundern», widersprach er. «Ich muss die Scheißkerle nur töten!»

Jols hatte Horton bereits zum Lastpferd geschickt, damit er weitere Pfeile holte. Als er nicht zurückkehrte, eilte Jols zu ihm. Angewidert fand er Germanus' Sekretär hinter dem Pferd, wo er auf den Knien lateinische Gebete herunterleierte. Jols hob ein Kurzschwert auf und drückte es Horton in die Hand. «Willst du weiterleben? Dann hör endlich auf zu beten und fang an zu töten!», schrie er ihn an. Jols nahm ein Bündel Pfeile und brachte es den Rittern. Noch immer jammernd, folgte Horton ihm wie betäubt, das Schwert in der schlaffen Hand.

Unter dem vernichtenden Pfeilhagel der Ritter hatte sich der Vormarsch der Sachsen stark verlangsamt. Jeder ihrer Bogenschützen, der versuchte, den Angriff zu erwidern, wurde vom Pfeil eines Ritters gefällt, noch bevor er anlegen konnte. «Sieht so aus, als würden sie sich bald zurückziehen», bemerkte Arthur zu Tristran, und schon drehten sich die ersten Sachsen um und rannten auf das Ufer zu.

Mit erhobener Hand bedeutete Arthur seinen Rittern, das Schießen einzustellen. Sie hielten mit schussbereiten Bogen inne und beobachteten die Sachsen, bereit, auf eine mögliche Änderung im feindlichen Angriffsverhalten sofort zu reagieren.

Cynric folgte einem der Sachsen, die auf das Ufer zurannten, und stieß ihm sein Schwert in den Rücken. Dann drehte er sich um und richtete die Waffe, von der noch das Blut des Getöteten troff, auf seine übrigen Krieger.

«Ihr könnt hier sterben oder dort», warnte er sie. «Für mich macht das keinen Unterschied.»

Daraufhin gab Cynric seinen Leibwächtern ein Zeichen und zog sich in deren Schutz selbst ans Ufer zurück. Zugleich bedeutete er seinen Trommlern, die verbliebenen Kämpfer zum Angriff zu treiben.

Auf den nun einsetzenden Trommelwirbel hin stießen die Sachsen ihren Schlachtruf aus und traten den Vormarsch erneut an. Eine Welle von Kriegern kam dem Rechteck der Ritter immer näher.

Auf das schnelle Vorrücken ihrer Gegner reagierte Arthur nur mit einem entschlossenen Grinsen. «Ritter!», rief er und deutete auf die Sachsen. «Nur Narren und Feiglinge entscheiden sich für den Tod im Kampf, und hier haben wir sie vor uns!»

Von seinem sicheren Beobachtungsposten in hinterster Linie aus sah Cynric, dass sich seine Männer in der Mitte der Formation zusammenballten, weil sich die Kämpfer an den Seiten immer wieder zurückfallen ließen, um nicht von einem der Pfeile der treffsicheren Ritter getötet zu werden. Die Wirkung ihres stürmischen Angriffs wurde dadurch stark beeinträchtigt. Wütend und verzweifelt schrie Cynric: «In Formation bleiben! In Formation bleiben!»

Da ertönte es plötzlich mitten im Angriff der Sachsen wie ein Donnerschlag: Das Eis brach. Als Arthur es hörte, hielt er Excalibur über den Kopf, sodass seine mächtige Klinge in den grauen Himmel zeigte. Die Ritter schauten einander mit grimmig entschlossener Miene an. Ihre Lage war hoffnungslos. Doch so oder ähnlich hatten sie alle zu sterben erwartet, und deshalb sahen sie dem, was da kommen sollte, mit Gelassenheit entgegen. Nur Lancelot und Arthur, die beide rasche Seitenblicke auf Guinevere warfen, verspürten ein gewisses Bedauern – aus demselben Grund.

«Die Schwerter!», rief Arthur.

Wie ein Mann schulterten die Ritter ihre Bogen und zogen die Schwerter.

Mit wildem Geschrei stürmten die Sachsen vorwärts, während das Eis unter ihrem Gewicht knackte und stöhnte. Die Pferde der Ritter drängten los, als könnten sie es gar nicht erwarten, endlich am Kampf teilzunehmen. Das Aufstampfen ihrer Hufe auf dem Eis erzeugte Erschütterungen, die sich in alle Richtungen ausbreiteten. Einen Moment lang heulte und kreischte das Eis wie ein sterbender Drache, und alle – Ritter ebenso wie Sachsen – bereiteten sich auf das Unvermeidliche vor.

Trotz der Angst einflößenden Geräusche aber brach das Eis noch nicht.

Unaufhaltsam kamen die Sachsen voran, nur noch von der Hoffnung beseelt, dass das Eis sie auch weiterhin tragen würde. Die Ritter bereiteten sich auf den Kampf vor. Trotz der vielen Opfer, die ihre Pfeile bereits gefordert hatten, waren sie noch immer eindeutig in der Minderzahl und wussten, dass sie bei jedem Schritt, den die Sachsen näher kamen, mehr und mehr ins Hintertreffen gerieten.

Mit einem Mal durchdrang ein nicht einmal sonderlich lautes, aber dennoch markerschütterndes Geräusch die Luft, und ein dünner Riss durchzog als Zickzacklinie das Eis zwischen den gegnerischen Kämpfern. Auch wenn der haarfeine Spalt auf den ersten Blick kaum zu erkennen war, hatte ihn doch jeder der Kämpfer wahrgenommen. Nun warteten alle ohnmächtig auf den unvermeidlichen Moment, in dem sich der Riss verbreitern und das Eis unter ihren Füßen nachgeben würde.

Für Arthur jedoch stellten die angreifenden Sachsen die unmittelbarere Gefahr dar. «Die Reihen schließen!», rief er seinen Rittern zu. «Bereitet euch auf den Kampf Mann gegen Mann vor!»

Sie bewegten sich aufeinander zu, um erneut ein undurchdringliches römisches Rechteck zu bilden. Nur ein Ritter wollte sich nicht zu einem Teil dieses menschlichen Bollwerks machen. Dagonet warf Arthur sein Schwert zu, nahm mit entschlossener Miene seinen gewaltigen Streitkolben auf, schwang sich auf sein Pferd und ritt stolz in leichtem Galopp über das Eis.

Hilflos musste Arthur mit ansehen, wie sich Dagonet entfernte, und so konnte er ihm nur noch streng nachrufen: «Dagonet! Komm zurück!»

Die sächsischen Angreifer verfolgten die Handlungen dieses seltsamen Kriegers mit einiger Verwirrung. Nur wenige Schritte von ihnen entfernt saß Dagonet wie selbstverständlich ab. Bevor er sich an die Ausführung seines Plans machte, legte er sein Gesicht an den Kopf seines Pferdes. Mit leiser, beruhigender Stimme erklärte er: «Wir werden wieder zusammen reiten.»

Das Pferd schien zu verstehen. Als Dagonet ihm einen leichten Klaps auf die Flanke gab, drehte es auf der Stelle um und trottete zu den Rittern zurück. Wie Dämonen brüllten die Sachsen hinter ihm ihre Wut ebenso heraus wie ihre Angst vor dem nahen Tod.

In der Entfernung entlockte Dagonets prahlerisches Benehmen Cynric nur ein verächtliches Lächeln. Er wies seine Krieger an, sich ihn vorzunehmen. Dagonet hob seine Keule und bellte die Sachsen an wie ein mächtiges Raubtier, das seine Gegner zum Kampf herausfordert. Schnell kamen die Sachsen im Vertrauen auf ihre zahlenmäßige Überlegenheit näher, um den Kampf mit diesem Verrückten aufzunehmen.

Mit einem breiten Grinsen ließ Dagonet seine Keule aufs Eis krachen, sodass der Schlag von allen Enden des Sees widerhallte. Die Gesichter der sächsischen Angreifer wurden aschfahl vor Angst. Sie wollten einfach nicht glauben, was er vorhatte.

«Unterstützt Dagonet!», rief Arthur seinen Rittern zu.

Augenblicklich schickten Guinevere, Bors und Tristran den Sachsen einen Pfeilhagel entgegen, der an Schnelligkeit und Treffsicherheit kaum zu überbieten war. Hilflos musste Cynric zusehen, wie einer seiner Männer nach dem anderen zusammenbrach. Er war sichtlich wütend darüber, dass seine Männer Dagonet noch immer nicht erreicht hatten, der weiter mit seinem Streitkolben auf das Eis einschlug, wobei ein dämonisches Grinsen seine Züge entstellte. «Tötet diesen Ritter!», schrie Cynric. «Sofort!»

Die wenigen überlebenden Armbrustschützen bei den Sachsen schossen ihre Pfeile ab. Dagonet hatte seine Keule erneut hoch über den Kopf geschwungen, um sie mit all der Kraft und all der Wut, die er im Leib hatte, aufs Eis niederfahren zu lassen. Doch bevor er dazu kam, trafen ihn drei Pfeile in die Brust. Er wankte. Dann jedoch verzog zur Verblüffung der Kämpfer auf beiden Seiten erneut das furchtbare Grinsen sein Gesicht, und noch einmal ließ er die Keule aufs Eis donnern. Gleich darauf wurde er von zwei weiteren Geschossen getroffen und in eine sitzende Position gezwungen. In einem gewaltigen Willensakt richtete sich Dagonet noch einmal auf und hob die Keule. Dieses Mal jedoch begann sein Körper unsicher zu schwanken.

Guinevere, Bors und Tristran schossen, so schnell es ging, und töteten immer mehr Sachsen, doch auch die übrigen sächsischen Armbrustschützen hielten weiter auf Dagonet.

«Lancelot!», schrie Arthur, und Lancelot verstand sofort. Er nahm Arthurs Platz an der Spitze ihrer kleinen Streitmacht ein, während Arthur sich auf seinen verwundeten Freund zubewegte. In schnellem, geducktem Lauf wich Arthur den zahlreichen Geschossen aus, die überall um ihn herum vom Eis abprallten.

Obwohl von fünf Pfeilen getroffen, hielt Dagonet mit all seiner Kraft am Leben fest. Er raffte sich zu einem weiteren Schlag auf und ließ seine Keule genau in dem Augenblick aufs Eis niederkrachen, als die Sachsen ihn erreichten. Sein letzter Schlag zertrümmerte die Oberfläche, und das Eis brach in einem stetig sich erweiternden Muster auf. Dagonet hatte kaum mehr die Kraft, in Richtung seiner Kampfgefährten zurückzutaumeln.

Nun heulte das Eis auf wie ein verletztes Tier, und das Knacken wuchs zu einem donnergleichen Krachen an. Während die Sachsen noch versuchten, umzudrehen und zu flüchten, brach der gefrorene Untergrund auseinander, und sie stürzten schreiend in das eiskalte Wasser. Verzweifelt klammerten sich einige noch an die scharfen Kanten der Eisschollen, wurden aber bald vom Gewicht ihrer Kampfausrüstungen in die schwarzen Tiefen des Sees hinabgezogen. Ein paar andere entkamen mit knapper Not und rannten unter Schreien des Entsetzens ans Ufer.

«Bogenschützen – schneller schießen!», rief Lancelot.

Guinevere, Tristran und Bors verschossen wütend Pfeil um Pfeil auf die zurückweichenden Sachsen, auf diejenigen im Wasser ebenso wie auf die anderen jenseits des nun unüberbrückbaren Risses im Eis. Arthur erreichte Dagonet gerade in dem Moment, als er zusammenbrach. Während er niederkniete und Dagonets Kopf anhob, wurde Arthur von einem Pfeil in die Seite getroffen. Ein kurzer Blick in die Ferne zeigte ihm, dass der Armbrustschütze, der auf ihn geschossen hatte, unmittelbar darauf von einem von Guineveres Pfeilen zur Strecke gebracht wurde. Trotz der stechenden Schmerzen nahm Arthur Dagonet auf seine Schulter und trug ihn wankend zurück zu seiner kleinen Streitmacht.

Hinter Arthur streckten ertrinkende Sachsen die Arme nach gezackten Eisschollen aus, bis ihre tauben, blutigen Finger sie im Stich ließen und sie unter der Wasseroberfläche verschwanden. Andere rutschten unter die große Eisfläche und schlugen verzweifelt dagegen, als sie nicht mehr hochkamen. Ihre untergetauchten Gesichter wirkten durch die Eisschicht wie verzerrte, in Glas gefasste Darstellungen der Todesangst.

Als wäre das Ertrinken nicht schon genug, wurden viele der gegen das Versinken kämpfenden Sachsen auch noch von Pfeilen getroffen, die ununterbrochen in das Wasser um sie herum hinabzischten.

Guineveres Pfeil traf einen der sächsischen Trommler; ein weiterer die Trommel selbst und prallte von ihr nach oben ab, bevor er sich in die Kehle des Trommlers bohrte. Nun lebten nur noch zwei Trommler. Sie warfen angsterfüllte Blicke in Cynrics Richtung und hofften, dass er endlich den Befehl zum Rückzug geben würde. Der nächste Pfeil tötete einen von Cynrics Leibwächtern. Von Angst ergriffen, trat Cynric selbst den Rückzug an. Ein Pfeil schoss geradewegs auf ihn zu, bohrte sich dann jedoch vor seinen Füßen ins Eis. Cynric musste seinen ganzen Willen zusammennehmen, um die Hand zu heben und das Zeichen zum Rückzug zu geben. Erleichtert schlugen die Trommler den entsprechenden Rhythmus. Nun brachen die verstörten Sachsen ihren gefährlichen Vormarsch endgültig ab, wandten sich um und rannten, so schnell sie konnten, zurück, um sich am Ufer in Sicherheit zu bringen. Die beiden Trommler schlossen sich ihnen an, ohne ihre Pflicht zu vernachlässigen. Als einer von ihnen einen Pfeil in den Rücken bekam, fiel er nach vorn auf seine Trommel und zerschmetterte sie, während er seinen letzten Atemzug tat.

Als Lancelot den Rückzug der Sachsen wahrnahm, hob er die Hand. Sofort stellten die anderen das Schießen auf die fliehenden Krieger ein, ließen ihre Bogen fallen und rannten übers Eis, um Arthur bei der Bergung Dagonets zu helfen. Schwankend kämpfte sich ihr verwundeter Anführer mit Dagonet über der Schulter auf sie zu. Als die Ritter und Guinevere bei Arthur ankamen, senkte sich eine gespenstische Stille über sie.

Sanft legte Arthur Dagonet nieder und setzte sich mit schmerzverzerrtem Gesicht neben ihn.

Dagonets Atem kam nur noch stoßweise; aus seinem Mund floss Blut, und seine Augen schienen auf ein Furcht erregendes Bild in weiter, weiter Ferne zu starren. Ohne Hoffnung blickte Arthur zu Guinevere hoch, und sie spürte, wie ihr salzige, beißende Tränen in die Augen stiegen. Lancelot schüttelte traurig den Kopf, und alle wussten, dass sie nichts mehr für ihn tun konnten. Dagonets Blick wanderte umher, bis er Arthurs Augen fand. Er brachte kein Wort heraus, aber Arthur schien es, als flehte Dagonet ihn an. Er hätte am liebsten das Gesicht in die Hände gelegt und geweint, doch gelang es ihm mit großer Anstrengung, den letzten Blick seines alten Freundes zu erwidern.

Bors legte Arthur sanft eine Hand auf die Schulter. Arthur blickte zu ihm auf. Bors hielt ihm sein Schwert hin.

Er deutete mit dem Kopf auf Dagonet und sagte zu Arthur: «Befreie ihn. Du hast es versprochen.»

Das Entsetzen ließ Arthur erbleichen, aber er wusste, dass Bors Recht hatte. Er wusste auch, dass dies die schwierigste Aufgabe war, die er je hatte erfüllen müssen. Er nahm Bors das Schwert ab, beugte sich über Dagonet und flüsterte ihm etwas ins Ohr. Mit einem leichten Lächeln schloss Dagonet die Augen, und mit einem blitzschnellen Hieb durchtrennte Arthur Dagonet die Kehle.

Guinevere weinte nun hemmungslos, ebenso wie Tristran und Galahad. Die anderen wirkten wie versteinert, als hätten sie soeben eines ihrer Gliedmaßen verloren oder ein wichtiges Organ. Lange sprach niemand ein Wort. Nur das Heulen des Windes war zu hören und die ferne Stimme Cynrics, der am Ufer seine sächsischen Krieger wegen ihrer demütigenden Niederlage beschimpfte.

Schließlich flüsterte Bors mit heiserer Stimme: «Jetzt sind wir nur noch sechs. Sechs.»

Fünfzehn

Arthur, Guinevere und die Ritter standen noch lange starr vor Gram bei Dagonets Leichnam. Auch Bors trauerte, doch er hielt den Blick auf das Ufer gerichtet, damit ihm keine noch so kleine Bewegung von Cynrics verringerter Streitmacht entging. Er wusste, welche Schwierigkeit die Sachsen beschäftigte. Die klaffenden Löcher im Eis und die Gegenwart von Arthur und seinen Männern machten es ihnen unmöglich, auf ihrem Weg zum Hadrianswall den zugefrorenen See zu überqueren. Ihre einzige Ausweichmöglichkeit bestand darin, den Rückweg über den tückischen Pfad durch den Wald und über den Kamm des Berges anzutreten. Die Sachsen trugen die Leichen ihrer Gefallenen zusammen und schichteten sie zu drei Scheiterhaufen am Seeufer auf, wobei sie reichlich Holz und trockenes Laub zwischen die Toten legten. Als sie damit fertig waren, zündeten drei Krieger sie mit Hilfe von Lampenöl an.

Sogleich stiegen aus den drei Scheiterhaufen Flammen und dunkler, dichter, beißender Rauch in den Himmel. Die sächsischen Krieger zogen sich in den Wald zurück. Von der anderen Seite des Sees aus wurden sie von den Rittern dabei beobachtet. «All die toten Kämpfer», sagte Gawain bitter, «und ihr Anführer hat trotz ihrer Tapferkeit nicht einmal einen letzten Gruß für sie übrig.»

Galahad schüttelte den Kopf. «Was für ein Mensch behandelt seine Männer so?»

Das Einsammeln der toten Sachsen war so schnell wie

möglich bewerkstelligt worden. Der Boden und die übrig gebliebenen Eisflächen des Sees waren mit Waffen, Helmen und drei zerstörten, blutgetränkten Trommeln übersät.

Arthur stand auf. «Auch für uns ist es an der Zeit weiterzuziehen.»

Guinevere kniete noch immer bei Dagonets Leichnam. Mit roten, geschwollenen Augen schaute sie zu Arthur hoch und fragte leise: «Werden wir ihn hier begraben?»

Entschieden antwortete Lancelot: «Nein. Dagonet ist mit uns aus Badon Hill ausgezogen, und er wird auch mit uns zurückkehren.»

Arthur nickte. «Sein Platz ist bei den anderen Helden.»

Gawain, Galahad, Tristran und Bors wickelten Dagonets Körper in eine Decke und legten ihn sanft über sein Streitross. Guinevere sicherte die Decke mit Stricken. Dann stiegen sie und die Ritter auf ihre Pferde und ließen den See hinter sich, gefolgt von Jols und Horton, der das Lastpferd führte.

Arthur und Guinevere ritten langsam nebeneinander her. Sie sprachen kein Wort. Guinevere konnte die Augen nicht von ihm lassen. Sie wusste, dass Arthurs Verwundung äußerst schmerzhaft sein musste, und doch klagte er nicht. Dagonets Tod war für alle Ritter ein schwerer Schlag; für Arthur aber war er eine der schlimmsten Erfahrungen im Leben.

Tristran und Bors ließen ihre Pferde an Arthurs Seite traben. «Wir müssen wieder vorausreiten, um zu sehen, was uns erwartet», erklärte Tristran.

Bors nickte. «Die Leute vom Dorf kommen zu langsam voran. Die Hauptstreitmacht der Sachsen wird sie einholen.»

«Nein», widersprach Arthur müde, «wir bleiben zusammen.»

«Um sie anzugreifen?», fragte Guinevere.

Arthur schüttelte den Kopf. «Wir sind im Augenblick nicht in der Lage, jemanden anzugreifen.» Sein Pferd trat in eine Vertiefung im Boden und geriet kurz ins Straucheln. Schon bei der kleinsten Erschütterung verzog Arthur vor Schmerz das Gesicht.

Guinevere erschien es unglaublich, dass Arthur nicht gewillt war, die Schlacht an einer anderen Front fortzuführen. «Wir können die Sachsen besiegen», erklärte sie. «Du hast ihren Willen gebrochen!»

«Ich war nicht allein», wandte er ein.

«Du und sechs andere Ritter!»

«Von denen jetzt nur noch fünf am Leben sind …», fügte Arthur mit unendlich traurigem Blick hinzu.

«Was wäre, wenn du hundert hättest?», fragte Guinevere.

«Ich *hatte* mal hundert», erwiderte Arthur. Seine Stimme klang erschöpft. «Nun spuken nur noch ihre Geister über die Insel.»

Diese Antwort machte Guinevere wütend, ohne dass sie hätte sagen können, warum. Sie trieb ihr Pferd an und entfernte sich ein Stück von der Gruppe, um mit ihren Gedanken allein zu sein.

Arthur schaute ihr nach und ließ sich dann zu Tristran und Bors zurückfallen. «Arthur», beschwor Tristran ihn eindringlich, «ich weiß, dass du nicht schon so bald wieder angreifen möchtest, aber wir müssen etwas tun.»

Bors nickte. «Wir könnten unser Kampfverhalten ändern», schlug er vor. «Schneller Angriff, schneller Rückzug.»

Arthur kniff die Augen zusammen. Seine Wunde schmerzte so furchtbar, dass er fürchtete, jeden Augenblick das Bewusstsein zu verlieren. Als die beiden anderen das Blut an Arthurs Seite bemerkten, wechselten sie besorgte Blicke.

«Gut», sagte Arthur mit einem tiefen Seufzer. «Tristran, wir beide bringen sie dazu, dass sie uns jagen. So können wir sie von der Kolonne ablenken.»

Bors warf Tristran einen weiteren besorgten Blick zu. Er wusste, dass Arthur, sollte er ihm unterstellen, für dieses Vorhaben zu schwer verletzt zu sein, erst recht auf der Umsetzung bestehen würde, um nur keine Schwäche zu zeigen. Bors musste seine Worte also mit Bedacht wählen. «Du bist kein Bogenschütze, Arthur», erklärte er. «Diese Sache sollte aus der Entfernung erledigt werden.»

Arthur folgte ihren Blicken und bemerkte das Blut an seiner Seite. Unbeholfen versuchte er es mit der Hand zu verdecken, aber er wusste selbst, dass es dazu längst zu spät war. Ihm war klar, dass Tristran und Bors sich vor allem um seine Sicherheit sorgten, und auch, dass Bors Recht hatte: Arthur erreichte als Bogenschütze bei weitem nicht das Geschick der beiden anderen. Auch ohne die Verwundung wäre er für diese Aufgabe der Falsche.

Missmutig gab Arthur ihnen mit einem Nicken zu verstehen, dass er ihre Einwände anerkannte. «Tötet so viele, wie ihr könnt», sagte er. Und als Bors und Tristran sich umwandten, rief er ihnen nach: «Aber kommt heil wieder!»

«Das werden wir!», rief Bors grinsend zurück, bevor er und Tristran ihre Pferde antrieben und davongaloppierten. Sie überholten Guinevere wie zwei Wirbelwinde, die über den gefrorenen Boden fegten. Tristran winkte ihr zu, bevor sie in der Ferne verschwanden.

Als Guinevere sah, dass Arthur nun allein ritt, galoppierte sie zu ihm zurück. Arthur seufzte, als er sie kommen sah. Er war nicht in der Stimmung für weitere Streitereien. Kaum war sie bei ihm, erklärte er: «Wir müssen die Dorfbewohner einholen.»

Erbittert ritt sie wieder davon. Kaum war sie außer Sichtweite, griff Arthur unter seinen Umhang und riss ein Stück von seinem Hemd ab. Als er den Stoff in seine Wunde schob, schrie er fast auf vor Qual. Er schwankte im Sattel und musste all seinen Willen zusammennehmen, um zu verbergen, wie schwach er war. Nach wenigen Augenblicken, in denen der stechende Schmerz in jeden Teil seines Körpers ausstrahlte, hatte er sich wieder im Griff. Bald schloss er zu der noch immer verärgerten Guinevere auf.

Auf dem Pfad durch den Wald bewegte sich Cerdic an der Spitze der sächsischen Hauptstreitmacht achtsam voran. Geoffrey, sein britischer Kundschafter, suchte wenige Schritte vor ihm den Boden nach Spuren ab. In seiner Wachsamkeit und Unermüdlichkeit erinnerte der Mann Cerdic an einen Jagdhund. Als wollte Geoffrey den Vergleich bestätigen, ließ er sich plötzlich auf alle viere fallen. Cerdic wartete fast darauf, dass er gleich zu schnüffeln beginnen würde, und es wäre keine Überraschung gewesen, hätte er auch noch angefangen, aufgeregt mit dem Schwanz zu wedeln.

An Cerdic gewandt, deutete Geoffrey auf den Weg. «Fußspuren!», rief er. «Sie sind vor uns!»

Geoffrey sprang wieder auf und ging gebückt weiter. Auf ein Handzeichen Cerdics hin folgten ihm seine Krieger den Pfad entlang. Nach einer Biegung teilte sich der Weg. Geoffrey blieb stehen und betrachtete misstrauisch und nachdenklich die Weggabelung. Dann ging er zu Cerdic.

«Die Spuren hören hier auf», erklärte er.

«Was meinst du mit ‹hören hier auf›?», fragte Cerdic. «Sind ihnen plötzlich Flügel gewachsen und sie haben sich in die Lüfte erhoben? Ich weiß, dass diese Ritter bemerkenswerte Wesen sind, aber das …»

Geoffrey war von allzu schlichtem Gemüt, um Cerdics Sarkasmus zu würdigen. «Nein, weggeflogen sind sie ganz bestimmt nicht», meinte er ernsthaft. «Aber etwas stimmt hier nicht.» Er blickte sich um und lauschte, doch außer dem sanften Stöhnen des Windes in den Bäumen war nichts zu hören.

«Vielleicht hat es gar nichts zu bedeuten», fügte Geoffrey hinzu, «aber mir ist das nicht geheuer. Mein Vorschlag ist, dass Ihr hier wartet, während ich den Weg auskundschafte. Sobald ich weiß, dass er sicher ist, komme ich zurück.»

Cerdic nickte ungeduldig. «Gut, dann geh. Aber beeil dich. Und nimm ein paar Krieger mit.»

«Wenn ich das sagen darf, mein Herr – schneller wäre ich allein.»

«Allein wärst du auch hilflos, wenn man dich angreift», erwiderte Cerdic. «Du nimmst Leibwächter mit!»

Geoffrey verbeugte sich leicht. «Ja, mein Herr, ich nehme … einen Mann mit.»

Verärgert deutete Cerdic auf einen seiner Krieger und wies ihn an, Geoffrey zu begleiten. Der Sachse nahm den Befehl entgegen und machte sich daran, den Kundschafter einzuholen, der schon ein gutes Stück voraus war.

Geoffrey bewegte sich so lautlos und vorsichtig wie möglich vorwärts, denn auf Schritt und Tritt vernahm er etwas, das ihn innehalten ließ. Hörte er Blätter rascheln, blieb Geoffrey wie erstarrt stehen. Dann tat der Krieger es ihm gleich und versuchte zu erkennen, ob der Kundschafter irgendwelche Anzeichen von Gefahr entdeckt hatte. Einen

Augenblick später tastete sich Geoffrey weiter voran, dicht gefolgt von dem sächsischen Kämpfer.

Bei einem weiteren kaum hörbaren Laut hielt Geoffrey erneut inne und wandte sich in die Richtung, aus der das Geräusch gekommen war. Im selben Augenblick schwirrte ein Pfeil, der eindeutig ihm zugedacht war, an seiner Schulter vorbei und bohrte sich in die Brust des Kriegers hinter ihm.

Geoffrey ging in die Hocke und blickte sich nervös in alle Richtungen um. Er suchte jeden Baum und jeden Busch nach einer verräterischen Bewegung ab, sah und hörte aber nichts. Es kamen auch keine weiteren Pfeile angeflogen. Schließlich erhob er sich wieder und machte sich auf den Rückweg, um seinem Befehlshaber Bericht zu erstatten.

Aus den Bäumen sahen Bors und Tristran zu, wie Geoffrey dem wütenden Cerdic den hinterhältigen Angriff schilderte. Als die Sachsen schließlich weiterzogen, blieben ihnen die beiden Ritter dicht auf den Fersen. Lautlos bewegten sie sich zwischen den Bäumen vorwärts, in dem stolzen Gefühl, dass das ganze sächsische Heer nun einen unmittelbar bevorstehenden Angriff fürchtete – von zwei einsamen Rittern.

Sie rannten schneller, ließen den Wald hinter sich und hasteten den Berg hinauf. Dort hatten sie in einer kleinen Schlucht ihre Pferde angebunden, weil sie von dem darüber liegenden Kamm aus die feindliche Streitmacht am besten beobachten konnten. Tristran zählte lautlos die Krieger auf dem Weg. «Sieben nebeneinander, dreißig hintereinander», sagte er schließlich.

«Ich würde vor Angst zittern», äußerte Bors grinsend, «wenn ich jetzt ihre Anzahl ausrechnen könnte.»

«Ach», meinte Tristran mit einem Lächeln, «nur ein paar

hundert. Ich wüsste nicht, warum es uns schwer fallen sollte, die paar Leute ein wenig aufzuhalten.»

«Dann los», sagte Bors.

Die beiden Männer hetzten den Hang hinab zu der Stelle, an der sie ihre Pferde versteckt hatten. Bors packte Pfeile aus einem Stück Segeltuch und legte gleich fünf davon auf einmal in seinen Bogen. Tristran sprang auf sein Pferd und lud vier Pfeile in seine Waffe.

Schnell war Bors wieder auf dem höchsten Punkt des Bergkamms und zielte mit seinem Bogen fast senkrecht in den Himmel. Dabei wechselte er einen Blick mit Tristran, der gleichzeitig seinem Pferd die Sporen gab und im Reiten seine Pfeile in die Luft schoss. Dann ließ Bors seine Pfeile abschnellen, legte neue ein und schoss erneut. Tristran galoppierte ständig hin und her und hatte dabei nur eine Beschäftigung – laden, schießen, laden, schießen, immer auf die Wolken zielend.

Unten im Tal zog das sächsische Heer dahin. An seiner Spitze suchte Geoffrey den Horizont ab und blickte sich um, ständig gefasst auf etwaige Gefahren. Er schaute gerade zu dem Bergrücken auf ihrer Rechten hoch, als plötzlich zehn, dann zwölf, dann sechzehn Pfeile mitten in ihrem Zug landeten. Ein Sachse wurde an der Schulter getroffen, ein zweiter im Nacken und ein dritter am Oberschenkel.

«Verteidigung aufbauen! Bereitet den Gegenangriff vor!», befahl Cerdic. Die Trommler schlugen auf die Felle, die Schwertkämpfer zogen ihre Klingen, und die Bogenschützen legten Pfeile ein. Inzwischen hagelten von verschiedenen Stellen des Bergkamms aus Pfeile auf sie herab. Noch immer hatten die Sachsen keinen einzigen Angreifer zu Gesicht bekommen und wussten nicht einmal genau, aus welcher Richtung der Angriff kam.

Hinter dem Kamm des Berges verborgen, schossen Bors und Tristran weiter ihre Pfeile ab. Sie nahmen sich keine Zeit zum Zielen, trafen aber aufgrund der großen Zahl ihrer Pfeile dennoch immer wieder den einen oder anderen Sachsen.

Kochend vor Wut lief Cerdic hinter einer Reihe von Kriegern umher. «Wo sind die Kerle?», fragte er.

Der britische Kundschafter zeigte in eine Richtung. «Genau im Süden», erklärte er, doch noch im selben Augenblick flog ein Pfeil aus nordöstlicher Richtung heran und bohrte sich in die Schulter eines sächsischen Kriegers. Cerdic warf Geoffrey einen vernichtenden Blick zu.

Tristran und Bors setzten ihren Angriff fort und schossen unter wildem Gelächter dutzendweise Pfeile ab. Ihnen schien dies das herrlichste Spiel der Welt, und sie liefen offenbar keinerlei Gefahr, es zu verlieren. Bors schoss weiter von derselben Stelle, während Tristran weiter hin und her ritt und jedes Mal von einer anderen Stelle aus schoss.

Schließlich hatte Bors seine letzten Pfeile verbraucht. Er pfiff Tristran zu, während er zu seinem Pferd rannte. Als er aufsaß, galoppierte Tristran zu ihm, und sie ritten gemeinsam den Hang hinab. Die Sachsen hatten von keinem der beiden auch nur für den kürzesten Augenblick etwas zu sehen bekommen.

Nachdem der Pfeilhagel aufgehört hatte, wappneten sich die Sachsen gegen den nächsten Angriff. Als dieser ausblieb, setzten sie in doppelter Geschwindigkeit ihren Marsch auf dem Pfad fort. «Vorwärts!», trieb Cerdic sie zu einem Angriff auf den «gefährlichen» Kamm an. Doch dort oben fanden sie keine Menschenseele – und keinerlei Anzeichen dafür, dass kürzlich jemand hier gewesen war.

Kopfschüttelnd stand Geoffrey bei den vollkommen verwirrten Kriegern.

«Was soll das denn gewesen sein?», fragte ihn Cerdic. «Ein Geisterheer?»

Geoffrey zuckte nur mit den Achseln, nicht weniger ratlos als die anderen. «Sie müssen sich wohl schon zurückgezogen haben.»

«Ja, das müssen sie wohl!», spottete Cerdic. «Aber welches Heer kann sich so schnell in Luft auflösen?»

Unversehens nahm eine leichte Bewegung die Aufmerksamkeit des britischen Kundschafters gefangen. Er schaute zu der Stelle, wo er sie wahrgenommen hatte, und riss die Augen auf.

«Da drüben!», rief er und deutete auf eine Kuppe in rund hundert Schritt Entfernung. Cerdic und die anderen Sachsen wandten sich in die angezeigte Richtung. Dort standen mit breitem Grinsen Bors und Tristran, ihre Bogen lässig über die Schulter gehängt. Tristran erkannte Geoffrey als seinen Gegenspieler im sächsischen Heer. Soeben erst hatte er ihn im Wald beinahe getötet, doch nun war er seltsam froh darüber, ihn nicht getroffen zu haben. Er nickte ihm zu, und zu seiner Verblüffung nickte Geoffrey zurück und gab Tristran damit zu verstehen, dass er wusste, wer er war. Im Augenblick allerdings fühlte sich Geoffrey alles andere als gleichwertig; vielmehr hatte er das ungute Gefühl, dass sein Gegner mit ihm Katz und Maus spielte.

Cerdic bemerkte nicht, wie sich diese beiden anerkannten Könner auf ihrem Gebiet gegenseitig ihren Respekt bekundeten. Ihm lag nur daran, die beiden lästigen Ritter in seine Gewalt zu bekommen. Er hob die Hand, und die Bogenschützen machten sich bereit. Als Cerdic seine Hand wieder fallen ließ, flogen die Pfeile.

Bors und Tristran beobachteten das alles ruhig und gelassen. Als die Geschosse kamen, drehten sie sich rasch um und rannten in nördliche Richtung. Hinter ihnen landeten Dutzende von Pfeilen – genau dort, wo sie soeben noch gestanden hatten.

Cerdic, mittlerweile außer sich vor Wut, hob drohend die Faust. Seine sächsischen Krieger brüllten los und jagten den beiden Rittern nach. Geoffrey lief mit, obwohl ihm klar war, dass die beiden längst verschwunden sein würden, wenn die Sachsen auf der Kuppe ankamen. Er fragte sich, ob solche Männer überhaupt je zu fangen waren.

Arthur und Guinevere ritten Seite an Seite, als sie den höchsten Punkt des Hügels erreichten, von dem aus sie den Hadrianswall überblicken konnten. Arthur war durch den Blutverlust stark geschwächt, doch der stechende Schmerz in seiner Seite hielt ihn bei Bewusstsein. Er und Guinevere hatten einander nicht viel zu sagen. Einige Stunden zuvor, als sie die Kolonne eingeholt hatten, war sie in den Wagen gestiegen, um Lucan zu trösten, der soeben von Dagonets Tod erfahren hatte. Arthur konnte das Weinen des Jungen durch das Segeltuch des Wagens hören.

Auf dem Hügel angekommen, war Guinevere wieder auf ihr Pferd gestiegen und zu Arthur geritten. Wortlos sahen sie zu, wie der Wagenzug langsam an ihnen vorbeirollte und sich ins Tal hinunterquälte. Auch die übrigen Ritter, die hinter ihnen fächerförmig ausgeschwärmt waren, schlossen sich nun Arthur an und warteten mit ihm zusammen, bis die Kolonne den Hadrianswall erreicht hatte und sich dessen Tore mit einem knarrenden Willkommensgruß öffneten. Sie hatten ihren Auftrag erfolgreich ausgeführt. Die Ritter waren mit Marius' Familie – wenn auch nicht mit Marius selbst – zurückgekehrt, und nun würde Bischof

Germanus keine andere Wahl haben, als ihnen ihre Entlassungspapiere auszuhändigen.

Aus dem Wald kamen Tristran und Bors gemächlich auf ihren Pferden heran, als kehrten sie nur von einem kleinen Ausritt zurück. Sie gesellten sich zu ihren Mitstreitern, froh, dass diese unversehrt ihr Ziel erreicht hatten. Arthur warf ihnen einen fragenden Blick zu; Bors nickte kurz, und Arthur wusste, dass auch sie erfolgreich gewesen waren.

Kaum war die Kolonne durch das Tor, begann auch Arthur mit dem langsamen Abstieg. Die anderen folgten wortlos, und ebenso wortlos näherten sich die Ritter dem weit geöffneten Tor des Hadrianswalls. Wenn sie sonst nach einer erfüllten Mission zurückkamen, waren sie in gehobener Stimmung und wollten feiern; sie lachten aus vollem Hals, sangen vulgäre Lieder und freuten sich darauf, die Nacht mit Trinken und in Frauengesellschaft zu verbringen. Diesmal aber war es anders. Wie unter einer trüben Wolke der Melancholie ritten sie durch das Tor auf die Festung zu. Auch früher hatten sie schon viele, viele Male Freunde im Kampf verloren, aber Dagonet hätte ohne die Winkelzüge des Bischofs längst frei sein müssen, und so erschien sein Tod ihnen ganz besonders sinnlos. Die Ritter ließen für einen Moment den Gedanken zu, dass auch ihr eigenes Leben sinnlos sein könnte.

Sie kamen durch die Ansiedlung und in die Festung. Als sie absaßen und ein weiteres Mal Jols die Zügel übergaben, beobachteten sie die Dorfbewohner, die aus ihren Karren kletterten oder von den Pferden stiegen. Arthur blieb nicht verborgen, wie beeindruckt sie von ihrem Umfeld waren. Selbst Marius' Landgut war nicht annähernd so imposant wie der Hadrianswall und das mächtige Kastell, das zu seiner Verteidigung errichtet worden war.

Auch die Söldner saßen ab und warteten in Formation auf weitere Befehle.

Als Lucan mit Guineveres Hilfe aus dem Karren stieg, sah er Dagonets Leichnam über seinem Streitross liegen. Der Junge versuchte, ein Schluchzen zu unterdrücken. Er ging hinüber und nahm zärtlich die Hand des großen Mannes, um sie sich ans Gesicht zu drücken, während er die ganze Zeit bitterlich weinte. Guinevere legte ihm einen Arm um die Schultern und tröstete ihn, so gut sie konnte, doch sie stieß dabei an ihre Grenzen.

Bischof Germanus kam aus seiner – oder genauer aus Arthurs – Unterkunft lächelnd und mit ausgebreiteten Armen auf die Ritter zu. Doch niemand schien seine Begeisterung teilen zu wollen.

Arthur fiel auf, dass Fulcinia in dem Augenblick, in dem sie Germanus erkannte, die Arme schützend um Alecto schlang. Sie legte offenbar keinerlei Wert darauf, von Germanus umarmt zu werden, noch wollte sie, dass der Bischof ihren Sohn anrührte.

«Fulcinia!», rief er voller Begeisterung. «Seid willkommen!» Er strahlte den Jungen an und klopfte ihm herzlich auf die Schulter. «Alecto! Wir freuen uns alle, dich hier zu sehen. Was für ein feiner Mann du geworden bist!» Alecto erwiderte seinen Blick leidenschaftslos und schweigend, und Fulcinia drückte ihn fester an sich.

Germanus ließ den Blick über die Ankömmlinge schweifen und setzte eine besorgte Miene auf. «Aber wo ist denn Euer lieber Ehemann?», fragte er Fulcinia.

«Marius ist tot», erklärte sie dem Bischof und versuchte, ihrer Stimme den Klang von Traurigkeit zu geben, bevor sich ihr Gesicht plötzlich aufhellte und sie hinzufügte: «Doch Alecto hat überlebt!»

Germanus lächelte voller Glück und sagte: «Gelobt sei Jesus Christus! Ihr habt gegen alle Heerscharen Satans triumphiert!»

In seiner Genugtuung über den Ausgang der Mission bemerkte Germanus nichts von der gedrückten Stimmung der Ritter. Er winkte einen römischen Wachtposten herbei, der ihm ein Futteral mit Papieren brachte, die von einer Schnur zusammengehalten wurden. Stolz überreichte der Bischof Arthur das Bündel. «Hier, große Ritter», erklärte er feierlich, «sind eure Papiere, die euch freies Geleit durch das gesamte Römische Reich zusichern.»

Ohne auch nur einen Blick darauf zu werfen, reichte Arthur die Unterlagen an Lancelot weiter. Dieser verteilte sie und gab dabei Bors nicht nur das für ihn bestimmte Schreiben, sondern auch das für seinen besten Freund Dagonet.

Bors schaute erst die Papiere und dann Germanus an. «Dagonet weiß ganz bestimmt zu würdigen, dass er endlich frei ist», sagte er. Germanus, entrüstet über diese Unverschämtheit, warf Bors einen finsteren Blick zu, äußerte aber nichts.

Bei Sonnenuntergang kamen die Ritter auf dem niedrig umzäumten Friedhof zusammen. Rundum lagen Hunderte von Grabhügeln – einige mit einem verrosteten, bis zum Heft in die Erde gerammten Schwert, andere dagegen mit einer neueren Klinge, die wirkte, als wäre sie erst am Vortag hineingesteckt worden.

Schweigend standen Arthur, Guinevere und die übrigen Ritter an Dagonets Grab. Sie hatten es selbst ausgehoben, und nun half jeder der Männer mit bloßen Händen, es wieder mit Erde zu füllen. Als dies getan war, schlug Arthur Dagonets Schwert in den Grund, auch wenn der Schmerz in seiner Seite ihn bei jedem einzelnen Schlag zusammenzucken ließ. Obwohl die Pfeilspitze entfernt worden war, schmerzte die offene Wunde noch bei jeder Bewegung. Als Arthur fertig war, ragte nur noch das kunstvoll verzierte Heft des Schwertes aus dem Boden.

Die Ritter blickten einander wortlos an. Lucan kam zum Grabhügel gelaufen. Eine Decke um die zitternden Schultern gelegt, versuchte er tapfer, die Tränen zu unterdrücken.

Schließlich trat Gawain vor und sagte stockend: «Er war kein Mann vieler Worte, aber … in seinem Leben und durch seine Taten sprach er, wie ein Fluss fließt … stark, tief, klar, endlos.»

Bors fügte leise hinzu: «Ruh dich aus, alter Freund. Wir werden bald wieder zusammen reiten.»

Tristran kniete neben dem Grab nieder und erklärte: «Jetzt dienst du in einer wahrhaft stolzen Streitmacht, im Heer der Helden.»

Arthur wandte sich um und ging weg, um Lucan und den Rittern Zeit zu geben, sich von ihrem Freund zu verabschieden. Guinevere beobachtete ihn. Als er in der Dunkelheit verschwand, folgte sie ihm.

Sie fand ihn schließlich in einer einsamen Ecke des Friedhofs. Er saß sehr still auf dem Boden und starrte einen Grabhügel an, der nicht mit einem Schwert markiert war. Behutsam trat Guinevere näher. Sie wollte ihn in seiner Andacht nicht stören, doch dieser Mann machte sie viel zu neugierig, als dass sie ihm hätte fernbleiben können.

«Ein Grab ohne Schwert», sagte sie leise und setzte sich neben ihn.

«Mein Vater wollte für den Fall, dass er auf dieser Insel sterben sollte, bei seinen Rittern begraben werden», erklärte Arthur. «Und nun trage ich sein Schwert.»

«Ist er im Kampf gestorben?», fragte Guinevere, obwohl sie sich die Antwort denken konnte.

«Was wirst du jetzt tun, nachdem deine Dienstzeit vorüber ist?», erkundigte sie sich weiter. «Willst du hier bleiben? Oder nach Rom gehen?»

Arthur schüttelte den Kopf. «Hier? Hier gibt es nichts mehr für mich. Hier gibt es nur noch Gräber.»

«Ich verstehe, dass du das glaubst», entgegnete Guinevere, «doch ich denke, du irrst. Du hast hier noch immer das, was du zusammen mit deinen Rittern vollbracht hast. Ihr habt eure Taten und eure Erinnerungen.»

Schmerz lag in Arthurs Blick, als er erwiderte: «Was haben wir denn schon getan? Wir haben Krieg geführt, um ein ‹Rom› zu verteidigen, das es so gar nicht gibt.»

Guinevere zeigte auf die Festung und sagte: «Ihr habt all diese Menschen gerettet, obwohl ihr das nicht hättet tun müssen.»

Hinter Arthurs grimmigen Worten steckten auch Ratlosigkeit und Verwirrung. «So viele tot … Dagonet … Pelagius … und wozu das alles?»

Guinevere schwieg.

«Nach all den Jahren», fuhr Arthur fort, «bin ich immer noch erstaunt über die Grausamkeit unserer Zeit.»

«Wir beide werden niemals zu den sanftmütigen Menschen gehören, wie sie in der Dichtung leben», erklärte Guinevere. «Wir sind von unserer Zeit zugleich gesegnet und verflucht.»

Er schaute sie an. Der Himmel hatte die kräftigen Schattierungen der untergehenden Sonne angenommen. Arthur beugte sich zu ihr, bis er ihren Atem auf seinem Gesicht spürte.

«Was fürchtest du, Arthur?», fragte sie.

«Fürchten?» Die Frage verwirrte ihn.

«Ich meine nicht deine Furcht als Soldat oder als Römer. Ich meine, wovor fürchtest du dich … als Mann?»

Arthur dachte einen Moment nach. Dann blickte er sie an und erklärte: «Töten ohne Ehre … oder ohne Grund.»

Guinevere nickte. «Du bist wie dieses Land. Brite mit einem Vater in Roms Diensten. Dieser Ort, Arthur, dieses Land ist der letzte Vorposten dessen, was dir am meisten bedeutet. Welche Ehre oder welcher Grund auch immer in dieser Welt noch vorhanden sein möge … du findest es hier.»

Eingehend betrachtete Arthur ihr tapferes, schönes Gesicht, während er ihre Worte in sich aufnahm. Sanft berührte Guineveres Hand seine Wange. Nach so viel Grausamkeit und Tod stieg in den beiden eine fast unerträgliche Zärtlichkeit auf, und beider Herzen sehnten sich nach mehr. Zugleich aber erkannten sie, dass dafür momentan weder der richtige Zeitpunkt war noch dies der geeignete Ort. Arthur wandte sich ab, und Guinevere stand auf und ging. Als sie hundert Fuß entfernt war, drehte sie sich noch einmal zu ihm um. Arthur saß noch immer still und allein am Grab seines Vaters.

Sechzehn

Cerdics Truppen lagerten unweit eines brennenden Dorfes am Waldrand, etwa eine Meile nördlich des Hadrianswalls. Seine Krieger hatten die Dorfbewohner zusammengetrieben und trafen nun wie gewohnt ihre Auswahl: Sie entschieden, welche Männer sie in ihr Heer zwingen und welche Frauen und Kinder sie vor den gequälten Augen ihrer Männer und Väter abschlachten wollten. Cerdic, der gewöhnlich die Grausamkeiten mit dem größten Genuss verfolgte, wirkte diesmal eher abwesend. Finstere Gedanken gingen ihm durch den Kopf – Gedanken an Arthur und seine Ritter und an seinen missratenen Sohn. Er hätte es besser wissen sollen, warf er sich vor, und sich auch nicht die kleinste Hoffnung machen dürfen, dass Cynric aus dem Kampf mit Arthur als Sieger hervorgehen würde. Zumindest aber hätte der unfähige junge Mann ihm den Gefallen tun können, in der Schlacht ums Leben zu kommen, denn dann hätte Cerdic sich wenigstens einreden können, dass sein Sohn nicht vollkommen nutzlos gewesen war.

Zu seinem Kummer aber hatte Cerdic nur wenige Stunden zuvor erfahren, dass Cynric weder den Kampf gewonnen hatte noch dabei gefallen war. Ein sächsischer Kundschafter war in Cerdics Lager galoppiert und atemlos zu seinem Befehlshaber gerannt, um ihm Bericht zu erstatten.

«Ich bringe Nachrichten von den Fußsoldaten unter Cynrics Befehl, Herr.»

«Rede schon», forderte Cerdic mit einer ungeduldigen Handbewegung.

Der Bote zögerte; er wusste, dass das, was er zu sagen hatte, Cerdics Laune nicht gerade heben würde. Dann schluckte er und stieß hervor: «Cynrics Truppen haben mit den sarmatischen Reitern auf dem zugefrorenen See am Fuß der Berge von Mourne gekämpft.» Darauf hielt der Kundschafter in der Hoffnung inne, genug gesagt zu haben.

Cerdic aber war dunkelrot vor Zorn. «Und?», fragte er. «Haben die Sachsen gesiegt?»

Der Bote versuchte den wütenden Blicken seines Anführers auszuweichen. «Nein, Herr.»

Cerdic setzte sich, die Hände zu Fäusten geballt. «Wie groß war die sarmatische Streitmacht?», wollte er schließlich wissen.

«Es waren sieben.»

Mit offenem Mund fragte Cerdic nach: «Siebenhundert meinst du wohl?»

Der Kundschafter war nun noch unruhiger aus zuvor. «Nein, Herr», berichtigte er, «sieben.» Dann hellte sich seine Miene etwas auf, und er fügte hinzu: «... und zwei Diener. Und ein Mädchen.»

Das war zu viel. «Ein Mädchen?», platzte es aus Cerdic heraus, und er sprang auf. «Sieben Sarmaten und ein Mädchen?!?»

Der Bote schwieg; er wollte nur noch, dass die Befragung möglichst bald vorüber war.

Cerdic setzte sich wieder. Er war fassungslos. Schließlich fragte er: «Wie viele Krieger haben wir verloren?»

«Das ist schwer zu sagen», druckste der Kundschafter herum. «Es waren drei Scheiterhaufen. Aber viele sind ertrunken, als das Eis auf dem See einbrach.»

Cerdics Augen glühten vor Zorn. «Wie viele?», wiederholte er drohend.

Der Bote schluckte noch einmal und erklärte dann: «Es könnten, es müssten etwa … einhundertfünfzig gewesen sein.»

Er befürchtete, dass Cerdic gleich erneut die Fassung verlieren würde, und er täuschte sich nicht. Cerdic geriet außer sich und packte den Überbringer der schlechten Nachricht an der Kehle. «Bist du sicher?», knurrte er. «Bist du auch ganz sicher, dass es mehr als die Hälfte von Cynrics Truppen waren?»

«Ganz sicher», bekräftigte der Bote, der versuchte, ruhig zu bleiben, während er verzweifelt nach Luft schnappte.

Unvermittelt ließ Cerdic ihn los. In ruhigerem, aber nicht minder drohendem Ton fragte er weiter: «Und was ist mit Cynric?»

Der Kundschafter entspannte sich ein wenig, glücklich darüber, seinem wütenden Anführer wenigstens in dieser Sache gute Nachrichten bringen zu können. «Cynric ist in Sicherheit, mein Herr.»

«In Sicherheit?»

Der Mann lächelte nun beinahe. «In seiner Weisheit», erläuterte er, «hat Cynric seine Befehle weit hinter der Kampflinie ausgegeben. Er blieb vollkommen unverletzt.»

Cerdic funkelte den Boten an und sagte mit erstickter Stimme: «Geh mir aus den Augen.»

Der Kundschafter war so erschrocken, dass er wie angewurzelt stehen blieb.

«Geh mir aus den Augen!», wiederholte Cerdic. «Oder ich bringe dich eigenhändig um!»

Das war deutlich genug. Der Bote wandte sich unverzüglich um, rannte zu seinem Pferd, sprang auf und galoppierte zu Cynric zurück.

Cerdic war fast blind vor Wut. Er stellte sich vor, wie sein jämmerlicher Abkömmling die Schlacht feige aus dem Hintergrund verfolgte und seine große Streitmacht von sieben sarmatischen Rittern geschlagen wurde … von sieben Rittern und einem Mädchen. Hätte Cynric sich als Tyrann, Folterer, Dieb oder Vergewaltiger erwiesen, hätte sich Cerdic weit weniger entsetzt, aber der Gedanke, dass sein Sohn ein Feigling war, machte ihn krank. Seine Feigheit sagte nicht nur etwas über Cynrics Charakter aus; sie befleckte auch Cerdics Ruf. Und diese Schande musste um jeden Preis beseitigt werden.

Der Tag neigte sich seinem Ende zu, als Cynric an der Spitze seiner geschlagenen Truppe im Lager ankam.

Die Krieger wirkten erschöpft und gedemütigt. Noch immer wütend, stürmte Cerdic ihnen entgegen und baute sich vor seinem Sohn auf. Cynric hatte gewusst, dass sein Vater für diese Niederlage kein Verständnis aufbringen würde; auf den Zorn, der nun aus Cerdics Miene sprach, war er nicht gefasst.

Cynric verbeugte sich respektvoll vor seinem Vater und zog seinen Dolch, um ihn sich symbolisch an die Kehle zu halten.

«Ich bin bereit, meine Schande zu sühnen, mein Vater», erklärte er in der Hoffnung, damit seinen Mut unter Beweis zu stellen. «Ich habe es nicht besser verdient.»

Vater und Sohn starrten einander finster an. Cynric hatte keinen Augenblick daran geglaubt, dass sein Vater sein Angebot, Selbstmord zu begehen, annehmen würde, doch als er nun das ganze Ausmaß von Cerdics Wut erkannte, war er sich nicht mehr so sicher.

Mit einer Stimme, aus der reine Verachtung sprach, erwiderte Cerdic: «Wenn du nicht würdig bist, zu führen, bist du auch nicht würdig zu sterben!»

Unvermittelt riss Cerdic seinem Sohn den Dolch aus der Hand und fuhr ihm mit zwei wütenden Hieben quer übers Gesicht. Die klaffende X-förmige Wunde zog sich von Cynrics Stirn bis zu seinem Kinn.

Cynric schrie entsetzt auf und drohte in die Knie zu sinken, doch Cerdic packte ihn an der Schulter und hielt ihn fest, um ihn zu zwingen, den Schmerz und die Demütigung zu ertragen. Ohne zu denken, entriss Cynric seinem Vater den Dolch und hielt ihn Cerdic an die Kehle. Cerdic stand ebenso reglos wie gelassen da und wartete voller Verachtung ab. Durch einen blutigen Vorhang sah Cynric, wie sein Vater ihn herausfordernd und mit unverhülltem Spott musterte.

Cerdics Blick ließ Cynric erstarren. Er konnte seinen Vater ebenso wenig töten wie wenige Augenblicke zuvor sich selbst, und das Wissen um seine eigene Ohnmacht verstärkte seine Erniedrigung – und die Verachtung, die sein Vater ihm entgegenbrachte – noch mehr.

Vollkommen ruhig nahm Cerdic ihm den Dolch wieder ab, und Cynric sank zu Boden, wo er, vor Schmerz und Scham wimmernd, die Hände vor das blutende Gesicht legte.

Cerdic wandte sich an einen seiner Stellvertreter und erklärte so laut, dass alle es hören konnten: «Du bist jetzt mehr mein Sohn als der da.» Er reichte ihm den blutigen Dolch, und der Stellvertreter verbeugte sich vor seinem Anführer. Dann warf Cerdic einen Blick auf den Hadrianswall in der Ferne. Er war nun nicht mehr Vater, sondern nur noch der Führer seiner Truppen und richtete seine Aufmerksamkeit allein auf die bevorstehenden Aufgaben. Als er sich bereitmachte, um seinen Truppen die Befehle zu erteilen, hatte er keinen einzigen Blick mehr für den jungen Mann, der sich laut wimmernd in einer Blutlache am Boden wand.

In knappen Worten erklärte er seinem Stellvertreter: «Bevor wir in den Kampf gehen, müssen wir ihnen einen Vorgeschmack dessen bieten, was auf sie zukommt, wenn sie sich entschließen, zu bleiben und zu kämpfen.»

Der Angesprochene hörte sehr genau zu und tat sein Bestes, um Cynrics Schreie zu überhören – und nicht darüber nachzudenken, welche Folgen es haben konnte, von Cerdic als «Sohn» betrachtet zu werden.

Die Sonne war längst hinter dem Hügel westlich des Kastells untergegangen. Arthur saß allein in seinem Zimmer. Viele seiner kostbaren Bücher waren verschwunden, und das zerbrochene Bildnis des Pelagius war durch eine Darstellung des Papstes ersetzt worden. Traurig betrachtete Arthur die Bruchstücke der Tontafel, die noch immer in der Ecke lagen, in die Germanus sie in seinem Zorn geschleudert hatte. Es fiel ihm schwer, sich damit abzufinden, dass er nie mehr die Gesellschaft seines Freundes und Mentors genießen, nie mehr mit ihm sprechen und nie mehr von ihm lernen würde. Seufzend ging er in die Ecke hinüber, als Alecto hereinkam und zusah, wie Arthur die Scherben behutsam aufnahm und auf den hölzernen Tisch neben seinem Bett legte.

Arthur spürte Alectos Anwesenheit und begrüßte ihn.

«Ich möchte Euch dafür danken, dass Ihr mich gerettet habt», sagte Alecto schließlich. «Mich und meine Mutter … und all die anderen.»

Arthur setzte sich aufs Bett und versuchte, die Scherben

wieder zusammenzusetzen. «Du hast keinen Grund, mir zu danken», erklärte er. «Wir brauchten dich lediglich auf unserem Weg in die Freiheit, mehr nicht.»

Alecto lächelte ein wenig und erwiderte: «Es wäre wohl recht schwierig für Euch und Eure Ritter geworden, Eure Freiheit zu genießen, wenn Ihr für uns Euer Leben geopfert hättet.»

Mit nur einer kleinen Spur Zweideutigkeit in der Stimme entgegnete Arthur: «Mit seinem freien Willen ist der Mensch in der Lage, sein Schicksal zu wählen.»

Alecto sah zum Fenster; er wusste nicht, was er darauf sagen sollte. Mit einem Blick auf das zerbrochene Bildnis bemerkte er: «Es tut mir Leid um Euren Freund. Das wäre alles nicht geschehen, wenn Ihr Euch nicht um unsere Rettung bemüht hättet.»

«Dagonet war ein tapferer Mann», setzte Arthur ruhig an. «Und ein guter Mann.» Dann schaute er zu dem Jungen hinüber. «Und jetzt ist es für uns alle an der Zeit, tapfer zu sein, und für dich, nach Hause und zu deinem Schicksal zurückzukehren.»

Alecto setzte sich neben Arthur auf das Bett. «Mein Schicksal», seufzte er. «Ich fürchte mich vor der Welt, die mich erwartet.»

«Dann ändere sie!», forderte Arthur ihn auf. «Dagonet hat tapfer für uns alle gekämpft, aber nicht jeder Kampf wird auf dem Schlachtfeld ausgetragen. Pelagius hat seinen eigenen Kampf geführt und ist dabei gefallen. Dein Kampf findet in Rom statt, und ich hoffe, dass es dir dabei besser ergeht als all meinen Freunden.»

In diesem Augenblick betrat Bischof Germanus den Raum, gefolgt von Fulcinia und einem römischen Wachtposten. Der Bischof erstarrte, als er das zerbrochene Bildnis des Pelagius auf Arthurs Tisch sah. Arthur, der gerade ein Stück davon in der Hand hielt, schaute Germanus ausdruckslos an.

Seine Worte mit Bedacht wählend, sagte der Bischof: «Wie ich sehe, hat der Junge dir schon davon erzählt.»

Arthur warf ihm einen düsteren Blick zu, erwiderte jedoch nichts.

«Pelagius' Tod war äußerst bedauernswert», fuhr Germanus fort. «Ich beschloss, dich nicht darüber zu unterrichten, bevor du auf deine Mission gegangen bist, denn ich fürchtete, dass deine tiefe Zuneigung zu ihm dich womöglich davon abhalten würde –»

Mit einem Mal sprang Arthur auf den Bischof zu und hielt ihm die Spitze seines Schwertes an die Kehle. Germanus war empört, doch hatte er auch Angst. Er wusste, was Arthur für Pelagius empfunden hatte. Er wollte einen Schritt zurücktreten, doch die Wand hinderte ihn daran. «Wie kannst du es wagen!», stieß er mit erstickter, zorniger Stimme hervor. «Zieh dein Schwert zurück, oder du wirst dich dafür verantworten müssen!»

Arthur aber hielt Germanus weiter mit einem wahrhaft mörderischen Blick das Schwert an den Adamsapfel, während Germanus zu dem römischen Wachtposten hinüberkrächzte: «Entwaffne ihn auf der Stelle!»

Der Legionär tat nichts dergleichen. Germanus schaute zu Fulcinia hinüber, in der Hoffnung, dass vielleicht sie ihm zu Hilfe kommen würde. Wortlos schloss sie die Tür, damit draußen niemand etwas bemerkte. Alecto lächelte und verfolgte die Szene mit einer Mischung aus Gespanntheit und Belustigung. In Germanus' Augen stand blankes Entsetzen; ihm war nun klar, dass alle Anwesenden hinter Arthur standen und er keinerlei Unterstützung erhoffen konnte.

«Der Heilige Vater wird davon erfahren», drohte Germanus wenig überzeugend.

«Allerdings, das wird er», bekräftigte Alecto. «Mein Onkel, der Papst, wird sogar noch viel mehr erfahren.»

Bischof Germanus betrachtete den Jungen mit einem Blick, der tiefe Enttäuschung verriet. «Mein lieber Alecto», sagte er ungläubig, «vergiss nicht, dass man mich zu deinem Vormund berufen hat.»

«Hat man das?», fragte Alecto. «Oder habt Ihr Euch selbst dazu berufen?»

Germanus wusste, wann es besser war, zu schweigen.

«Lassen wir meinen Onkel darüber entscheiden, nachdem er die Wahrheit erfahren hat», meinte Alecto.

Fulcinia schloss die Augen, als wollte sie «Gott sei Dank» sagen. Arthur starrte nach wie vor unverwandt den Bischof an. Es drängte ihn dazu, Germanus sein Schwert durch die Kehle zu stoßen und zuzusehen, wie er sich im Todeskampf auf dem Boden krümmte, während das Blut aus seinem Körper lief.

Doch dann gewann Arthur seine Ruhe wieder. «Ich habe bisher nur im Kampf getötet», erklärte er. «Und ich habe nur tapfere Soldaten getötet, die für ihren Glauben oder ihr Land kämpften.» Er ließ Excaliburs Spitze zu Boden sinken. «Aber du», setzte Arthur mit abgrundtiefer Verachtung fort, «du bist es nicht einmal wert, mit ihnen auf einer Stufe zu stehen. Ich werde mein Schwert nicht mit deinem dreckigen Blut beflecken.»

Mit diesen Worten verließ Arthur den Raum. Die anderen sahen ihm einen Augenblick lang schweigend nach, bevor auch Alecto und Fulcinia gingen, dicht gefolgt von dem römischen Soldaten. Bischof Germanus stand mit dem Rücken an der Wand; tief atmend rang er um Fassung, bevor auch er sich mit einem letzten verbitterten Blick auf Pelagius' Bildnis aus dem Zimmer entfernte.

Ziellos wanderte Arthur am Festungswall entlang, um seine Gedanken in der kalten Nachtluft zu klären. Als er um eine Ecke bog, entdeckte er an einer Brustwehr Guinevere, die ihren Blick über den Wald südlich des Walls schweifen ließ. Sie sah, was andere nicht sehen konnten: Das Heer der Pikten war eingetroffen. Sie musste unwillkürlich lächeln, und mit einem Mal dachte sie an zu Hause und an ihre Familie. Und an ihren Vater …

Arthur stand einen Augenblick neben ihr, schaute ebenfalls zum Wald hinüber – und sah nichts als den Wald. Schließlich sagte er: «Wenn wir morgen wegziehen, werden die letzten römischen Legionen bereits fort sein. Du musst mit uns kommen. Nur so bist du sicher.»

Guinevere richtete ihren Blick auf Arthur. In der reinen Luft hatte ihr Gesicht Farbe angenommen, und ihre Augen leuchteten. Arthur spürte, dass sie mit ihren Gedanken beschäftigt war. Er erwartete, dass sie widersprechen oder einen Gegenvorschlag machen oder einfach um des Streitens willen mit ihm streiten würde, so wie er es von ihr kannte. Ihre nächste Frage aber kam für ihn völlig unerwartet.

«Was ist der Tod, Arthur? Wo gehe ich hin nach dieser kurzen Zeitspanne, die ich mein Leben genannt habe?»

«Warum stellst du mir solch eine Frage?»

«Du bist doch Christ», erwiderte Guinevere. «Ich dachte, du müsstest dich in solchen Fragen auskennen.»

Arthur ließ den Blick in die Ferne schweifen. «Ich weiß auch nur, was mir erzählt wurde … und zwar von denen, die mich mein ganzes Leben lang angelogen haben.»

«Was? Du willst mir keine Märchen vom ewigen Leben

erzählen?», sagte Guinevere mit einem fast verzweifelten Unterton.

Arthur schaute sie an. In diesem Augenblick war sie keine Furcht erregende Bogenschützin und keine tapfere Kriegerin mehr, sondern nur eine junge Frau, die fürchtete, bald sterben zu müssen.

«Du wirst nicht morgen sterben», sagte er sanft. «Du musst nicht einmal kämpfen. Und das weißt du, oder?»

Sie schüttelte den Kopf und versuchte, ihre Tränen zu unterdrücken. «Du irrst dich», entgegnete sie. «Ich muss kämpfen.»

«Warum?», fragte Arthur. «Das alles ist doch nicht dein Kampf und nicht dein Volk.»

«Aber mein Volk ist trotzdem hier», erwiderte Guinevere und deutete auf den Wald. Arthur aber konnte in dieser Richtung noch immer nichts Ungewöhnliches erkennen.

«Ich bin das letzte Mitglied einer mächtigen Familie und die erste Frau meines Volkes», erklärte Guinevere. «Ich bin zum Führen bestimmt, und ich muss kämpfen. Und deshalb *werde* ich kämpfen. Mein Vater wird, falls er noch am Leben ist, bei Tagesanbruch hier sein.»

Arthur starrte sie verblüfft an. «Dein Vater? Wovon redest du?»

Guinevere nickte. «Mein Vater», sagte sie leise, «ist dein größter Feind ...»

Arthur wusste sofort, von wem sie sprach. Mit einem Mal erkannte er sogar die Züge des Anführers der Pikten in Guineveres Gesicht, und er fragte sich, wie er diese Ähnlichkeit so lange hatte übersehen können.

«Merlin ...», flüsterte er.

Guinevere schenkte ihm nur ein trauriges Lächeln.

Arthur ließ sich von der Neuigkeit weder überraschen,

noch wurde er wütend. Was ihn in diesem Augenblick am meisten beschäftigte, war nicht so sehr die Tatsache, dass Guinevere Merlins Tochter war, sondern das, was Merlin in jener denkwürdigen Nacht in der geheimnisvollen Grotte zu ihm gesagt hatte. War Guineveres Volk auch sein Volk?

Guinevere strich mit ihren Fingern sanft über Arthurs Gesicht. «Ich kann dein Gesicht berühren. Das ist das größte Geschenk, mit dem die Götter mich bedacht haben – eine Nacht, in der ich dich berühren darf.»

Sie nahm seine Hand und legte sie an ihre Wange. Als Arthur ihr tief in die Augen schaute, führte sie seine Hand zu ihrem Herzen weiter. Er spürte es unter ihrer Brust schlagen, spürte, wie sein Rhythmus sich beschleunigte, wie Kriegstrommeln, die ihn zum Handeln drängten. Arthur nahm Guinevere an der Hand und führte sie durch den langen Korridor zu seinem Zimmer.

Ohne ein Wort zu verlieren, liebten sie sich auf Arthurs hartem Lager, während die erlöschende Glut des Feuers ihre nackten Körper in einen warmen goldenen Lichtschein tauchte. Sie fielen nicht gierig übereinander her, als wäre eine lange unterdrückte Leidenschaft mit einem Mal aufgeflammt; stattdessen hielten Arthur und Guinevere einander zärtlich im Arm, als hätte jeder von ihnen soeben den einzig möglichen Ort der Sicherheit, des Friedens und der Schönheit in der Welt gefunden. Arthur beugte sich über sie und genoss jeden freudigen Schauder wie seinen letzten Atemzug oder seinen letzten Schluck Wein. Guinevere lag auf dem Rücken, ihr Haar um den Kopf ausgebreitet wie ein dunkler, verzauberter See. Während ihrer langsamen, rhythmischen Bewegungen erforschten ihre Hände seinen Körper, und ihre Finger fuhren die Schwertnarben nach, die sich wie eine Landkarte aus Gewalt, Schmerz und

Verrat kreuz und quer über seinen Rücken zogen. Als sie sich dem Höhepunkt näherte, von dem sie bereits spürte, dass er ein unbeschreiblicher Augenblick vollkommenen Glücks sein würde, schwor sie sich, Arthur zu beschützen, so gut sie konnte, und an seiner Seite zu sterben, falls ihr das Schicksal dies für den nächsten Tag bestimmt haben sollte.

Danach lagen sie schweigend da, eingehüllt in die tröstliche Wärme ihrer Umarmung. Guinevere suchte alles zu vergessen, was diesen Augenblick des Friedens und der Harmonie störte, doch es gelang ihr nicht. Unwillkürlich drängten sich ihr beunruhigende Bilder auf, von denen sie wusste, dass ihr Vater sie schickte. In ihrer Vision sah und hörte Guinevere Pikten, die sich im Wald auf die bevorstehende Schlacht vorbereiteten. Sie tanzten zum eindringlichen Schlag ihrer Kriegstrommeln, trugen ihre verschlungene Tarnbemalung auf die Haut auf, schärften ihre Klingen und spannten ihre Bogen. Merlin … *Vater* … sah ihnen ruhig zu, denn er wusste, dass sein Volk triumphieren würde, was auch immer geschehen mochte. Über die Meilen, die zwischen ihnen lagen, grüßte er seine Tochter und versprach ihr, dass sie einander am nächsten Tag begegnen würden.

Als die letzte Glut des Feuers erstarb, sanken Guinevere und Arthur in einen tiefen Schlaf. Doch unvermittelt wurden sie durch lautes Gehämmer an Arthurs Tür geweckt. Arthur sprang auf, griff nach Excalibur und öffnete.

Im Flur stand aufgeregt der Knappe Jols. «Arthur», rief er, «die Sachsen! Ihr müsst sofort zum Wall kommen!»

Arthur und Guinevere zogen sich hastig an, rannten durch den Gang und dann die Stufen zum Festungswall hinauf. Von dort aus beobachteten die Besatzung des Kastells, die Ritter und die Söldner ebenso gebannt wie entsetzt ein riesiges flammendes Kreuz, das die Sachsen auf dem dunklen Feld hinter dem Wall errichtet und angezündet hatten. Keiner von ihnen hatte so etwas je zuvor gesehen, aber alle wussten, was es zu bedeuten hatte. Die Sachsen versprachen ihren Gegnern die vollständige Vernichtung.

Bischof Germanus kam als Letzter auf dem Wall an. Als er das brennende Kreuz sah, schüttelte er verzweifelt den Kopf. «Ein gottverlassener Ort ist das», erklärte er. «Wirklich nichts für Römer.»

Spöttisch entgegnete Lancelot: «Das ist nicht Euer Kampf, ebenso wenig wie unserer.» Dann wandte er sich Arthur zu. «Wir sind bereit zum Abmarsch.»

Arthur aber konnte den Blick nicht von den Flammen wenden. «Ich bleibe hier», sagte er ruhig. «Dies ist mein Kampf.»

Lancelot schaute ihn angewidert an. «Ich wusste es!», rief er. «Schon von Beginn an habe ich befürchtet, dass du uns betrügst.» Arthur war schmerzlich berührt. «Aber jetzt», fuhr Lancelot fort, «betrügst du auch noch dich selbst!»

Als Lancelot ihn so wütend anstarrte, bemerkte Arthur, wie gut sein Freund ihn kannte. In diesem Moment verkörperten Lancelot und Guinevere zwei einander entgegengesetzte Kräfte, die um Arthur rangen, auch wenn Arthur sich das nicht eingestehen wollte. Lancelot wandte sich voller Zorn ab und stürmte unter Arthurs und Guineveres Blicken davon. Niemand sagte ein Wort. Dann ging auch Arthur die Treppe hinab und zum Tor der Festung hinaus. Er blieb erst stehen, als er in der Stille und Dunkelheit des Friedhofs angekommen war.

Am Grab seines Vaters kniete Arthur mit Excalibur in der Hand nieder. Behutsam legte er das große Schwert auf den Grabhügel. Wortlos saß er bei seinem Vater, bis er jedes Zeitgefühl verloren hatte. Es konnten Stunden vergangen sein, sofern nicht die Sonne diese verfluchte Erde im Stich gelassen hatte und es gar Tage oder Wochen waren.

Noch bevor er die Gestalt erblickte, die wie ein Geist vor ihm in der Dunkelheit auftauchte, spürte Arthur bereits ihre Gegenwart. Als er dann aufblickte, stand Merlin vor ihm, begleitet von vier piktischen Kriegern.

«Diese Menschen werden dir folgen, falls du dich entschließen kannst, sie zu führen», erklärte Merlin ruhig.

Arthur stand auf und hielt die schimmernde Klinge Excaliburs vor sich. Dann begann er zu sprechen.

«Jeden Abend, wenn ich im Bett lag, erzählte mein Vater mir Geschichten darüber, wie dieses Schwert geschmiedet wurde.» Er tastete das Heft des Schwertes ab, auf dem das doppelte Profil eines Mannes abgebildet war, der zugleich nach rechts und nach links blickte.

«Die Götter, die ich kenne, sind heidnische Gottheiten», fuhr Arthur fort. «Aber viel mehr weiß ich über sie nicht. Die Götter meiner Ahnen ...»

Merlin schüttelte den Kopf. «Sie sind nicht die Götter deines Vaters, Arthur. Sie sind die Götter deiner Mutter, die Götter der Kelten.» Merlin lächelte. «*Unsere* Götter ...»

Arthur drehte das Schwert um, sodass das goldene Kruzifix auf der anderen Seite des Hefts zum Vorschein kam. Wie zu sich selbst sagte er: «Aber das hier ... das hier steht für den Gott, den ich lieben gelernt habe ...» Arthur fuhr mit den Fingern über das Kreuz und dachte dabei an Pelagius und Germanus, an den Heiligen Vater und die vielen Male, die er von Rom verraten worden war.

Arthur starrte das Schwert noch einen Augenblick lang an, bevor er es abrupt wieder in die Scheide schob und

Merlin in die Augen schaute. Merlin erkannte, dass Arthur seine Wahl getroffen hatte. Er nickte zufrieden, doch Arthur betrachtete ihn nicht ohne ein gewisses Misstrauen.

«Sage mir, Merlin», forderte Arthur ihn auf, «wo wirst du sein, wenn die Schwerter aufeinander treffen und die Schreie der Sterbenden zu hören sind?»

Mit einer weit ausholenden Handbewegung zeigte Merlin hinaus in die Nacht. «Überall», sagte er.

Siebzehn

Das Knacken des Zweiges war so leise, dass es nur die wenigsten Menschen gehört hätten, doch die beiden piktischen Wächter waren keine gewöhnlichen Menschen. Auf das verräterische Geräusch hin blickten sie sofort aufmerksam in die Dunkelheit, die den Wald vor Anbruch der Morgendämmerung erfüllte. Kaum hatten sie den schattenhaften Eindringling erspäht, stellten sie ihn, bereit, jeden Augenblick ihre Lanzen einzusetzen.

«Bleib stehen, wenn dir dein Leben lieb ist», knurrte einer der Wachtposten.

«Harold», erwiderte eine fröhliche Stimme, «ich wusste, dass du der erste Freund sein würdest, dem ich hier begegne. Und wer ist bei dir … Arrian?»

Nachdem der Wächter seinen Gefangenen aus der Nähe gesehen hatte, hellte sich sein Gesicht mit einem breiten Lächeln auf.

«Guinevere!», rief Harold. «Den Göttern sei Lob und Dank!»

Sein Freund Arrian lachte ebenfalls. «Wir dachten schon, du wärst tot!»

Guinevere küsste die beiden jungen Männer auf die Wange und legte jedem eine Hand auf die Schulter. «Und wer sollte fähig sein, mich zu töten?», fragte sie lächelnd.

Die beiden Pikten umarmten sie glücklich. «Ich ganz bestimmt nicht», erklärte Harold.

«Geht es meinem Vater gut?», fragte Guinevere.

«Wie immer», erwiderte Arrian.

«Aber wenn er dich sieht, wird es ihm sofort noch viel besser gehen», fügte Harold hinzu. «Er hat wahrscheinlich schon lange die Hoffnung aufgegeben, dass du noch am Leben sein könntest.»

«Das glaube ich nicht», entgegnete Guinevere, während sie bereits ihren Weg durch den Wald fortsetzte.

Ihre beiden Freunde begleiteten sie. Der schmale Pfad mündete unvermittelt auf eine große Lichtung, in deren Mitte ein großes Feuer brannte. Um das Feuer waren Dutzende piktischer Familien versammelt, die Fleisch grillten und ihre Tarn- und Kampfbemalung für die bevorstehende Auseinandersetzung auftrugen. Als Harold und Arrian mit Guinevere in den hell erleuchteten Kreis traten, rief Harold: «Wir haben einen gefährlichen Krieger gefangen!»

Mehrere Leute sahen erschrocken und besorgt zu ihnen auf, doch kaum hatten die Pikten Guinevere erkannt, eilten sie zu ihr, bedeckten sie mit Küssen und erdrückten sie fast mit ihren Umarmungen.

Dann donnerte eine laute Stimme durchs Lager: «Wenn nur zwei von euch nötig waren, um diese Gefangene zu machen, muss sie wohl geschlafen haben – oder sie ist nicht mehr die Kriegerin, die sie einmal war.»

Guinevere riss sich von der Menge los und eilte mit Tränen in den Augen zu ihrem Vater. Merlin breitete die Arme aus, sie warf sich hinein und vergrub ihr Gesicht an seiner Brust.

Merlin küsste Guinevere auf die Stirn und sagte leise: «Willkommen zu Hause, geliebte Tochter.» Mit einem Blick auf die anderen erklärte er: «Bald müssen wir kämpfen, aber zuvor wollen wir die Rückkehr unserer teuren Guinevere feiern.» Und an Guinevere gewandt, fügte er hinzu: «Wir waren oft sehr verzweifelt, aber wir haben die Hoffnung nie aufgegeben. Komm, es gibt viel zu besprechen.»

Eine Frau trat zu ihnen und gab Guinevere eine Schüssel mit Fasanenfleisch und ein Stück Brot. «Du musst doch halb verhungert sein nach all dem, was du durchgestanden hast», sagte sie mitfühlend.

Guinevere nahm das Essen mit einem dankbaren Lächeln entgegen. «Du kannst dir nicht vorstellen, wie sehr ihr mir gefehlt habt.»

Merlin führte sie zu einem großen umgestürzten Baum in der Nähe. Sie setzten sich, und Guinevere begann zu essen. Merlin betrachtete sorgenvoll die Schnittwunden und Abschürfungen in ihrem Gesicht und ihre noch immer geschwollenen Finger.

«Wir wussten nicht, wo wir dich suchen sollten», erklärte er. «Sonst wären wir gekommen, auch wenn es uns allen das Leben gekostet hätte.»

«Das weiß ich», gab Guinevere ernst zurück.

«Den Göttern sei Dank, dass sie Arthur zu deinem Kerker geführt haben», fuhr Merlin fort. «Und dass er nichts von deiner Herkunft als Piktin ahnte.»

«Woher weißt du, dass Arthur mich gerettet hat?», fragte Guinevere verblüfft.

Mit einem geheimnisvollen Lächeln erklärte Merlin: «Ich habe mehr als einmal mit ihm gesprochen.»

Nun war Guinevere noch überraschter. «Du hast mit Arthur gesprochen, nachdem er mich gerettet hatte, ohne Verbindung mit mir aufzunehmen?»

Sanft legte Merlin seiner Tochter den Arm um die Schultern. «Es war nicht der richtige Zeitpunkt. Ich hatte gespürt, dass Arthur etwas für dich empfand, und ich wusste, dass er unser Volk schon sein ganzes Leben lang hasst. Ich musste dafür sorgen, dass sich die Dinge auf bestimmte Weise entwickeln, sonst wäre vielleicht alles verloren gewesen.»

«Aber …», wollte Guinevere einwenden, doch Merlin unterbrach sie.

«Ich sah dich einmal nachts im Lager», fuhr er fort. «Du hast geschlafen, und ich habe dich lange Zeit vom Baum aus betrachtet. Ich war so froh, dass du am Leben warst. Ich musste meine ganze Kraft zusammennehmen, um nicht zu dir zu kommen und dich in die Arme zu schließen.»

Guinevere umarmte ihren Vater. «Ich wünschte, du hättest es getan …»

Merlin klopfte ihr liebevoll auf die Schulter und erklärte: «Und ich wünschte, unser Wiedersehen hätte zu einem glücklicheren Zeitpunkt stattgefunden. Aber morgen ziehen wir in den Kampf. Ich möchte, dass du nicht daran teilnimmst. Es wäre unerträglich für mich, dich erneut zu verlieren.»

Guinevere schaute ihn entrüstet an. «Das kannst du nicht verlangen», protestierte sie. «Und wenn du es mir befiehlst, verweigere ich dir den Gehorsam.»

«Aber, Guinevere …», begann Merlin.

«Nein», entgegnete sie entschieden. «Ich schulde es meinem Volk, an seiner Seite zu kämpfen. Und ich schulde es dir.» Guinevere senkte den Blick, unsicher, wie sie das Weitere erklären sollte. «Und außerdem … ich schulde es Arthur.»

«Weil er dich gerettet hat?», fragte Merlin.

Guinevere schaute ihrem Vater in die Augen. «Weil ich ihn liebe», antwortete sie.

Die Sonne ging über Badon Hill südlich des Hadrianswalls auf. Nach und nach breitete sich ihr weiches goldenes Licht über den Boden aus, bis es eine Menschengruppe erreichte, die langsam nach Süden zog. Sie war kleiner als diejenige, die tags zuvor angekommen war. In einem Karren saßen Alecto und Fulcinia, gefolgt von der reich verzierten bischöflichen Kutsche, in der Germanus mit seinem Sekretär Horton reiste. Horton war mehr als erleichtert, diese gefährliche Episode in seinem Leben unbeschadet überstanden zu haben und nun bald wieder in das schöne, zivilisierte, prächtige Rom zurückzukehren.

In einem weiteren Wagen fuhren einige der Bauern und Diener, deren Aufgabe darin bestand, das Leben für die hohen Herren angenehmer zu gestalten. Lancelot und die anderen Ritter begleiteten den kleinen Wagenzug und bildeten eine schützende Formation um die drei Fahrzeuge, wobei sie besonders sorgfältig auf Alecto und seine Mutter achteten.

Weitaus länger als die Wagenkolonne war der Zug römischer Legionäre, der hinter ihr hermarschierte. Es waren die letzten Soldaten, die das Kastell am Wall verteidigt hatten, und die letzten von vielen tausend Legionären, die im Lauf von Jahrhunderten dort stationiert gewesen waren. Die meisten verstanden noch immer nicht, dass sie nun abgezogen werden sollten; es war das Ende einer Ära.

Die Kolonne zog langsam den Hügel hinauf. Oben wartete bereits Arthur hoch zu Ross und in voller Ausrüstung auf sie. An seiner Seite saß Jols im Sattel.

Arthur schüttelte den Kopf, als könnte er es trotz allem nicht glauben. «Rom gibt den Hadrianswall auf», sagte er zu Jols oder vielleicht auch zu sich selbst. «Nach vierhundert Jahren zieht Rom aus Britannien ab.»

Jols richtete sich im Sattel auf und meinte: «Jetzt wird sich alles verändern, nicht wahr, Arthur?»

Arthur sah seinen Knappen an; er wusste nicht recht, was Jols damit zum Ausdruck bringen wollte.

«Ja», antwortete er mit nachdenklichem Nicken, «da hast du wohl Recht.»

«Darf ich Euch dann um etwas bitten?», fragte Jols.

«Natürlich, Jols. Was?»

Jols reckte sich erneut und holte tief Luft. «Ich bin kein Ritter», begann er. «Nur ein niedriger Knappe.»

«Niedrig wohl kaum, Jols», meinte Arthur mit einem wohlwollenden Lächeln.

«Aber ich kann kämpfen!», erklärte Jols. «Und ich werde nie aufgeben. Ich würde eher im Kampf sterben, als Euch im Stich zu lassen.»

Arthur musterte den jungen Mann und nickte. «Du hast ein mutiges Herz, Jols. Mutig genug für zwei Ritter.»

Jols musste lächeln, dennoch ging er davon aus, dass Arthur ihm seine Bitte abschlagen würde.

«Geh zum Wall», sagte Arthur. «Ich brauche einen starken Arm, der die Menschen in diesem Kampf unterstützt. Und ich weiß, dass ich auf dich zählen kann.»

Jols' Stolz kannte keine Grenzen. «Ihr könnt bis zum letzten Atemzug auf mich vertrauen, Arthur», bekräftigte er. «Das schwöre ich Euch in alle Ewigkeit.» Glücklich wendete Jols sein Pferd.

«Warte noch!», rief Arthur. Jols kam zurück; er war nur allzu bereit, einen Befehl entgegenzunehmen. Arthur aber griff in seine Satteltasche und holte ein langes Schwert mit schmaler Klinge hervor. Sein Heft war mit einem einfachen Spiralmuster verziert, die Spitze der Klinge leicht gebogen.

Arthur überreichte Jols die Waffe mit dem Heft voran. «Das ist eine Spatha», erklärte er. «Ein Schwert, wie die römische Reiterei es verwendet.» In wortlosem Staunen ergriff Jols das Heft. «Ich denke, es wird auf der Festungsmauer ebenso gute Dienste leisten wie auf dem Rücken eines Pferdes», fügte Arthur hinzu.

Jols brachte kaum ein Wort heraus. «D...danke, Arthur.»

Arthur nickte und sprach weiter: «Wie du schon gesagt hast, bist du kein Ritter.» Er packte Jols an den Schultern und drückte sie voller Zuneigung. «Aber jeder Ritter muss klein anfangen, nicht wahr?»

Jols nickte. Mit einigem Schrecken bemerkte er, dass sich seine Augen mit Tränen füllten. «Ja!», antwortete er, und um sich nicht vor Arthur dafür schämen zu müssen, dass er heulte wie ein Kind, riss er erneut sein Pferd herum und galoppierte zur Festung zurück.

Von der Kolonne aus gab Bors Arthur ein Handzeichen, bevor er seinen Schlachtruf ausstieß, den Arthur erwiderte. Bald kam der Ruf von allen Rittern zurück und hallte in der Landschaft wider wie der letzte Aufschrei eines sterbenden Raubtiers.

Als Bors und die übrigen Ritter oben auf dem Hügel angekommen waren, sammelten sie sich um Arthur. Keiner von ihnen schien Worte zu finden, die zu diesem Augenblick passten. Ihre Freude darüber, dass sie nach all den Jahren endlich frei waren, wurde durch den unerwarteten Abschied von ihrem Anführer getrübt – von dem Mann, dem sie in jede noch so blutige Schlacht gefolgt waren und den sie alle liebten wie einen Bruder und einen Vater zugleich. Nun blieb er hier, um weiterzukämpfen, während sie nach Hause ritten, um gegen alle Wahrscheinlichkeit möglicherweise doch noch viele Jahre in Frieden und verhältnismäßiger Sicherheit zu verbringen. Keiner der Ritter fand die richtigen Sätze, und so zogen sie es vor zu schweigen.

Auch Arthur und Lancelot blickten einander nur in die Augen. Beide hatten in diesem Moment die – teils brutalen, teils fröhlichen – Bilder ihres gemeinsamen Lebens an der Grenze des Reiches vor Augen. Es war zu viel für Worte. Der Schmerz ihrer Trennung überstieg die Ausdrucksmöglichkeiten der Sprache.

Die beiden Krieger wechselten einen letzten Blick, bevor sich die Ritter mit einem Nicken von Arthur verabschiedeten. Einer nach dem anderen überschritten sie den höchsten Punkt des Hügels und machten sich auf ihren Weg nach Hause.

Als sie außer Sichtweite waren, schaute Arthur auf die Festung am Wall hinab. Im Kopf ging er sämtliche Einzelheiten des Verteidigungsplans durch. Auf den Mauern und an verschiedenen Plätzen des Dorfes waren Heuballen in Stellung gebracht worden, die genau zum richtigen Zeitpunkt in Brand gesteckt werden sollten. Die kampffähigen Dorfbewohner waren ebenso auf ihren Posten wie die Söldner. Sie sollten die Sachsen überraschen, die soeben die Soldaten hatten abziehen sehen und nun davon ausgehen mussten, dass ihnen die Festung nahezu wehrlos ausgeliefert war.

Sowohl in der Festung als auch im Wald wartete außerdem die schlagkräftigste Verteidigung auf den Kampf, die Geheimwaffe, mit der die Sachsen nicht rechneten: die Pikten. Unter ihnen war auch Guinevere, die Arthur seit lange vor Sonnenaufgang nicht mehr gesehen hatte, als sie über den Wall geklettert war, um sich ihrem Vater und ihrem Volk anzuschließen.

Begleitet von Raewald und seiner Leibwache, kam Cynric aus dem Wald, um bei der Streitmacht seines Vaters Aufstellung zu nehmen. Ihr eigentliches Ziel war die Festung, doch sowohl Cerdic als auch Cynric hatten das ungute Gefühl, dass aus einer anderen Richtung Gefahr drohte. Ihre Augen vor der blendenden Morgensonne mit der Hand beschattend, blickten Vater und Sohn zum Hügel hinauf, wo sich das Sonnenlicht in glänzend poliertem Metall spiegelte. Beide sahen eine einzelne Person auf dem Hügel, doch sie ahnten nicht, dass es sich bei der Gestalt um Arthur handelte, dessen schimmernde Rüstung im grellen Licht des Morgens erstrahlte.

Der britische Kundschafter Geoffrey ritt an Cerdics Seite. Er zeigte auf das Kastell und rief aufgeregt: «Die römischen Hilfstruppen haben sich vom Wall zurückgezogen!»

«Ja», erwiderte Cerdic voller Ungeduld, «wir haben sie selbst abmarschieren sehen. Aber was ist mit den Rittern?»

«Sie führen den Wagenzug aus der Festung Richtung Süden. Die Vorführung Eurer Stärke hat sie dazu gebracht, mit eingezogenem Schwanz das Weite zu suchen.»

Blinzelnd schaute Cynric zum Kastell hinüber. «Also ist niemand mehr da, um die Festung zu verteidigen?», fragte er hoffnungsvoll. «Wir haben nicht mit Widerstand zu rechnen?»

Der Kundschafter zuckte mit den Achseln. «Ein paar Dutzend Bauern werden wohl noch da sein», erklärte er. «Bewaffnet allenfalls mit Heugabeln und Sensen. Aber die können Eure mächtige Armee sicher nicht aufhalten.»

Cerdic nickte und bedachte Geoffrey mit einem Blick, aus dem kaum verhohlener Abscheu sprach. «Du wirst nicht am Angriff teilnehmen», teilte er dem Kundschafter mit. «Du kannst von irgendeinem Versteck aus zusehen, wir wir dein Volk abschlachten.»

Geoffrey senkte den Blick, um Cerdic nicht zu zeigen, wie sehr seine Worte ihn getroffen hatten.

«Ich werde mich erst wieder nach der Einnahme des Walls deiner Talente bedienen», fügte Cerdic hinzu.

Der Kundschafter nickte und ritt davon. Vielleicht gelingt einem dieser Bauern ein Glückstreffer, dachte er, und Cerdic ist unter den wenigen Toten der Schlacht. Für wahrscheinlich hielt Geoffrey dies zwar nicht, aber schon die bloße Möglichkeit tröstete ihn.

Cerdic wandte sich an Raewald. «Bereite die Truppen zum sofortigen Angriff vor», befahl er, während er Cynric gezielt missachtete. «Die Sache dürfte schnell vorüber sein.»

Raewald nickte zustimmend. «Was ist mit der römischen Familie?»

«Die sind mit ein paar Wagen auf dem Weg nach Süden, bewacht von den Rittern», erklärte Cerdic. «Wir nehmen die Festung so schnell wie möglich ein, lassen eine kleine Besatzung zurück und verfolgen die Kolonne, um für die Demütigung meines Sohnes Rache zu nehmen.» Mit einem Seitenblick auf Cynric fuhr er fort: «Heute werden wir zeigen, dass es echten Sachsen nicht schwer fällt, eine Hand voll sarmatischen Abschaums zu vernichten.»

Cynric, dessen Gesicht gezeichnet war von der eiternden X-förmigen Wunde, die sein Vater ihm zugefügt hatte, warf Cerdic einen finsteren Blick zu. Er war wütend, wagte aber nicht, auf die beleidigende Äußerung seines Vaters zu reagieren.

Raewald schaute zum Hügel hinauf. Von ihrem Standpunkt aus nahmen Cerdic und Cynric nach wie vor lediglich einen schwachen metallischen Schimmer wahr. Mehr sah auch Raewald nicht, erkannte aber sofort, was er vor

Augen hatte. «Seht doch!», rief er und deutete auf den Hügel. «Da oben!»

Cerdic blickte stirnrunzelnd hinauf. «Was soll da sein?», fragte er verärgert.

«Das ist ein Ritter», erklärte Raewald. «Seine Rüstung glänzt im Sonnenlicht.»

Cerdic blinzelte und schützte seine Augen mit der Hand, bis er die glitzernde Gestalt endlich ausmachen konnte. «Ein Ritter!», knurrte er. «Man hat mir gesagt, dass alle sarmatischen Reiter weg sind!»

«Sind sie auch», bestätigte Raewald, um gleich einzuschränken: «Alle außer einem. Ein einzelner Ritter», winkte er ab. «Nichts als eine Fliege auf dem Rücken Eurer großen Streitmacht.»

Als Cynric zu Arthur hochblickte, der reglos wie eine Statue auf dem Hügel verharrte, überkam ihn ein ungutes Gefühl. Er fragte sich, ob sie im Begriff waren, in eine Falle der gewieften Sarmaten zu tappen. Mochte sein Vater sich auch noch so verächtlich über die Fähigkeiten der Ritter äußern – Cynric hatte sie selbst erlebt und wusste, wie gefährlich sie waren. Schon ein einziger Ritter stellte eine Bedrohung dar, die sie nicht unterschätzen durften. Cynric wusste jedoch auch, dass jede Bemerkung in diese Richtung ihn in Cerdics Augen nur noch schwächer und feiger erscheinen lassen würde, und so schwieg er.

«Ist das Arthur?», fragte Cerdic, an Raewald gewandt.

«Ich weiß nicht», erwiderte Raewald. «Wenn ich aber raten müsste, würde mir nur ein sarmatischer Ritter einfallen, der allein da oben bleiben würde.»

Cerdic schien nachzudenken. «Da stimmt etwas nicht», sagte er und fügte, an Raewald gewandt, hinzu: «Vielleicht sollten wir uns einmal mit diesem Ritter unterhalten.»

Raewald nickte. «Wie Ihr wünscht.» Dann wies er einen seiner Untergebenen an, ihm ein großes weißes Tuch zu bringen. Als der Mann mit dem Tuch zurückkam, befestigte es Raewald an seiner Lanze. «Ich werde bald wieder hier sein, um Euch über unser Gespräch zu unterrichten», sagte er zu Cerdic.

Dieser aber schüttelte den Kopf. «Nein. Ich komme mit.»

«Das kann gefährlich werden, Herr», widersprach Raewald.

Cerdic warf ihm einen verächtlichen Blick zu. «Gehen wir», sagte er kalt.

Das Morgenlicht erhellte nun die gesamte Umgebung. Arthur schien es, als hätte er schon seit Stunden keinen Muskel mehr bewegt, während er, geduldig auf seinem Pferd sitzend, das Gelände unter sich genau beobachtete, um sich auch nicht die geringste Bewegung in den Reihen des Feindes entgehen zu lassen. Er wusste, dass der Tag der Entscheidung gekommen war. Beim Anblick der sächsischen Streitmacht ließ er unwillkürlich die Hand über das Heft von Excalibur gleiten.

Dann drang aus einiger Entfernung der Klang sächsischer Trommeln zu ihm. Vom Hügel aus sah Arthur, dass Cerdic auf ihn zuritt, dicht gefolgt von Raewald mit einer weißen Fahne.

Sanft trieb Arthur sein Pferd an und galoppierte den Hügel hinab. An der Festung angekommen, befahl er den Soldaten, das gewaltige Haupttor des Hadrianswalls zu öffnen. Eilig machten sie sich an die Arbeit, während Arthur wartete; er wusste, dass dieser Vorgang seine Zeit brauchen würde.

Raewald und Cerdic verfolgten die umständliche Öffnung des Tores von der anderen Seite des Walls aus. Cerdic saß ab, und Raewald wollte es ihm gleichtun.

«Nein», sagte Cerdic, «du bleibst hier. Ich werde allein mit diesem Römer reden.»

«Haltet Ihr das für klug?», wandte Raewald ein.

Cerdic blickte ihn scharf an. «Du zweifelst an meiner Klugheit?»

Raewald wurde blass. «Nein, Herr.»

Cerdic nickte. «Gut.» Dann schritt er auf den Wall zu.

Unter fast schmerzhaft klingendem Knarren gingen die riesigen Flügel des Tores endlich auf. Arthur ritt allein hindurch. Aus der Sicht der Sachsen, die ihn dabei beobachteten, gab er eine außerordentlich beeindruckende Erscheinung ab. Viele von ihnen – vor allem diejenigen, die ihm auf dem Eis des Sees gegenübergestanden hatten – fragten sich, ob die Legenden, die man sich über Arthur erzählte, womöglich doch der Wahrheit entsprachen.

Aus der gegenüberliegenden Richtung kam Cerdic zu Fuß auf ihn zu.

Die beiden Anführer trafen etwa hundert Schritte hinter dem Tor aufeinander. Arthur und Cerdic hielten einen Moment lang inne, um einander einzuschätzen. Schließlich trat Cerdic wie ein Löwe, dessen gesamte Aufmerksamkeit auf seine Beute gerichtet ist, noch näher an Arthur heran, der im Sattel blieb.

Arthurs Pferd wurde unruhig und scharrte mit den Hufen, als spürte es Cerdics Gefährlichkeit und Bösartigkeit – fast so, als wäre er ein wildes Tier, das man entweder töten oder vor dem man fliehen musste. Doch da Arthurs Hengst ebenso tapfer war wie sein Herr, war Flucht ausgeschlossen.

Cerdic brachte sein Gesicht dicht an den Kopf des Pferdes, und sie starrten einander an, als wären sie alle beide Tiere. «Sind das nicht vollkommene Kreaturen?», sagte Cerdic mit gespielter Bewunderung.

Arthur schwieg weiter und heftete seinen unbewegten Blick auf den Sachsen, während er wartete, was der Mann zu sagen hatte. Cerdic begann um das Pferd herumzugehen. Arthur erschien es, als wollte er seine Beute beschnuppern, um zu prüfen, wie er sie am besten packen konnte.

«Ich bin Cerdic», stellte er sich vor. Arthur gab keine Antwort. In freundlichem Gesprächston fuhr Cerdic fort. «Und du bist also der Römer, von dem ich schon so viel gehört habe. Natürlich nehme ich diese maßlos übertriebenen Geschichten nicht sonderlich ernst», fügte er herablassend hinzu.

Arthur starrte ihn weiter wortlos an.

«Aber die Römer sind gegangen», fuhr Cerdic fort. «Wir haben die Legionen heute Morgen abziehen sehen. Nach all den Jahren geben sie den Hadrianswall auf, und überlassen uns auch diese Festung, uns, den Sachsen, kampflos, ohne auch nur zu verhandeln.»

Arthur blieb stumm.

«Für wen willst du jetzt kämpfen, nachdem Rom dich allein gelassen hat?», bohrte Cerdic weiter.

«Ich bin kein Römer», erklärte Arthur endlich. «Ich bin Arthur. Und ich kämpfe für mein Volk.»

Das überlegene Lächeln wich aus Cerdics Gesicht. Vielleicht spürte er, dass er einen stärkeren, weitaus entschlosseneren Arthur vor sich hatte als erwartet.

«Jeder, der versucht, mich vom Überschreiten dieses Walls abzuhalten, wird sterben», stellte Cerdic fest. «Jeder. Bist du nicht hier herausgekommen, um einen Waffenstillstand auszuhandeln?»

«Ich bin gekommen, um dein Gesicht zu sehen, damit nur ich allein dich im Kampf finden kann.»

Das war nicht die Antwort, die Cerdic erwartet hatte. Einen Augenblick lang schien seine Selbstsicherheit erschüttert, doch dann stärkte Arthurs Verwegenheit Cerdics Entschlossenheit nur noch mehr.

«Woher weißt du, dass meine Bauchschützen dich nicht hier auf der Stelle niederstrecken?», fragte Cerdic.

«Sie sind außer Schussweite», erwiderte Arthur ruhig, ohne die Augen von Cerdic zu lassen. Zum ersten Mal lächelte Arthur. «Und wenn wir gerade dabei sind: Woher willst du wissen, dass nicht ich dich auf der Stelle töte, hier und jetzt?», fügte er hinzu und strich über das Heft von Excalibur. Cerdic bemerkte die Bewegung, warf einen kurzen Blick auf die Waffe und rang sich ein Lächeln ab. Er wollte gerade antworten, als Arthur sein Pferd wendete und langsam zum Tor zurückritt. Cerdic schaute ihm einen Augenblick lang nach, bevor er sich mit einem breiten Grinsen umwandte und zu der Stelle zurückging, wo Raewald mit den Pferden wartete.

Cerdic saß auf und sah zu, wie Arthur den Hügel hinaufritt. Dann sagte er zu Raewald mit tiefer Befriedigung in der Stimme: «Endlich ein Mann, den es sich zu töten lohnt.»

«War es Arthur?», fragte Raewald.

Cerdic nickte. «Der berühmte Arthur.» Er grinste erneut. «Er hat ein wunderbares Schwert. Es wird mir gehören, noch bevor der Tag zu Ende geht.»

Dann ritt er zu den sächsischen Linien zurück. Raewald riss das weiße Tuch von seiner Lanze, ließ es auf den Boden fallen und folgte seinem Befehlshaber.

Achtzehn

Als Cerdic fast wieder bei seinen Truppen angelangt war, ritt Cynric ihm zur Begrüßung entgegen. Cerdic aber schaute an ihm vorbei – oder, wie es Cynric erschien, durch ihn hindurch – und rief Raewald einen Befehl zu: «Mach die Truppen fertig zum Angriff!»

Bevor Raewald Cerdics Befehl ausführte, deutete er auf den Hadrianswall. Vater und Sohn blickten zu dem gewaltigen Bauwerk hinüber.

«Seht doch», sagte Raewald, «sie haben das Tor noch nicht geschlossen. Wissen sie nicht, dass wir gleich angreifen?»

In der Tat standen die riesigen Flügel des Tores weit offen. Zwischen dem Tor und dem Kastell war kein einziges Lebenszeichen auszumachen, und das galt auch für die Festung selbst.

Cerdic runzelte besorgt die Stirn, denn auch er fand dafür keine Erklärung. Überall herrschte Totenstille. Es war so ruhig, dass Cerdic unversehens bemerkte, wie er fast flüsterte. «Dieser Römer hat einen Plan.»

In der Festung schwenkte Jols mit stolzgeschwellter Brust das römische Reiterschwert. Er hatte es glänzend poliert und die Spitze ebenso wie die Schneiden mit einem Wetzstein scharf genug geschliffen, um einen Grashalm zu spalten. Er wusste, dass ein Soldat, der die Verteidigung des Walls unterstützte, sich nicht so wichtig nehmen sollte, aber Jols hatte das Gefühl, sein Leben habe sich mit einem Mal zum Besseren gewendet. Auch wenn er bei dieser Schlacht umkommen und sein neues Leben nur eine Stunde währen sollte, würde er nun als Krieger sterben und nicht als Diener.

Unvermittelt lenkte unglaublicher Lärm Jols' Aufmerksamkeit auf das Gebiet nördlich des Walls. Auch Arthur hörte das Getöse und ritt zum höchsten Punkt des Hügels, um seine Quelle auszumachen. Reihe um Reihe kamen Hunderte von sächsischen Soldaten wie eine Flutwelle aus dem Wald und marschierten geradewegs auf den Hadrianswall zu. Trommler liefen ihnen voraus und schlugen einen eindringlichen Rhythmus, der auf unheimliche Weise im Tal widerhallte. Unmittelbar hinter ihnen bildeten Schwertkämpfer, die Waffe kampfbereit quer vor der Brust, den größten Teil der zweiten Reihe. Dicht danach folgten schussbereit die gefürchteten Armbrustschützen und warteten auf den Befehl zum Losschlagen.

Ein junger Pikte rannte zu Jols. «Hier ist so weit alles fertig», meldete er mit einem Lächeln. «Die Sachsen werden sich wundern, was sich hinter diesen Mauern verbirgt.»

Jols bedankte sich. «Wenn du jetzt zu deinem Volk zurückmöchtest, kannst du gehen. Wir werden hier drinnen auch allein fertig.»

Der piktische Krieger nickte. «Wir kämpfen seit jeher lieber auf freiem Feld. Auf so engem Raum sind wir nicht die Geschicktesten. Mögen die Götter mit euch sein.»

Jols nickte ihm dankend zu. Darauf eilte der Pikte die Stufen hinab und forderte seine bemalten Gefährten auf, ihm zu folgen. Außerhalb der Festung überquerten sie zusammen mit Dutzenden ihres Volkes das Feld, ohne das geringste Geräusch zu verursachen. Sie huschten zur Südseite des Hadrianswalls. Die Sachsen befanden sich auf der Nordseite, und so rannten die Pikten einer hinter dem anderen außer Sichtweite des Feindes am Fuß des Walls entlang, bis sie sich wieder ihrer Hauptstreitmacht im Wald anschließen konnten.

Vom Hügel aus konnte Arthur sämtliche Truppenbewegungen verfolgen, und zwar sowohl in der Festung als auch außerhalb. Aus der Ebene erreichte ihn der durchdringende Klang von Trommeln, Hörnern und Hunderten marschierender Füße. Er galoppierte den Hügel hinunter, um die letzten Vorbereitungen in Augenschein zu nehmen. Am großen Tor ritt Arthur an Jols und mehreren Söldnern vorbei, die gerade zwei Katapulte in die Festung schoben. «Jols!», rief Arthur. «Richte sie auf den Waldrand gegenüber vom Haupttor!»

«Ja, Arthur!», schrie Jols und grinste übers ganze Gesicht.

Als Arthur die Festung umrundet hatte, war er mit den bis dahin getroffenen Vorbereitungen zufrieden. Nun blieb ihm nur noch eines zu tun. Er wendete sein Pferd und ritt wieder aus der Festung und den Hügel hinauf. Auf dem höchsten Punkt angekommen, entfaltete er die Drachenstandarte – den «sarmatischen Drachen», wie er und seine Ritter sie nannten.

Der Drachen war wie ein riesiger Windsack aus Dutzenden farbiger Stoffstreifen zu einer großen Röhre zusammengefügt. In bestimmten Abständen eingenähte Drahtreifen hielten ihn in seiner Form. Das Ende der Standarte bildete ein Furcht erregender Kopf mit einer besonderen Vorrichtung im Maul, die im Wind ein unheimliches Heulen und Kreischen erzeugte. Jede Einheit besaß ihre eigene Standarte, und so gab es Hunde, Löwen, Wölfe und Bären.

Arthur und seine Ritter aber hatten sich für den Drachen entschieden. Nicht wenige Menschen waren davon überzeugt, dass die Ritter im Verlauf ihrer unglaublichen Abenteuer tatsächlich Drachen getötet hatten, und so fanden es die Männer angebracht, dieses Angst einflößende mythische Wesen mit in die Schlacht zu nehmen.

Die Drachenstandarte war so gebaut, dass sie, wenn sie nicht in Bewegung war, kaum eindrucksvoller war als aufgeschichtete Kleidungsstücke. Auf einer Stange im Wind oder einem angreifenden Schlachtross aber erwachte der Drachen zum Leben und flatterte, kreischend wie ein Ungeheuer, bedrohlich durch die Luft.

Weit jenseits des Hügels folgten die Ritter noch immer der Kolonne. Jeder von ihnen hing seinen Gedanken nach. Hätten sie miteinander gesprochen, wäre ihnen bald klar geworden, dass sie alle an dasselbe dachten. Während Lancelot dahinritt, betrachtete er die Gesichter dreier Bauernkinder, die ihn aus dem letzten Wagen anstarrten. Sie schauten ihn lediglich mit Neugierde und ohne einen bestimmten Ausdruck an, doch Lancelot kam es so vor, als wollten sie ihn ihre Verachtung spüren lassen und ihn auffordern, sich nicht weiter wie ein Feigling zu benehmen, sondern endlich zu tun, was er tun musste.

Aus der Ferne drang schwach der Klang der sächsischen Trommeln und Hörner zu den Rittern. Dann kam ein neues Geräusch hinzu – das gespenstische Kreischen des sarmatischen Drachens. Mit einem Mal begannen die Pferde der Ritter zu wiehern, an den Zügeln zu zerren und auf den Boden zu stampfen; sie spürten, dass eine Schlacht bevorstand, und wollten dabei sein. Bors' Streitross wirbelte wild im Kreis herum, und Bors brach in schallendes Gelächter aus. «Hat uns Dagonet nicht erzählt, dass sie alle einmal Krieger waren?», rief er. Lucan stimmte auf seinem Platz in einem der Wagen in Bors' Gelächter ein. «Müssen wir uns wirklich von diesen Pferden zeigen lassen, was wir machen sollen?», schrie Bors.

Beinahe instinktiv stellten sich die Ritter im Kreis auf und blickten einander gespannt an. Sie sahen keine Notwendigkeit für eine Beratung, denn sie alle wussten, was sie zu tun hatten. Lancelot schaute von einem Gesicht zum anderen, nickte entschlossen und ritt dann zum Versorgungswagen hinüber, um ihn zum Stehen zu bringen. Dann saß er ab, holte Pfeile aus dem Wagen und packte so viele wie nur möglich in seinen Köcher. Auch die anderen Ritter stiegen von ihren Pferden, schlugen das Segeltuch vom Wagen zurück und holten ihre Kampfausrüstung hervor.

Als sie voll bewaffnet und zum Aufbruch bereit waren, umarmte Bors seine drei Söhne der Größe nach. Dann nahm er Vanora den Säugling vom Schoß und küsste ihn zärtlich auf die Wange.

Wütend sprang Bischof Germanus aus seiner Kutsche, während Horton ihm dicht auf den Fersen folgte.

«Seid ihr verrückt geworden?», rief Germanus. «Wir müssen weiter – es geht nach Süden!»

Doch niemand kümmerte sich um ihn. Alecto ritt zu der Stelle, an der sich die Ritter auf den Kampf vorbereiteten. «Sagt Arthur, dass ich in Rom seinen Namen ehren werde», bat er.

«Das werde ich tun», versprach Lancelot.

Fulcinia stieg aus dem Wagen und winkte den Rittern mit leuchtenden Augen zu. «Möge Gott mit euch sein», sagte sie.

Bei Germanus erregten diese Worte noch mehr Zorn, und er fuhr die Ritter an. «Begreift ihr denn nicht?», rief er ihnen ebenso verzweifelt wie verärgert zu. «Gott hat vorherbestimmt, dass die Sachsen siegreich sein sollen! Keine Macht dieser Erde kann sie bezwingen! Gott hat gesprochen!»

Lancelot hob seine mächtige Stoßlanze und hielt sie dem Bischof dicht unter die Nase.

«Meine Lanze hat auch gesprochen», erklärte er. «Sie fleht mich an, sie dir ins Herz zu rammen.»

Germanus starrte auf die Lanzenspitze unmittelbar vor seinem Gesicht. Sein Versuch, unbeeindruckt zu wirken, scheiterte kläglich. Vorsichtig trat er zurück, bereit, wegzulaufen, falls Lancelot ihm folgen sollte. Lancelot aber kehrte ihm nur den Rücken zu und stieg aufs Pferd.

«Ihr seid Tiere!», schrie Germanus und spuckte verächtlich aus. «Heidnische wilde Tiere!» Dann wirbelte er herum und ging mit Horton im Gefolge wieder auf seine Kutsche zu. Bors ritt hinter ihnen her und rief Germanus zu: «Wenn meine Familie nicht wohlbehalten zu Hause ankommt, finde ich dich, Bischof. Und dann – ich schwöre es dir im Namen deines Gottes – ziehe ich dir die Haut ab, glaub mir!» Germanus lief weiter, den Blick starr geradeaus gerichtet, und begann sich zu fragen, ob diese Wilden ihn gar an Ort und Stelle abschlachten wollten.

Bors wendete sein Pferd und sagte dann wie zu sich selbst: «Verdammt, vielleicht werde ich ja doch noch Statthalter!» Als er an dem Karren vorbeiritt, in dem Vanora und seine Kinder saßen, rief er ihnen zu: «Was auch passiert, fahrt weiter. Wir kommen so oder so wieder zusammen, das schwöre ich euch!»

Germanus und Horton liefen schneller. Als sie die Kutsche erreichten, sprangen sie hinein und zogen den Vorhang zu. Inzwischen half Alecto seiner Mutter in ihren eigenen Wagen. Die Ritter galoppierten davon. Als sie außer Sicht waren, setzte sich die Kolonne wieder in Bewegung.

Vom Rücken seines Pferdes aus glättete Arthur die Drachenstandarte. Er hatte sie nur erproben wollen und sah nun mit einiger Befriedigung, dass bereits mehrere sächsische Soldaten verstört zum Hügel hinaufblickten, um zu sehen, woher dieser unheimliche Lärm kam. Arthur wollte die Standarte mit in den Kampf nehmen und sie in der Schlacht hoch über den Kopf halten, damit sie kreischend den sarmatischen Sieg verkündete.

Da kam von hinten eine Stimme. «Du willst doch den sarmatischen Drachen nicht selbst halten, Arthur. Ist das nicht die Aufgabe des Knappen Jols?»

Arthur starrte Lancelot voller Überraschung an, bevor sein Erstaunen einem glücklichen Grinsen wich. «Jols ist kein Knappe mehr», erklärte Arthur. «Jemand musste deinen Platz im Kampf einnehmen, und außerdem war Jols schon immer ein größerer Krieger als du.»

Lancelot lachte laut auf. «Wahr genug!»

Während sie Seite an Seite auf ihren Pferden saßen, machte Arthur seinen Freund mit seinen Absichten vertraut. «Wir haben die Sonne im Rücken», begann er. «Dieser Hügel ist …» Arthur hielt unvermittelt inne und starrte auf den Waldrand südlich des Walls.

Dort stand Guinevere, das Gesicht mit der Farbe der Pikten bemalt. In der eng anliegenden ledernen Kleidung einer Kriegerin wartete sie mit ihren Kämpfern ruhig ab. Als sie sich in jener Nacht im Karren wusch, hatte Lancelot von Guinevere zwar noch mehr nackte Haut gesehen als jetzt – doch wesentlich mehr war es nicht gewesen. Ihre Lederbekleidung war eindeutig auf möglichst große Beweglichkeit ausgelegt und nicht darauf, ihre körperlichen Reize zu verbergen.

In gebanntem Schweigen starrten Lancelot und Arthur sie an. Keiner von ihnen hatte dem anderen jemals gestanden, dass er sie liebte, und doch wussten beide, was der Freund empfand. Dieses Wissen rief keine Wut und keine Eifersucht hervor, sondern vertiefte ihr gegenseitiges Verständnis. Dennoch war ihnen bewusst, dass sie eines Tages eine Klärung finden mussten – eines Tages, aber nicht an diesem Tag.

Nachdem er Guinevere sehr lange angeschaut hatte, äußerte Lancelot schließlich: «Sie ist so schön, wunderschön – so etwas habe ich noch nie gesehen. Sie ist …»

«Vollkommen», führte Arthur seinen Satz zu Ende.

Erstaunt bemerkte Arthur danach, dass auch die übrigen Ritter in voller sarmatischer Kampfausrüstung in seiner Nähe waren. Sie hatten geduldig gewartet, während Lancelot und Arthur mit einem betörenden Anblick in der Ferne beschäftigt waren, doch dann hatte das laute Schnauben eines ihrer Pferde den Bann gebrochen. Galahad lachte, als Arthur aufschreckte, sich umblickte und sie verwundert ansah. «Ihr seid wahre Krieger», spottete Galahad. «Hinter euch hätte das gesamte sächsische Heer aufmarschieren können, ohne dass ihr etwas davon bemerkt hättet.» Als Gawain vom Hügel hinabschaute und Guinevere erkannte, wurde ihm sofort klar, was die beiden Ritter so sehr abgelenkt hatte. «So einem Krieger», erklärte er und grinste lüstern, «würde ich gern einmal auf dem Schlachtfeld begegnen. Um genau zu sein, es müsste nicht unbedingt auf dem Schlachtfeld sein …» Die anderen Ritter brachen in Gelächter aus, und Arthur setzte unverzüglich eine ernste Miene auf.

«Seht mal dort», sagte Tristran und zeigte in Guineveres Richtung.

Hinter Guinevere standen nun vier weitere Frauen. Sie alle schienen jünger als sie, waren aber ebenso gekleidet und sahen nicht weniger entschlossen aus. Auf die Ritter wirkte es, als wären die Mädchen Guineveres Leibwachen. Sie hatten noch nie weibliche Krieger gesehen, doch sie wussten, dass die Sachsen in ernsthafte Schwierigkeiten geraten würden, wenn die anderen jungen Frauen nur halb so verbissene Kämpferinnen waren wie Guinevere.

«Gegen eine *solche* Legion wäre ich gern mal in der Minderzahl», meinte Galahad feixend.

Lancelot warf den anderen einen strengen Blick zu. «Zeit zu kämpfen, Freunde», erklärte er, «statt sich zu benehmen wie in einer Taverne.»

«Dann lasst uns kämpfen und gewinnen», entgegnete Bors, «damit wir umso schneller in diese Taverne kommen!»

Die Pferde der Ritter waren mit ihren großen Decken und dem Kopfputz mit silbernen Spitzen geschmückt. An ihren Hufen blitzten scharfe Klingen. Arthurs Pferd war am wenigsten herausgeputzt, während das von Lancelot ein komplettes Bärenfell trug, mit dem es wirkte, als käme der Hals des Pferdes direkt aus dem mit allen Reißzähnen bewehrten Maul des Bären hervor.

Nach der Tradition der sarmatischen Reiter waren ihre hohen Schilde mit Symbolen des Kampfes, mythologischen Gestalten oder einer ihrer zahlreichen heidnischen Gottheiten verziert. Jeder von Arthurs Rittern hatte sich seine eigene, ganz persönliche Bilderwelt geschaffen. Gawains Schild zeigte den Vollmond vor einem wolkigen Hintergrund, der von Bors einen Blitz mit einem Pferdekopf; ein Berg von Totenschädeln schmückte Galahads Schild, ein Löwe mit Zähnen und Klauen wie Pfeile den von Tristran, während auf dem Lancelots ein roter Drache brüllte. Arthur dagegen ging mit einem Bild von Christus in die Schlacht. Doch Arthurs Christus war nicht der sanftmütige, liebende Christus der Heiligen Schrift, sondern ein Gott des Krieges mit wildem Haar und funkelnden Augen. Dieser kämpferische Christus hielt ein blutiges Kreuz in den Händen, das er wie ein Breitschwert schwang.

Alles war bereit. Arthur sah seine Ritter und Freunde an und sagte: «Ich wünschte, ihr wärt nicht zurückgekommen», um lächelnd hinzuzufügen: «Doch ich bin sehr froh, dass ihr zurückgekommen seid. Ich danke euch.» Die Ritter erwiderten nichts; sie legten Wert darauf, sich als entschlossene Kämpfer zu präsentieren, nicht als seelenvolle Schwächlinge. Jeder von ihnen fürchtete, dass die anderen ihn verspotten würden, wenn er in diesem Augenblick seine wahren Empfindungen zeigte – doch wusste auch jeder, dass die anderen genauso fühlten wie er.

Die Ritter stellten sich neben Arthur auf, der mit der linken Hand die Drachenstandarte hochhielt. Wieder füllte der Wind den Körper aus Stoff mit Luft, und die Standarte erschien wie ein schlafendes Ungeheuer, das allmählich zu wütendem Leben erwachte.

Arthur hob die rechte Hand, und unten am Waldrand verschmolzen die Pikten wieder mit den Schatten.

Das Heer der Sachsen um sich geschart, musterten Cerdic und Raewald das Tor, um eine Angriffsordnung festzulegen. «Cynric!», rief Cerdic aus dem Gewirr heraus seinem Sohn zu. «Mach deine Kämpfer bereit und schick sie durch das Tor!»

Cynric empfing die Anordnung mit einiger Verblüffung – und Stolz.

Cerdic weidete sich an der Wirkung des Befehls auf seinen Sohn. Dann fügte er mit der Häme, die er in solchen Momenten der Grausamkeit genoss, hinzu: «Nein, du nicht. Nur deine Männer.» Cynric zuckte zusammen.

«Du bleibst bei mir», fügte Cerdic voller Abscheu hinzu. «Damit du in Sicherheit bist.»

«Vater», winselte Cynric, «bitte, lass mich mit meinen Männern in die Schlacht ziehen. Ich führe sie zum Sieg, das verspreche ich dir!»

«So, wie du sie am See zum Sieg geführt hast?», fragte Cerdic verächtlich. «Es ist immer noch ein Ritter da, und deshalb muss ich befürchten, dass er deine Truppe ganz allein vernichtet», fuhr er lächelnd fort. «Zumindest, wenn sie unter *deinem* Befehl steht.»

Diese letzte Demütigung war für Cynric nahezu unerträglich. Sein Vater wollte ganz offensichtlich seine, Cynrics, Männer in den Untergang schicken, während er ihm selbst diese Gunst verwehrte. Zudem erniedrigte er ihn absichtsvoll vor der gesamten sächsischen Streitmacht.

Oben auf dem Hügel tauschten die Ritter kurze Blicke. Sie fühlten ihren alten Stolz, die alte Lust am Kampf. Manchmal ließen sie es zwar so scheinen, als sehnten sie sich nach einem langen, friedlichen Leben und einem ebenso friedlichen Tod in hohem Alter; in Wahrheit aber waren sie für den Kampf geboren, denn nur im Kampf erreichten sie den Gipfel ihrer Stärke und ihres Glücks.

Arthur stieß die Stange, an der im Wind der riesige sarmatische Drachen flatterte, in den Boden und wandte sich an seine fünf Gefährten.

«Ritter», begann er seine kurze Ansprache, «unser Leben

ist das Umherziehen. Eine Mission folgt auf die andere, und unsere Pflicht zwingt uns immer weiter. Doch wohin ziehen wir? Immer sind wir auf der Suche nach einer Heimat, finden werden wir sie niemals. Zu Hause, das ist etwas für andere, nicht für uns. Denn als die mächtigen Götter die Ritter schufen, beschlossen sie, dass der Tod unser Lohn sein soll. Unser Leben ist vergänglich wie der Tau in der Morgensonne.»

In diesem Augenblick erhob sich die fünfzehn Fuß lange Drachenstandarte, als wollte sie fliegen; ihr langer, röhrenförmiger Körper füllte sich mit Luft, und ihr schlangengleicher Schwanz schlug hin und her. Der Kopf des Drachens, verziert mit leuchtend blauen und orangefarbenen Schuppen, glitzerte im Sonnenlicht. Vor allem aber gab die Standarte ein wahrhaft Grauen erregendes Zischen und Stöhnen von sich, als wäre eine menschenverschlingende Bestie direkt aus dem Schlund der Hölle gekrochen.

Die Pferde der Ritter scharrten ungeduldig mit den Vorderhufen und warfen selbstbewusst ihre herausgeputzten Köpfe hin und her, als lauschten sie Arthurs Worten ebenso wie ihre Herren. Als Arthur ihre aufmerksamen Blicke bemerkte, dachte er an Dagonet; vielleicht hatte sein toter Freund ja Recht gehabt, und ihre Pferde waren tatsächlich wiedergeborene Krieger.

Fast zärtlich schaute Arthur auf sein eigenes Reittier hinab. Ruhig fuhr er fort: «Gott nahm eine Hand voll Südwind und erschuf daraus das Pferd. Und er sagte: ‹Meine Kraft soll bei dir sein, wo immer du bist. Du sollst das höchste aller Tiere sein – fähig, zu fliegen ohne Flügel, und dazu auserwählt, deinen Herrn in die Ewigkeit zu tragen!›»

Liebevoll strich er über den Hals seines Pferdes. Dann

blickte er lächelnd auf seine Männer, zog Excalibur und hielt es hoch. Bors packte die Ohren seines Rosses und küsste das Tier auf den Kopf, doch das Pferd – ebenso unsentimental wie die Ritter – warf ob dieser Liebesbezeigung nur den Kopf hoch.

Lancelot zog ebenfalls sein Schwert und schaute Arthur in die Augen. «Wir sind bereit», sagte er.

Gemeinsam mit den anderen ließ Tristran ihre kleine Truppe hochleben, als ihm mit seinen scharfen Augen etwas auffiel. Er ritt zu Arthur hinüber und deutete mit seinem sarmatischen Bogen, den er voll durchgespannt in Händen hielt, den Hügel hinunter. «Sieh mal», sagte Tristran. «Da unten, neben der großen Eiche.»

Geoffrey, der britische Kundschafter, schlich bei dem Baum herum, die Blicke auf den großen Wall gerichtet. Er bewegte sich schnell und gewandt wie ein Tier.

Als Arthur ihn sah, fragte er: «Meinst du, er will herausfinden, wie die Festung verteidigt wird?»

«Kann sein», räumte Tristran ein. «Ich glaube, wir sollten nicht zulassen, dass er sein Wissen an die Sachsen weitergibt, was meinst du?»

«Keinesfalls», antwortete Arthur lächelnd und nickte Tristran zu.

Tristran korrigierte die Richtung seines Bogens ein wenig … und schoss.

Geoffrey hatte sich in dem Glauben hinter dem Baum versteckt, dort weder von der Festung noch vom Hügel aus gesehen zu werden. Als der Kundschafter gerade durch eine kleine Lücke zwischen den Zweigen schauen wollte, zischte Tristrans Pfeil durch die winzige Öffnung. Er bohrte sich in Geoffreys linkes Auge und trat am Hinterkopf wieder aus. Der Kundschafter sackte zu Boden, wo er mit weit ausgebreiteten Armen und Beinen liegen blieb. Da die hervorstehende Pfeilspitze verhinderte, dass sein Hinterkopf den Boden berührte, wirkte er von ferne, als spähte er über seine Füße.

Tristran senkte den Bogen und gönnte sich einen Augenblick der Bewunderung für seinen Meisterschuss. Arthur sah ihn mit ungläubigem Stolz an, während die anderen Ritter jubelten und Galahad ihm auf die Schulter klopfte. Tristran steckte den Bogen wieder in seine Halterung und sagte mit einem Lächeln: «Jede Geschichte geht einmal zu Ende.»

Neunzehn

Dicht hinter Cerdic und Raewald stehend, schaute Cynric übellaunig aus der Ferne zu, wie seine leicht bewaffneten Fußsoldaten durch das offene Tor des Hadrianswalls marschierten. Kaum waren sie auf der anderen Seite, breiteten sie sich mit fast mechanischer Genauigkeit über das Feld vor der Festung aus. Während die Sachsen sich weiter auf das Kastell zubewegten, konnten sie jenseits der Festungsmauern keinerlei Lebenszeichen ausmachen. Doch selbst das Stampfen ihrer Schritte wurde übertönt vom Zischen und Kreischen des sarmatischen Drachens auf dem Hügel. Empfanden die Sachsen schon dieses Geräusch als wahrhaft zermürbend, flößte ihnen die kleine Streitmacht, welche die Drachenstandarte mit sich führte, noch viel größere Furcht ein. Mit denselben Männern hatten sie sich schon an jenem schrecklichen Tag auf dem zugefrorenen See gemessen und eine bittere Niederlage erlitten. Jetzt zogen weitaus weniger Sachsen in den Kampf, während bei den sarmatischen Rittern nur ein Mann gefallen war. Wachsam hielten die Männer bei ihrem Vormarsch die Augen auf den Hügel gerichtet.

Cerdic und Raewald schauten gespannt zu, wie ihre Streitkräfte durchs Tor ritten. Keiner von ihnen hatte bemerkt, dass mittlerweile auch die anderen Ritter auf dem Hügel eingetroffen waren. Stattdessen suchte Raewald das Gelände nach Anzeichen dafür ab, dass die Festung eine Falle war oder anderswo eine weitere Streitmacht auf der Lauer lag. Ihn überkam ein unbestimmtes Gefühl der Angst, das ihn nicht mehr losließ. Im Gegensatz zu Raewald wirkte Cerdic keineswegs beunruhigt, sondern lediglich aufmerksam, als wäre er Zeuge einer mäßig fesselnden Vorführung.

«Ich weiß nicht, was hinter diesem Wall vor sich geht», sagte Raewald, «aber falls Cynrics Truppen auf eine starke Verteidigung treffen, könnte die Sache schwieriger werden, als sie aussieht.»

«Da ist doch nur ein Dorf wie die vielen, die wir auf unserem Weg hierher zerstört haben», wandte Cerdic verächtlich ein. «Und dass es hinter einem hohen Steinwall steht, ändert daran nichts. Wir werden jeden Augenblick den Rauch unserer Feuer sehen. Ohne Cynric als Anführer müssten sich die Soldaten heute eigentlich sehr viel besser schlagen.»

Mit einem Mal war die Luft von einem lauten knarrenden Geräusch erfüllt. Cerdic und Raewald schreckten auf, als die gewaltigen Flügel des großen Tores im Hadrianswall in dem Moment zufielen, in dem der letzte sächsische Soldat hindurchmarschiert war. Raewalds Hand fuhr instinktiv zu seinem Schwert. «Was bedeutet das …?», flüsterte er.

Mit einem entsetzten Ausdruck in seinem entstellten Gesicht sah Cynric, was geschehen war. Cerdic hingegen wirkte weiterhin eher neugierig als besorgt. Das Leben von Cynrics Männern bedeutete ihm nichts. Er bestückte lediglich die Falle mit einem Köder, um die Größe und Gefährlichkeit der feindlichen Streitmacht besser abschätzen zu können.

Nachdem die leicht bewaffneten Fußsoldaten der Sachsen voller Zuversicht durch das Tor marschiert waren, hatten sie auf dem freien Feld zwischen Hadrianswall und Kastell weder Männer noch Waffen gefunden. Der Anführer an ihrer Spitze warf beunruhigte Blicke auf die Festungsmauern; offenbar fürchtete er einen unmittelbar bevorstehenden Angriff. Doch nichts geschah, und kein Geräusch außer dem Stampfen ihrer Füße auf dem harten Erdboden und dem nervtötenden Kreischen des sarmatischen Drachens war zu hören.

Dann aber vernahmen sie plötzlich das rostige Knarren der Tore hinter sich, und bevor die Sachsen recht wussten, wie ihnen geschah, fielen die Söldner und die bewaffneten Bauern, die sich hinter den Flügeln des offenen Tores versteckt hatten, über sie her. Auf den Mauern der Festung gab Jols seinem Helfer Ganis ein Zeichen, woraufhin Letzterer zusammen mit den Kindern aus dem Dorf die Heuballen anzündete und über die Brüstung warf, von wo sie als lodernde Bündel auf die Sachsen stürzten, um dann als schwelende Haufen liegen zu bleiben. Auf Guineveres Befehl schossen die Pikten daraufhin vom Waldrand her ein wahres Ungewitter von Pfeilen ab. Die dichten Rauchwolken aus den Heuballen raubten den Sachsen den Atem und nahmen ihnen die Sicht, während sie verzweifelt versuchten, ihre Verteidigung aufzubauen. In kürzester Frist wurden Dutzende von Pfeilen getroffen oder starben unter den Schwertern und Lanzen der Söldner.

An seine Männer gewandt, sagte Arthur: «Alles läuft wie vorausgesehen. Lasst uns eingreifen.» Dann trieb er sein Pferd an und galoppierte mit dem gezogenen Schwert Excalibur den Hügel hinab, die Ritter immer dicht hinter ihm. Bors hatte den sarmatischen Drachen ergriffen und hielt ihn hoch in den Wind, der die Standarte noch fürchterlicher aufheulen ließ. Wie gelähmt sahen die leicht bewaffneten sächsischen Krieger die Ritter heranstürmen, die mit ihren Furcht erregenden Schilden und reich verzierten Pferden immer näher kamen, um unvermittelt von einer Wolke schwarzen Rauchs verschluckt zu werden. Die Sachsen konnten beinahe nichts mehr erkennen. Dann kamen aus dem Rauch Pfeile und mähten die vorderste Reihe nieder. Die Krieger in der zweiten Reihe warfen verzweifelte Blicke um sich, um einzuschätzen, aus welcher Richtung der nächste Angriff kommen könnte.

Mit einem Mal durchbrachen die Ritter mit stoßbereiten Lanzen die schwarze Wolke, während Arthur Excalibur hoch über dem Kopf schwang. Hinter ihnen folgte eine kleine Gruppe schreiender Pikten und entschlossener Söldner.

Da sie von der anderen Seite des Hadrianswalls aus nichts sehen konnten, erlebten Cerdic, Raewald und Cynric die Kämpfe nur als ein Getöse aus grauenhaften Lauten, Todesschreien, dem schrecklichen Gewieher von Pferden, dem Klirren von Metall und dem sirrenden Geräusch der Pfeile. Sie konnten sich das Gemetzel lediglich vorstellen. Mit unverhohlener Genugtuung sah Cerdic seinen Sohn an. Jetzt hatte Cynric keine eigene Truppe mehr, mit deren Hilfe er den Führungsanspruch seines Vaters hätte in Frage stellen können. Verzweifelt blickte der junge Mann zum Wall hinüber und fragte sich, wie er jemals sein Versagen wieder ausgleichen könnte. Vielleicht, so dachte er, indem er jemanden tötete, vor dem selbst sein Vater Respekt hatte; dann würde er in Cerdics Achtung sicher wieder steigen. Und falls es anders käme, überlegte Cynric, könnte er seinen Vater einfach töten.

Das Schlachtfeld hinter dem Wall wurde für die Sachsen zur Hölle. Die Ritter auf ihren Streitrössern erschienen ihnen wie Kreaturen aus einem Albtraum, die soeben noch zu sehen und im nächsten Augenblick wieder verschwunden waren. Immer wieder griffen sie die verwirrten sächsischen Fußsoldaten, die ihren Kampfgeist längst verloren hatten, gerade von der Seite an, auf der ihre hilflosen Opfer sie am wenigsten erwarteten.

Der Anführer der sächsischen Vorhut sank mit einem Pfeil im Bauch neben dem Wall auf die Knie. Die Schlacht tobte ohne ihn weiter, und während sich auf der Erde unter ihm langsam eine Blutlache bildete, beobachtete der Mann die Ritter, als wären sie gespenstische Wesen aus einer anderen, weitaus schrecklicheren Welt, übermenschlich und unerbittlich. Mit langsam brechenden Augen sah er zu, wie Arthur Excalibur schwang und zu beiden Seiten seines Pferdes Sachsen niedermähte. Manche von ihnen sanken ohne Kopf zu Boden, andere sahen mit Grauen dort, wo soeben noch ein Arm gewesen war, nur noch eine klaffende Wunde, aus der das Blut sprudelte. Neben Arthur schoss Bors unaufgeregt tödliche Pfeile ab, die alle in der Brust, im Hals oder im Bauch eines Sachsen landeten. Lancelot durchbohrte inzwischen mit seiner Lanze Männer, als spießte er beim Essen Rindfleischstücke auf sein Messer, und Tristran durchtrennte die Körper von Sachsen mit fast mechanischer Genauigkeit. Die Klinge seines Schwertes war so scharf, dass viele Unglückliche den Hieb, der sie tötete, nicht einmal spürten.

Der verwundete Anführer von Cynrics Truppe ging rücklings zu Boden, noch immer den Pfeil in seinem Bauch umklammernd. Er wusste, dass er binnen kurzem sterben würde. Aber alles, so dachte er in seinen letzten Momenten, war besser als das Entsetzliche, das sich vor seinen schreckgeweiteten Augen abspielte.

Vor dem Kastell wich das Schlachtengetöse innerhalb weniger Augenblicke einer merkwürdigen, beängstigenden Stille. Angespannt blickte Cynric zuerst Raewald und dann Cerdic an. Raewald starrte vor sich hin und schüttelte angewidert den Kopf. Der eiskalte Cerdic dagegen zeigte keine Beunruhigung. Er schaute nur aufmerksam zum Wall hinüber, als wäre er schon neugierig auf das, was als Nächstes geschehen würde. Cynric erschien es fast so, als bereitete all das seinem Vater größtes Vergnügen.

Mit einem lauten metallischen Stöhnen begannen die Torflügel sich langsam wieder zu öffnen. Durch den Spalt zwischen ihnen drang eine dichte Wolke beißenden schwarzen Rauchs, die sich wie Bodennebel über das Feld ausbreitete. Für lange Momente war der Rauch das Einzige, was durch das Tor kam. Dann taumelte ein einsamer sächsischer Krieger aus der Wolke heraus. Cerdic und Cynric erkannten, dass er so gut wie tot war; er sah aus, als hätte man an ihm die verschiedensten Schwertklingen erprobt. Mit letzter Kraft schleppte sich der verwundete Sachse über das freie Feld.

«Wir müssen ihm helfen», meinte Cynric.

Cerdic warf seinem Sohn einen seiner üblichen verächtlichen Blicke zu. «Ein Soldat kommt zu seinem Anführer», erklärte er, «nicht umgekehrt.»

Raewald schien bestürzt. «Aber, Herr …»

«Ruhe!», zischte Cerdic. «Sonst trittst du an seine Stelle.»

Nach quälend langer Zeit kam der Verwundete schließlich bei Cerdic an. Cynric rang nach Luft, als er den Mann aus der Nähe sah, denn das Gesicht des Soldaten war noch schlimmer entstellt als sein eigenes. Sein Waffenrock war schwarz vom Rauch und getränkt von Blut.

«Diese Ritter sind Dämonen!», stieß der Sachse mit rauer, entsetzter Stimme hervor.

«Bist du der einzige Überlebende?», fragte Raewald.

Der Krieger schien die Frage gar nicht gehört zu haben. «Und mit ihnen kämpfen blaue Bestien!», ergänzte er verzweifelt.

Verärgert fragte Cerdic: «Wie viele verteidigen die Festung?»

Erneut starrte der Sachse vor sich hin, als hätte er noch immer den grauenvollen Anblick vor Augen, dem er soeben erst entflohen war. Nichts deutete darauf hin, dass er Cerdic überhaupt hörte. Stattdessen zeigte er mit dem Finger auf den Hadrianswall und erklärte: «Das ist das Tor zur Verdammnis!»

Cerdic hatte genug gehört. Wenn der Mann nichts Nützlicheres zu bieten hatte, war es sinnlos, die Befragung fortzusetzen. Cerdic hob seine Streitaxt und ließ sie mit einem Ekel erregenden dumpfen Geräusch auf den Kopf des Kriegers krachen. Die Waffe spaltete den Schädel wie einen Kürbis. Raewald konnte seinen Abscheu nicht verbergen, und Cynric wäre am liebsten schreiend davongelaufen; er wollte sich nur noch die Augen zuhalten, um dieser Vision des Grauens zu entfliehen. Dennoch war er fest entschlossen, sich seine Schwäche nicht anmerken zu lassen, und so blieb er stehen, so ruhig er konnte.

«Deine Fußsoldaten haben erneut versagt», warf Cerdic seinem Sohn vor. «Sie sind ebenso unnütz wie du.» Dann sagte er, an Raewald gewandt: «Bereite das Heer auf den Angriff vor. Der Spaß hat nun ein Ende.» Raewald machte sich eilig davon, um den Anführern einer jeden Abteilung die entsprechenden Befehle zu erteilen.

Am Waldrand im unteren Abschnitt des Hügels wartete Guinevere mit ihren weiblichen Leibwächtern darauf, loszuschlagen. Sämtliche Stämme ihres Volkes hatten sich zu dieser entscheidenden Schlacht eingefunden, die, wie sie alle wussten, nur mit einem ruhmreichen Sieg oder einer vernichtenden Niederlage enden konnte. Verschwommen konnte Guinevere sie durch den Rauch ausmachen. Sie sah, dass die Anführer jeder Abteilung gespannt zu ihr herüberschauten und auf ihr Signal warteten. Guinevere ließ den Blick über ihre Reihen schweifen, in der Hoffnung, ihren Vater zu entdecken. Aber Merlin war nirgends zu sehen.

Plötzlich drangen bedrohlich die Geräusche von Trommeln, Hörnern und marschierenden Füßen zu ihr herüber, und nun war es an den Pikten, sich vorzustellen, was auf sie zukam. So, wie es klang, schien es die größte Streitmacht auf Erden zu sein.

Cerdic, Cynric und Raewald ritten dicht beieinander mitten in der gewaltigen Menge sächsischer Kämpfer. Nachdem sie den Hadrianswall hinter sich gelassen hatten, bildeten die Krieger auf Cerdics Befehl vor dem Hügel von Badon Hill einen Wall aus Schilden. Als die Pikten die Sachsen zu Gesicht bekamen, setzten sie die kalkulierte Wut von Kriegern ein. Unter wildem Geheul und Geschrei schlugen sie ihre Lanzen gegen ihre Schilde und erzeugten einen ohrenbetäubenden Lärm, mit dem sie den Aufzug der Sachsen fast noch übertrafen.

Auf ein Zeichen Cerdics hielten die Sachsen inne. Im selben Augenblick verstummten auch die Trommeln und die Hörner. Es dauerte ein paar Augenblicke, bis die Pikten bemerkten, dass die Sachsen keinen Laut mehr von sich gaben, und Reihe für Reihe fielen auch sie in Schweigen. Die Krieger beider Seiten starrten einander an. Jeder versuchte, die Stärke des Gegners abzuschätzen. Die einzigen Laute weit und breit kamen von den sterbenden Männern Cynrics, die überall auf dem Schlachtfeld lagen. Die Glücklicheren unter ihnen waren auf der Stelle von Tristrans Pfeilen und Arthurs Schwert getötet worden, während andere mit schwersten Verletzungen einem langsamen, qualvollen Tod entgegensahen.

Inmitten seiner Truppen setzte Cerdic mit einem kurzen Befehl die sächsische Hauptstreitmacht aus Armbrustschützen und Schwertkämpfern langsam wieder in Bewegung. Dann rief er zwei seiner Stellvertreter zu sich, deutete nach beiden Seiten und befahl: «Sichert unsere Flanken.» Dann zeigte er nach vorn. «Armbrustschützen in die Mitte.» Den Bogenschützen schließlich rief er zu: «Behaltet den Wall hinter uns im Auge.» Dann drehte er sich zu seinem Sohn um. «Cynric», sagte er und hielt einen Augenblick inne, um damit seinen Sohn noch einmal zu peinigen, «du führst deine Schwertkämpfer nach links und bildest dort die Flanke. Und du, Raewald, unterstützt ihn dabei.»

Cynric nickte dankbar und machte sich mit seinen Männern auf den Weg über das Schlachtfeld, über dem noch immer der Rauch der glimmenden Heuballen schwebte. Ein weiterer sächsischer Truppenführer bildete auf Cerdics Befehl hin die rechte Flanke.

Auf dem Hügel unweit des Friedhofs wartete Arthur mit seinen Rittern ruhig den Vormarsch der feindlichen Truppen ab.

«Eine wahre Streitmacht», meinte Lancelot neben ihm. «Das wird nicht so einfach wie am See.»

Bors schnaubte verächtlich. «Es hat noch nie einen sarmatischen Ritter gegeben, der nicht in der Lage gewesen wäre, mit mindestens zehn Sachsen fertig zu werden.»

Galahad grinste und zeigte auf die feindlichen Kämpfer. «Schon wahr», räumte er ein, «aber ich befürchte, heute kommen auf jeden von uns mindestens sechzig von denen.»

Bors winkte ab. «Dann müssen wir uns eben ein bisschen anstrengen.»

Arthur betrachtete seine Freunde und deren Streitrösser. Die Rüstungen der Pferde waren mit Blut bespritzt, die Gesichter der Ritter schwarz vom Rauch und ihre Klingen befleckt vom Blut der sächsischen Krieger. Arthur aber erschien keineswegs unruhig. Auf die anderen Ritter wirkte er ruhig, ja beinahe glücklich – so, als wäre er ganz in seinem Element. Seine Gelassenheit übertrug sich auf sie. Mit einem Blick auf die gewaltige Streitmacht vor ihnen war jedem klar, dass ihre Aussichten dieses Mal nicht allzu gut waren. Dennoch hielten sie sich bereit. Mehr noch: Sie warteten ungeduldig auf den Kampf.

Unweit von ihnen stand Merlin der Mitte des sächsischen Heeres gegenüber, eine Gruppe kampferprobter Krieger hinter sich. Verborgen zwischen den Bäumen und getarnt mit Zweigen und Büschen befanden sich die schussbereiten Katapulte der Pikten.

Am Waldrand lud Guinevere ihren Bogen. Ihre Leibwächterinnen zogen ihre Kurzschwerter und harrten angespannt auf Guineveres Befehl zum Angriff.

In der Festung warf Lucan einen Blick durch eine Tür zu den Bauern seines Dorfes hinüber, denen die Anspannung ebenfalls anzumerken war. Einige von ihnen waren mit Schwertern und Lanzen bewaffnet, während andere Äxte, Heugabeln, Schaufeln oder andere Werkzeuge umklammerten, die ihnen auch nur annähernd als Waffen dienen konnten. Als eine Frau Lucan bemerkte, scheuchte sie ihn schnell wieder hinein und schloss die schwere Tür hinter ihm. Lucan wünschte sich eine Waffe, wusste aber, dass ihm kein Erwachsener eine geben würde. Vor allem wollte er die sächsischen Scheusale töten, um Dagonets Tod zu rächen. Er schaute durch den Spalt eines Fensterladens, um wenigstens zusehen zu können, wie die Sachsen starben. Draußen auf dem Festungswall erblickte er Ganis und ein paar weitere bewaffnete Bauern, die unruhig hinter der Brustwehr kauerten und auf den Beginn der Schlacht warteten.

Die Sachsen unter Cynrics Befehl, die die linke Flanke bildeten, gelangten an einen Graben. Sie taten die ersten Schritte, um ihn zu durchqueren, und sanken sofort bis zu den Knöcheln in dem ein, was wie Schlamm ausgesehen hatte. Nur mit größter Mühe gelang es ihnen, die Füße zu heben. «Das ist kein Schlamm», sagte einer, der mit der zähen Masse kämpfte. «Das ist Pech!»

«Pech?», erwiderte ein anderer zweifelnd. «Wozu sollte jemand einen Graben mit Pech füllen?»

Mittlerweile steckten mehrere Soldaten in dem dickflüssigen schwarzen Brei fest. Die Sachsen warfen einander besorgte Blicke zu.

«Herr!», rief einer von Cynrics Stellvertretern. «Wir sollten wohl besser umkehren und einen besseren Weg suchen.»

Mit einem verächtlichen Grinsen in seine Richtung entgegnete Cynric: «Was seid ihr bloß für große Krieger, wenn ihr euch schon in die Hose macht, nur weil eure Füße im Schlamm stecken!»

«Das ist kein Schlamm», versuchte einer seiner Soldaten zu erklären, «das ist Pech –»

«Ruhe!», brüllte Cynric. «Haltet den Mund, wenn ihr nicht wollt, dass dieser Graben zu eurem Grab wird.»

Die Sachsen sagten nichts mehr. Ungeachtet der klebrigen Masse, trieb Cynric seine Männer weiter voran. Auch Raewald kämpfte sich durch den dickflüssigen Sumpf, der ihm alles andere als geheuer war. Der Soldat, dachte er, hatte eine durchaus vernünftige Frage gestellt: Wozu sollte jemand einen Graben mit Pech füllen?

Zwanzig

Am Waldrand im Osten sah Guinevere zu Arthur hinüber. Fast schien er ihren Blick zu spüren, denn er wandte ihr die Augen zu. Ein paar Augenblicke lang schauten sie einander an und sagten sich auf diese Weise alles, was sie jetzt nicht in Worte fassen konnten. Dann nickte Arthur und winkte ihr zu. Guinevere erwiderte den Gruß, setzte einen Pfeil in Brand und legte ihn sorgfältig in ihren sarmatischen Bogen ein.

Als die Sachsen weiter über das Schlachtfeld vordrangen, klang ihnen das Stöhnen ihrer verwundeten Gefährten immer lauter in den Ohren. Um die Toten und Verletzten war der Boden so stark mit Blut getränkt, dass er einem karmesinroten Sumpf glich. Während die Soldaten ihn durchschritten, spürten sie, wie das Blut um ihre Füße aufstieg und Blasen schlug. Die grauenhaften Laute und die schrecklichen Gerüche bei ihrem Gang durch dieses Meer von Blut … all das erschütterte selbst die erfahrensten sächsischen Krieger.

Und dann war da außerdem das unablässige Kreischen des sarmatischen Drachens, der noch die Schreie und das Stöhnen der Verwundeten übertönte. Die Sachsen schauten zu ihm hoch, während er in all seiner schrecklichen Schönheit brüllte wie eine todbringende Bestie und wütend mit dem Schwanz um sich schlug. Vor dem Drachen schließlich standen in völliger Reglosigkeit Arthur und seine Ritter.

Cerdic starrte sie und ihr windgefülltes Glückssymbol an. Zum ersten Mal an diesem Tag verspürte er so etwas wie Furcht. Sie waren wieder da. Alle. Nicht nur Arthur, sondern die gesamte Streitmacht, die Cynrics Männer am See besiegt hatte. Cerdic ließ den Blick über das Schlachtfeld schweifen, das mit den Leichen seiner Leute übersät war. Als er sie vorgeschickt hatte, bereitete ihm der Gedanke, sie zu verlieren, keine besonderen Schwierigkeiten. Nun aber wirkte ihre Niederlage wie ein böses Omen für die ganze Schlacht. Cerdic überkam das Gefühl, dass dieser Tag für ihn und sein Heer ein schlimmes Ende nehmen könnte.

Am Friedhof holte Arthur Excalibur aus der Scheide und hielt es über den Kopf. Das große Schwert funkelte im Sonnenlicht.

Als Guinevere es sah, schoss sie ihren flammenden Pfeil ab, und fast im selben Augenblick taten es ihr fünfzig weitere piktische Bogenschützen gleich.

Ein sächsischer Offizier, der gerade auf dem beschwerlichen Weg durch den Graben war, wurde von Guineveres Pfeil im Gesicht getroffen. Zu seinem Glück durchdrang die Pfeilspitze sein Gehirn. Er war auf der Stelle tot, und ihm blieben somit die grauenhaften Schmerzen erspart, die er sonst hätte durchleiden müssen, als sein Haar und sein Gesicht in Flammen aufgingen. Erspart blieb ihm auch die Qual, die viele seiner Waffengefährten erdulden mussten, als sein Körper in die klebrige Masse sank, das schwarze Pech augenblicklich in Brand setzte und eine Feuerwand erzeugte, die wie ein im Boden verankerter Blitz nach Norden schoss und das Schlachtfeld in zwei Teile zerschnitt. Diejenigen Sachsen, die gerade den Graben durchquerten, verbrannten, bevor sie ihren Schmerz herausbrüllen konnten. Andere entfernten sich mit brennenden Füßen, so schnell sie konnten, von dem lodernden Pech, doch das Feuer sprang in Windeseile auf ihren gesamten Körper über, bis ihre Schreie im Todeskampf selbst das wütende Donnern der Flammen übertönten. Die breite Schlange brennenden Pechs verwandelte das Schlachtfeld zusammen mit den noch immer schwelenden Resten der Heuballen in ein Dämonenreich aus Feuer und Rauch.

Die Flammenwand hatte die gesamte linke Flanke mit Cynric und Raewald von den übrigen Kämpfern abgeschnitten, und die Überlebenden standen nun Guinevere und ihren Pikten allein gegenüber. Die von Cerdic angeführten Krieger in der Mitte befanden sich vor dem Hügel und den Rittern, während die rechte Flanke im Westen unter dem von Cerdic eingesetzten Befehlshaber nun der Festung zugewandt war.

Auf ein Zeichen Guineveres erfüllten ihre Krieger die Luft mit einem neuen Pfeilregen. Als sie in die andere Richtung einen weiteren Befehl gab, sandten die Männer in der zweiten Reihe Feuerpfeile los, während andere Pikten auf die Flanken der Sachsen Pfeile, Schleudersteine und Wurflanzen herabhageln ließen. Der Wind trieb den Rauch in alle Richtungen, und das ganze Schlachtfeld verdunkelte sich, als senkte sich am helllichten Tag die Nacht herab.

Auf den Festungsmauern trotzten die Dorfkinder den Pfeilen der Sachsen und schleuderten Fackeln auf die Heuballen, die in hohen Stapeln die steinernen Stufen zum Festungswall blockierten. Mehrere Kinder wurden von Pfeilen getroffen, doch sogleich traten andere an ihre Stelle. Das brennende Heu wurde vom Wind über das Schlachtfeld verteilt, sodass bald ein wahrer Funkenregen auf die Sachsen niederging.

Wie eine Naturgewalt kamen Arthur und die Ritter ein weiteres Mal vom Hügel herab und gingen mit kampfbereiten Schwertern zum Angriff über. Bors führte die Drachenstandarte mit sich und hielt sie in den Wind, wo der grimmige Drachen unter heftigen Windungen Schreie des Verderbens ausstieß, während die Pferde der Ritter mit jedem donnernden Hufschlag drohend schnaubten.

Auf den Festungsmauern hörten Ganis und die Dorfbewohner das Fauchen des sarmatischen Drachens und die stampfenden Hufe der Schlachtrösser. Sie drehten sich zu Arthur und den anderen um und winkten ihnen mit ihren Waffen zu, jubelnd und bereit, auch an ihrem Standort den Sachsen entgegenzutreten.

Als die Ritter an ihnen vorbeistürmten, warfen Guinevere und ihre Pikten die Bogen beiseite und zückten ihre Schwerter, um sie grüßend in die Höhe zu halten. Dann gab Guinevere ein Zeichen, und die Pikten rannten unter markerschütterndem Geheul aus dem Wald, um den Rittern mitten ins Schlachtgetümmel zu folgen.

Guinevere und ihre Truppen liefen geradewegs auf Cynrics Abteilung zu, in deren Richtung sie jedoch eine undurchdringlich scheinende Wolke aus schwarzem Rauch erwartete. Entschlossen führte Guinevere ihre Krieger geradewegs in diese Finsternis hinein. Cynric sah hilflos zu. Er war vom Rest des Schlachtfelds abgeschnitten und wusste nicht, was ihm im nächsten Augenblick aus dem Rauch entgegentreten würde und an welcher Stelle.

Ein Stück weiter am Waldrand schossen Merlins Leute die beiden Katapulte ab, während Merlin selbst seitlich davon das Schlachtfeld im Auge behielt.

Ganis kauerte abwartend mit den bewaffneten Bauern auf dem Festungswall. Jols eilte zu ihnen hinter die Brustwehr, stolz seine kostbare römische Spatha schwingend. Unmittelbar nach seinem Eintreffen jagten sächsische Kämpfer mit wilden Schlachtrufen die Stufen hinauf.

Jols gab Ganis ein Zeichen und rief: «Jetzt!»

Ganis nickte. Gemeinsam mit den Dorfbewohnern steckte er weitere Heuballen in Brand und schleuderte sie auf die unteren Stufen hinter die Angreifer, um ihnen den Rückweg abzuschneiden. Dann rollten sie weitere brennende Ballen die Stufen hinab und überzogen die schreienden Sachsen mit einer Feuerwelle.

Die Ritter galoppierten inzwischen in voller Geschwindigkeit durch den Friedhof aufs Schlachtfeld, gerade auf die sächsische Wand aus Schilden zu. Die erste Reihe sächsischer Schwertkämpfer bereitete sich auf den Aufprall vor. Hinter ihr schlugen die Trommler weiter ihren Rhythmus, der sich mit dem Stampfen der Hufe über dem Kampfplatz zu einem markerschütternden Donnern vereinte.

Arthur gab mit Excalibur ein Zeichen, und die Ritter gingen sofort in die Drachenformation über. Arthur ritt voran, die Bogenschützen Tristran und Bors bildeten die Flanken, und die anderen folgten hintereinander, bereit, sich im Augenblick des Zusammenstoßes aufzufächern. Über ihren Köpfen zischten die beiden riesigen Feuerbälle aus den Katapulten der Pikten auf die sächsischen Linien zu.

Die flammenden Geschosse krachten zwischen die Soldaten, die den Wall aus Schilden bildeten, worauf die von Schrecken ergriffenen Sachsen in alle Richtungen davonstoben. Die Feuerbälle schlugen mit unglaublicher Wucht ein, zersprangen beim Aufprall auf den Boden und überschütteten ihre Umgebung mit einem Flammenregen. Die Geschosse konnten Menschen auf unterschiedliche

Weise töten, wie die Sachsen zu ihrem Leidwesen erfahren mussten: Einige wurden umstandslos erschlagen, andere von Splittern durchbohrt, und wieder andere wurden von den Flammen erfasst und starben qualvoll bei dem vergeblichen Versuch, dem Feuer zu entkommen.

Obwohl Cerdic mit ansah, wie innerhalb kurzer Momente Dutzende seiner Männer starben, ging er unbeirrt vorwärts. Als sich eine der flammenden Kugeln auf ihn zuwälzte und dabei mehrere seiner Krieger traf, wich Cerdic ihr furchtlos mit einigen unaufgeregten Schritten zur Seite aus. «Die Reihen schließen!», schrie er. Beeindruckt von seiner Tapferkeit, eilten ihm seine Soldaten unter lautstarken Schlachtrufen rasch zur Seite.

Bors trieb sein Schlachtross mit voller Geschwindigkeit durch die Menge. Er benutzte den kreischenden Drachen wie einen Rammbock, als sein Pferd die entsetzten Schwertkämpfer über den Haufen rannte. Die anderen Ritter senkten ihre Stoßlanzen auf die Höhe der Sachsen und trieben sie wie Schafe auseinander. Der sarmatische Drachen krachte in die Brust eines Gegners, und sein Gebrüll verstummte, als sein Kopf vom Aufprall eingedrückt wurde. Überall fielen Sachsen unter den Schwertern und Lanzen der Ritter. Einige flüchteten ziellos und suchten ebenso verzweifelt wie vergebens nach einem Ort, an dem sie sicher waren. Andere versuchten der Gefahr kriechend zu entkommen, wurden jedoch von den Pferden zu Tode getrampelt oder von den scharfen Klingen an ihren Hufen in Stücke geschnitten.

Arthur hieb sich seinen Weg durch die feindlichen Linien frei, und von Excalibur floss so viel Blut, als blutete das Schwert selbst.

Mit Grauen erregendem Gebrüll stürmten gleich hinter den Rittern die Pikten mit ihren Kurzschwertern vor. Die vom Angriff der Ritter bereits merklich geschwächten Sachsen waren auf diese neue Herausforderung schlecht vorbereitet, und so kämpften sich die Pikten unter wütenden Schwerthieben gnadenlos durch sie hindurch. Im selben Augenblick krachten erneut zwei Feuerbälle ins Zentrum der sächsischen Streitmacht und schlugen eine weitere Schneise aus verstümmelten und brennenden Körpern.

Die sächsischen Trommler hielten noch immer ihren Rhythmus, während ihre Waffenbrüder hastig die Lücken füllten, die die flammenden Geschosse der Katapulte hinterlassen hatten. Einer der Trommler hielt unversehens mitten in seiner Bewegung inne, als sich ein Pfeil in seine Brust bohrte. Neugierig blickte er auf, bevor er nach vorn kippte. Seine Trommel rollte einen leichten Abhang hinunter, und ein piktischer Krieger, der blind durch den Rauch stürmte, stolperte über sie, fiel hin und brach sich dabei die Nase. Wütend richtete er sich wieder auf und schlug so heftig mit seinem Schwert auf sächsische Krieger ein, als wollte er sie für seine Schmerzen büßen lassen.

Guinevere traf einen der sächsischen Anführer mit ihrem sarmatischen Bogen. Tristran und Bors schossen inzwischen mit ihren Langbogen aus dem Sattel Pfeil um Pfeil auf sächsische Armbrustschützen ab, während sie ihre Pferde mit den Knien lenkten. Galahad galoppierte durch die Reihen der feindlichen Soldaten und hieb mit dem Schwert auf sie ein. Mehreren sächsischen Bogenschützen gelang es, sich neu zu formieren und eine ganze Reihe von Pfeilen auf die Angreifer abzuschießen. Ein Dutzend Pikten sank tot zu Boden. Ihre Gefährten aber stürmten sofort mit erhobenen Schwertern auf die kleine Gruppe von Sachsen zu und hackten sie in Stücke.

Nun waren Pikten auf beiden Seiten der sächsischen Linien und setzten dem Feind zugleich aus zwei Richtungen zu. Die Sachsen versuchten noch immer, weiter vorzudringen, doch der schwarze Qualm versperrte ihnen die Sicht. «Neu formieren!», rief Cerdic im Getöse der Schlacht. «Vorwärts! Vorwärts!» Die Männer konnten Cerdic kaum sehen, aber sie hörten seine Befehle und versuchten sich in die Richtung zu bewegen, aus der seine Stimme kam. Immer wieder brüllte Cerdic Befehle heraus, um sein Heer nach vorn zu treiben.

Auf dem Festungswall war es Jols, Ganis und den Dorfbewohnern gelungen, den sächsischen Angriff zurückzuschlagen. Jols rief Ganis zu: «Hier gibt es für uns nichts mehr zu tun! Schließen wir uns Arthur an!»

Ganis nickte und hob sein Schwert, um die Dorfbewohner auf sich aufmerksam zu machen. «Runter von den Mauern!», schrie er. «Kämpft! Kämpft!» Er hastete die geschwärzten Stufen hinab, auf denen noch immer Reste der Heuballen schwelten, und sprang über die verbrannten Leichen der Sachsen. Nach wenigen Augenblicken bemerkte er, dass er allein war. Er blieb stehen und schaute zurück. Die Dorfbewohner standen noch immer auf dem Wall und betrachteten voller Angst die Toten und Verstümmelten. Mit einem ermutigenden Lächeln rief Ganis ihnen zu: «Wollt ihr etwa an Altersschwäche sterben? Na los, machen wir mit den übrigen Sachsen dasselbe, was wir mit diesen hier gemacht haben!»

Nach kurzem Zögern stürmten die meisten Dorfbewohner unter lautem Geschrei die Stufen hinab und folgten Ganis aufs Schlachtfeld. Jols war als Erster da; er konnte es kaum erwarten, endlich selbst in die Kämpfe einzugreifen. Drohend umklammerte er seine Spatha, ohne recht zu wissen, was er als Erstes tun sollte.

Wenige Schritte von ihm entfernt zielte ein Armbrustschütze sorgfältig auf ihn. Jols sah ihn, doch statt wegzulaufen, griff er nach einem seiner kurzen Wurfspeere. Endlich sah er seine Gelegenheit gekommen. Er holte den Speer aus seiner Hülle und schleuderte ihn mit einer einzigen gleitenden Bewegung durch die Luft. Der Speer durchbohrte den Armbrustschützen, dessen Waffe zu Boden fiel. Der Pfeil löste sich zwar, schlitterte aber über die Erde, ohne etwas auszurichten. Jols grinste vor Stolz. Ganis betrachtete die Szene mit weit aufgerissenen Augen; er war höchst beeindruckt vom Geschick dieses jungen Kriegers.

Auf dem östlichen Teil des Schlachtfelds musste Guinevere bei einem Griff in ihren Köcher feststellen, dass ihr die Pfeile ausgegangen waren. Sie schleuderte den Bogen weg, zog ihr Schwert und rief: «Kommt! Mir nach!» Dann rannte sie direkt auf die linke Flanke der Sachsen zu, gefolgt von einem Dutzend männlicher Krieger und den vier unerschrockenen jungen Frauen, die ihr als Leibwache dienten. Guinevere erkannte sofort, dass Cynric und Raewald den Befehl hatten, und ging ohne Zögern auf sie los. Die beiden Männer waren jedoch zu weit auseinander, um sie gleichzeitig anzugreifen, sodass Guinevere rasch ihre Wahl treffen musste. Sie entschied sich für Raewald, da er größer war und stärker wirkte. Mit hoch erhobenem Schwert stieß sie einen Schlachtruf aus. Doch bevor sie zehn Schritte hatte zurücklegen können, feuerte eine kleine Gruppe sächsischer Bogenschützen auf sie und ihre Leute. Vier ihrer Männer fielen zu Boden. Guinevere warf sich zur Seite, um einem Pfeil auszuweichen, und als sie sich wieder aufrappelte, war Raewald nicht mehr zu sehen.

Die kleine Gruppe von Kindern, die auf dem Festungswall geblieben war, schleuderte weiter Steine, Speere, Holzgegenstände – einfach alles, was ihnen in die Hände fiel – auf die Sachsen unter ihnen. Es konnte ihnen dabei kaum etwas zustoßen, denn die meisten von ihnen waren noch so klein, dass sie mit dem Kopf kaum über die Mauer reichten. Sie mussten ihre Wurfgeschosse hoch über den Kopf heben, um sie über die Brüstung zu werfen. Einige von ihnen hatten offenkundige Freude an der blutigen Beschäftigung, die ihnen wie ein Spiel erschien. Zwei der älteren Jungen ritzten jedes Mal, wenn sie einen sächsischen Soldaten mit einem Stein oder einem anderen Gegenstand getroffen hatten, eine Kerbe in ein Stück Holz.

Gawain ritt mitten zwischen die Gegner und ließ sein Pferd dann eine Drehung vollführen. Die Klingen an seinen Hufen brachten den gegnerischen Kämpfern schwerste Verletzungen bei. Bors musste laut lachen, als er sah, welchen Schaden Gawains Pferd anrichtete. «Wer ist bei euch eigentlich der Ritter und wer das Tier?», brüllte er über das Schlachtfeld. Gawain antwortete mit einem Grinsen. In diesem Augenblick gab ein Armbrustschütze aus einiger Entfernung einen Schuss ab. Der Pfeil traf Gawain in der Seite und holte ihn vom Pferd. Er schlug hart auf und blieb einen Moment lang benommen liegen, der Pfeil steckte in seiner Seite. Dann sah er, dass mehrere Pikten sich des Armbrustschützen angenommen hatten. Mit großer Mühe richtete er sich wieder auf und ging zu seinem Pferd. Gawain holte tief Luft und brach den Pfeil knapp oberhalb der Spitze ab. Ein unbeschreiblicher Schmerz durchzuckte ihn. Er verzog das Gesicht und zwang sich weiterzuatmen. Sein Pferd schien zu ahnen, dass sein Herr in Nöten war, und stand ganz ruhig mitten im Durcheinander der Schlacht, als Gawain, wimmernd vor Schmerzen, wieder aufsaß. Doch nicht nur sein Pferd kam ihm zu Hilfe. Als er in den Sattel stieg, baute sich eine Gruppe von Pikten vor Gawain auf. Sie bildeten einen Kreis um ihn und beschützten ihn mit gezogenen Schwertern, während er weiter gegen seinen Schmerz kämpfte.

Arthur erblickte Cerdic inmitten der Sachsen und kämpfte sich auf ihn zu, um ihn den Zorn Excaliburs spüren zu lassen. Als er in einer Entfernung von rund zwanzig Schritt an Gawain vorbeikam, winkte er ihm zu und rief: «Komm mit!» Plötzlich aber nahm er wahr, dass Gawain im Sattel schwankte, und sah den dunklen Blutfleck an seiner Seite. Die Pikten um ihn herum schlugen die sächsischen Schwertkämpfer zurück, die sich ihm näherten wie wilde Tiere, die Blut gerochen haben. Doch es waren zu viele Sachsen und zu wenige Pikten. Arthur vergaß Cerdic und riss sein Pferd herum, um mit der Wucht eines gewaltigen Sturms über die Sachsen zu kommen. Er machte die meisten von ihnen kampfunfähig, und Arthurs Pferd erledigte den Rest, indem es sie mit wilden Tritten seiner Hufe von Gawain wegtrieb. Die Pikten verfolgten die fliehenden Sachsen und schossen ihnen Pfeile in den Rücken. Einige von ihnen sprangen dem Nächstbesten auf den Rücken und stachen mit dem Kurzschwert auf ihn ein.

Arthur kam inzwischen bei Gawain an. «Bist du schwer verletzt?», fragte er. «Kannst du noch kämpfen?»

Gawain nickte mit grimmigem Lächeln. «Ich wollte mich gerade um diese Sachsen kümmern, als du auf einmal gekommen bist.»

«Tut mir Leid», erklärte Arthur. «Ich wollte sie dir einfach nicht alle allein gönnen.»

Wenige Schritte entfernt jagte Lancelot in vollem Galopp an den Linien der Pikten entlang, während diese ihn mit ohrenbetäubendem Geheul anfeuerten. Als er Arthur und Gawain sah, brachte er sein Pferd abseits vom Kampfgetümmel bei ihnen zum Halten. Beim Anblick von Gawains Wunde warf er Arthur einen besorgten Blick zu.

«Wir überlegen gerade, ob wir eine kurze Rast machen sollten», erklärte Arthur.

Lancelot nickte und gab zurück: «Ich hab doch immer gesagt, dass ihr alle viel zu faul seid für echte Ritter. Ich weiß nicht, was ihr vorhabt, aber ich habe die Absicht, die Sache hier zu Ende zu bringen.»

Gawain nickte tapfer und gab vor, keine Schmerzen zu haben; er hoffte, dass Lancelot und Arthur nicht bemerkten, wie schwer verwundet er war. «Worauf warten wir dann noch?»

Lancelot zeigte auf Galahad, der gerade keuchend auf sie zugaloppierte. «Auf den da warten wir.» Alle drehten sich zu Galahad um. Er war von Kopf bis Fuß voller Blut, schien aber unverletzt, wie Arthur mit Erleichterung feststellte; offenbar handelte es sich ausschließlich um sächsisches Blut. Als Galahad einen neuen Pfeil in seinen Bogen legte, bemerkte er die Verwundung an Gawains Seite. Er schaute Arthur und die anderen an, sagte jedoch nichts. Dann schaute er Gawain an, der seinen Blick mit einem Ausdruck wilder Entschlossenheit erwiderte.

«Es ist Zeit zu gehen», erklärte Arthur. Die anderen nickten, als wüssten sie, dass Arthurs Worte mehr Wahrheit enthielten, als er ahnte.

«Ja, es ist Zeit», bekräftigte Lancelot. «Jetzt zeigen wir

diesen Sachsen, wie sarmatische Ritter so etwas anpacken.»

Gawain war kreidebleich vor Schmerzen. Leise sagte er: «An welche Götter ihr auch immer glaubt – mögen sie mit euch sein.»

Arthur wendete sein Pferd, sodass sie der Hauptstreitmacht der Sachsen gegenüberstanden. Die anderen drei Ritter hielten sich eng zu seinen Seiten. Arthur hob Excalibur, streckte es nach vorn und galoppierte auf den Feind zu.

Zum letzten Mal griffen sie gemeinsam an.

Einundzwanzig

Cerdic sah die Ritter mit donnerndem Hufschlag auf sich zugaloppieren. Er rief seinen Trommlern etwas zu, und sie erhöhten die Geschwindigkeit ihrer Schläge, während die Sachsen Verteidigungslinien bildeten und sich mit ihren Schilden vor den Angreifern schützten. Die vier Ritter kamen Seite an Seite in vollkommen gerader Linie auf ihre Gegner zu. Als Cerdic Arthur entdeckte, empfand er einen Schauer der Erregung bei dem Gedanken, ihm von Angesicht zu Angesicht im Kampf gegenüberzustehen.

Während die Ritter auf sie zustürmten, bereiteten sich die Sachsen hinter ihren Schilden auf den Aufprall vor. Sie umfassten ihre Schwerter so fest, dass ihre Fingerknöchel weiß wurden. Arthur hatte Excalibur gezogen, Lancelot, Gawain und Galahad hielten ihre Stoßlanzen in geringer Höhe bereit.

Die Ritter durchbrachen den sächsischen Schildwall mit Leichtigkeit und fegten einige der gegnerischen Soldaten beiseite, während andere von den gnadenlosen Hufen ihrer mächtigen Pferde zertrampelt wurden. Drei Sachsen wanden sich mit Stoßlanzen in Bauch oder Brust auf dem Boden. Die Ritter zogen sofort ihre Schwerter, rissen ihre Pferde herum und stürmten auf die Lücke in der sächsischen Linie zu.

Die Sachsen aber hatten sich schnell neu geordnet und griffen nun mit ihren langen Speeren an. Die Ritter mussten ihre Rösser schnell bewegen, um zu vermeiden, dass sie getroffen wurden. Arthur tat dies allzu unvermittelt, sodass sein Pferd ins Straucheln kam und ihn abwarf. Er überschlug sich zweimal und stand sofort wieder auf. Dann griff er sich den Schild eines toten Sachsen und begann, Excalibur mit tödlichem Zorn zu schwingen.

Gawain saß ab, um Arthur beizustehen. Als seine Füße den Boden berührten, durchzuckte ihn erneut der stechende Schmerz in seiner Seite, aber dennoch eilte er Arthur zu Hilfe. Beide waren verletzt, aber keiner unterbrach den Kampf. Bösartig und beharrlich wie Dämonen, bewegten Gawain und Arthur sich auf die Sachsen zu. Obwohl nur zu zweit gegen einen zahlenmäßig weit überlegenen Gegner, gelang es ihnen, die Feinde zurückzudrängen.

In diesem Augenblick erhielten die Sachsen Verstärkung von zwei Dutzend Kriegern, und mit dieser Überlegenheit brachten sie Arthur und Gawain immer stärker in Bedrängnis. Während die beiden Ritter sich Schritt für Schritt zurückzogen und auf jeden Sachsen einschlugen, der sich in die Reichweite ihrer Schwerter wagte, erkannten sie, dass es nur eine Frage der Zeit war, bis die Gegner sie überwältigten. Gerade als die Lage aussichtslos zu werden schien, hörte Arthur einen vertrauten Hufschlag. Lancelot und sein Furcht erregend zurechtgemachtes Streitross drangen wie ein Pflug in die Reihen der Sachsen ein. Das Pferd trampelte einige von ihnen zu Tode, während andere Lancelots beide Schwerter kennen lernten. Dann stieg auch er aus dem Sattel und kam zu Arthur und Gawain, wo er einen Sachsen nach dem anderen in den Tod schickte.

Als Arthur gerade in einen wilden Kampf mit einem sächsischen Offizier verwickelt war, hörte er Lancelot «Runter, Arthur!» rufen. Ohne zu zögern, machte Arthur einen Satz nach vorn und warf sich auf den Offizier. Bevor dieser ihn abschütteln konnte, setzte ihm Arthur Excalibur an die Kehle und stieß es mit beiden Händen hinein. Nachdem er dem Sachsen fast den Kopf abgetrennt hatte, rollte er sich von dessen zuckendem Körper herunter, um festzustellen, wovor Lancelot ihn hatte warnen wollen. Er sah, wie zwei gegnerische Armbrustschützen zu Boden sackten. Einer war von Pfeilen der Pikten durchsiebt, während im Rücken des anderen eines von Lancelots kurzen Schwertern steckte; der Ritter hatte es aus zehn Fuß Entfernung auf ihn geschleudert.

Arthur winkte Lancelot zum Dank kurz zu, stand auf und stürzte sich auf den nächsten Sachsen, um ihn mit einem einzigen Hieb mit Excaliburs Klinge niederzustrecken. Wenige Schritte von ihm entfernt kämpfte sein Pferd auch ohne seinen Reiter weiter. Es wirbelte wild im Kreis herum und trampelte dabei zahlreiche Sachsen mit den Vorderhufen nieder.

Weit von Arthur entfernt, im westlichen Teil des Schlachtfelds, stiegen Bors und Galahad aus dem Sattel. Bors rief: «Da drüben!», und zeigte mit dem Finger die Richtung an. Sie rannten auf einen kleinen Stall zu, aus dem man die Schweine und Kühe, die er kurz zuvor noch beherbergt hatte, weggebracht hatte. Der Schuppen stand genau im Weg der vorrückenden sächsischen Linie, und die feindlichen Soldaten mussten ihre Formation auflösen, um ihn zu umgehen. Bors und Galahad erkannten sofort, dass sie sich das stinkende kleine Gebäude zunutze machen und aus dem Schutz der grob gezimmerten Holzwände dieser winzigen Festung heraus auf die Sachsen schießen konnten. Als die Feinde zu beiden Seiten an dem Stall vorbeiwollten, empfing sie ein Hagel von Pfeilen, die Bors auf der linken und Galahad auf der rechten Seite abschossen.

Ohne etwas von dem grausamen Schicksal ihrer Vorgänger zu ahnen, erreichten mittlerweile immer mehr Sachsen die Nähe des Kastells. Was sie dort fanden, ließ sie unvermittelt innehalten. Dutzende verkohlter Leichen lagen verstreut, verbrannt von den lodernden Heuballen, die die Dorfbewohner und ihre Kinder auf sie herabgeschleudert hatten. Trotz des schrecklichen Anblicks setzten die Sachsen ihren Weg ins Innere der Festung fort. Dort angekommen, wussten sie kaum, wie ihnen geschah, denn so schnell wie möglich schlossen Söldner das Tor hinter ihnen. Die sächsischen Soldaten in der Nähe des Eingangs drehten beim Knarren der Torflügel zwar sofort um, konnten aber rasch überwältigt werden. Die anderen rannten überstürzt die verkohlten Stufen hinauf. Als auch die letzten Sachsen im Sterben lagen, rief einer der Söldner zum Wall hinauf: «Die Skorpione! Jetzt ist es Zeit für sie!»

Die «Skorpione» waren todbringende Waffen, zu groß, um von den Römern bei ihrem Abzug aus dem Kastell am Vortag mitgenommen werden zu können. Sie ähnelten riesigen Armbrüsten und wurden auch in dieser Weise eingesetzt. Die Bogensehne wurde zurückgezogen und an einem Abzug befestigt, bevor das Geschütz geladen wurde. Das Losschnellen der Sehne schleuderte die Geschosse heraus – doch während eine Armbrust Pfeile verschoss, waren es bei einem Skorpion sechs Fuß lange Lanzen. Die Waffe war nicht nur tödlich, sondern zeichnete sich auch durch hohe Treffsicherheit und Zuverlässigkeit aus.

Auf Befehl des Söldners deckten die übrigen Dorfbewohner auf dem Wall sämtliche Skorpione ab. Zwei große Ausführungen standen auf den Türmen, während zwei kleinere, in die Festung hineingerichtete auf dem unteren Wall ihren Platz hatten. Auf den Befehl «Jetzt!» schossen die Dorfbewohner mit den beiden kleineren Skorpionen mitten in die sächsischen Angreifer, die gerade versuchten, die Stufen zu nehmen. Die eine Lanze durchbohrte zwei Sachsen hintereinander, die andere schnitt einen der Feinde fast in zwei Hälften. Als die Getroffenen die Treppe hinabstürzten, rissen sie einige ihrer Kameraden mit.

Mit den beiden großen Skorpionen wurden Geschosse in die sächsische Hauptstreitmacht gelenkt, wo sie mehrere Männer auf einmal niederstreckten. Kaum waren die Lanzen abgeschossen, luden die Bauern die Geschütze erneut und schossen unverzüglich weiter. Neben jeder der gewaltigen Waffen lagen Hunderte von Lanzen bereit. Die Dorfbewohner taten ihr Bestes, um mit jedem Geschoss mindestens einen Sachsen zu durchbohren. Sie wechselten sich an den Skorpionen ab, um von der anstrengenden Arbeit nicht zu schnell zu ermüden.

Guinevere hatte sich zwar Raewald als Gegner ausgesucht, doch als sie ihn aus den Augen verloren hatte, musste sie feststellen, dass sie ihrerseits von Cynric angegriffen wurde, der von seinem Versagen gedemütigt und von der Hitze des Kampfes nahezu irrsinnig war. So schwer es ihm auch fiel, zu verstehen, dass eine Frau als Befehlshaberin auftreten konnte, hatte er doch eindeutig erkannt, dass Guinevere den Vorstoß der Pikten leitete. Wenn er sie überwältigen konnte, so Cynrics Überlegung, würden ihre wilden Krieger wahrscheinlich nur noch wie aufgescheuchte Hühner durcheinander laufen.

Cynric wandte sich seinen Schwertträgern zu und zeigte in Guineveres Richtung. «Männer!», rief er. «Macht diese piktische Hündin nieder!»

Sieben von Cynrics Schwertkämpfern rannten mit ihm nach vorn, um Guineveres Linie anzugreifen. Sie sah, wie die Welle der Feinde auf sie zurollte, während ihre Krieger hinter ihr keinen Schritt zurückwichen und sich auf das Zusammentreffen vorbereiteten. «Bewegt euch nicht», mahnte sie. «Lasst sie kommen.»

Beidhändig zog sie ihr Schwert durch das Gesicht des ersten Sachsen, der sie erreichte. Dann traten die anderen Pikten vor sie und hieben wild auf jeden ein, der sich ihnen näherte. Die sächsischen Kämpfer konnten vor allem gegen Guineveres weibliche Leibwächter nichts ausrichten und verzweifelten fast, als sie sahen, wie einer ihrer Gefährten nach dem anderen unter deren geübten Hieben zu Boden ging.

Auf der Westseite des Kampfplatzes hatte Cerdics Streitmacht trotz ihrer zahlenmäßigen Überlegenheit den unablässigen Angriffen der Ritter und ihrer Rösser wenig entgegenzusetzen. Da es den Sachsen einfach nicht gelingen wollte, auch nur einen der Ritter kampfunfähig zu machen, fasste Cerdic einen neuen Gedanken. «Tötet ihre Pferde!», forderte er seine Soldaten auf, und sofort begannen sie mit ihren Schwertern auf die Bäuche der Rösser loszugehen. Sowenig die Ritter um ihr eigenes Leben fürchteten, so sehr sorgten sie sich um das ihrer Reittiere. Unvermittelt rissen sie ihre Pferde herum, um den sächsischen Klingen auszuweichen und den Gegnern mit den Schneiden an den Hufen ihrer Rösser zuzusetzen.

Einer der Sachsen bekam Gawains Fuß zu fassen und zerrte ihn aus dem Sattel. Krachend landete der Ritter auf dem Boden. Der Aufprall ließ von der Pfeilspitze in seiner Seite eine neue Welle des Schmerzes ausgehen. Teils vor Wut, teils vor Schmerzen, stieß Gawain ein Furcht erregendes Geschrei aus, und mit ungeheurer Willenskraft stellte er sich wieder auf die Beine. Weiterhin brüllend wie ein Dämon, ging er mit seinem zweiköpfigen Streitkolben auf die Sachsen los, doch obwohl er einen nach dem anderen niederschlug, liefen sie weiter wie eine endlose Welle auf ihn zu.

Wenige Schritte von ihm entfernt brach Galahad mit seinem Ross durch die Reihe der feindlichen Krieger und brachte mit seiner bronzenen Streitaxt Gegner auf beiden Seiten zu Fall.

Arthurs Pferd stellte sich immer wieder auf die Hinterhufe und zertrümmerte einem Sachsen nach dem anderen den Schädel. Als es sich ein weiteres Mal aufbäumte, schoss ihm ein sächsischer Bogenschütze einen Pfeil mitten in die breite Brust. Das Tier ging mit einem Wiehern des Schmerzes zu Boden. Brüllend vor Wut kämpfte sich Arthur mit Excalibur zu seinem geliebten Streitross durch. Galahad eilte zu ihm, um ihm den Rücken freizuhalten, als Arthur auf die Knie fiel und seinem Pferd die Hand auf die Brust legte. Als er seine Hand zurückzog, war sie blutüberströmt. Arthur spürte, wie ihm die Tränen in die Augen stiegen. Das Tier schnaufte noch einmal schwer, bevor es reglos liegen blieb. Während seine toten Augen auf die Schlacht starrten, sprang Arthur mit zornigem Gebrüll auf und schlug mit Excalibur eine Schneise in die Sachsen. Er mähte sie nieder wie Weizen auf dem Feld.

Galahad sah Lancelot in der Nähe und rief ihm zu: «Lancelot! Arthur kämpft zu Fuß! Hilf ihm!»

Sofort ritt Lancelot zu Arthur hinüber. Dann kämpften die beiden Freunde Seite an Seite, der eine vom Sattel aus, der andere auf seinen Füßen.

Auch Guinevere schlug sich weiter ebenso verbissen wie verzweifelt auf der Ostseite des Schlachtfelds. Cynric befehligte zwar den Angriff gegen sie, hielt sich jedoch ein

Stück entfernt in einiger Sicherheit. Jedes Mal, wenn ein Pikte versuchte, ihn niederzustrecken, ging rechtzeitig einer seiner sächsischen Schwertträger dazwischen.

Guinevere teilte Hiebe nach allen Seiten aus. Als sie befürchtete, jeden Augenblick überwältigt zu werden, bemerkte sie, dass von ihren Leibwachen weit und breit nichts mehr zu sehen war. Unvermittelt sank einer ihrer Krieger links von ihr mit einer klaffenden Schwertwunde in der Stirn auf die Erde. Gleich darauf drängten zwei Sachsen sie gegen einen Baum. Sie blutete aus einer Schnittwunde in der Wange, und ihre Kräfte ließen allmählich nach. Dennoch gelang es ihr, einem der Sachsen ihr Schwert in den Bauch zu stoßen und ihn gegen den anderen zu schleudern, der gemeinsam mit ihm zu Boden ging. Bevor er sich wieder aufrichten konnte, zog Guinevere ihm ihr Schwert über den Schädel.

Mit einem Mal sprang Raewald hinter dem Baum hervor, um ihr mit seinem Schwert den Kopf abzuschlagen. Guinevere aber nahm die Bewegung aus den Augenwinkeln wahr und konnte sich im letzten Moment ducken. Raewalds Klinge schlug eine tiefe Kerbe in den Baumstamm. Er drehte sich rasch wieder um und holte erneut nach ihr aus. Sie schlug Raewalds Hiebe zurück und stach mit ihrem eigenen Schwert nach ihm, doch er wehrte ihren Angriff mit dem Schild ab. Guinevere versuchte es erneut, aber Raewald ließ seine Klinge so hart gegen die ihre fahren, dass sie auf den Rücken fiel. Sie musste sich augenblicklich zur Seite wegrollen, um Raewalds Schwert auszuweichen, mit dem er auf ihre Brust zielte. Guinevere sprang auf und rannte ein kurzes Stück weg, um sich zu sammeln. Mit einem Mal war ihr klar geworden, dass Raewald zu gut und zu stark war, als dass sie allein mit ihm fertig werden konnte.

Zu ihrem Glück musste sie das jedoch nicht. Als Raewald abermals auf sie losging, stürzten Guineveres vier Kämpferinnen, heulend wie Todesfeen, unversehens aus dem Wald, und wenige Augenblicke später hatten sie den Sachsen in ihrer Mitte eingeschlossen. Verzweifelt drehte sich Raewald im Kreis, doch sein Versuch, Angriffe von allen Seiten abzuwehren, war aussichtslos. Eine der Frauen brachte ihm eine klaffende Wunde quer über den Rücken bei, doch er kämpfte weiter wie ein Bär. Er wirbelte herum und schlug die Kriegerin mit seinem Schild nieder. Im selben Augenblick stach ihm eine andere in die Schulter. Raewald schlug mit seinem Schwert nach ihr, aber sie duckte sich weg. Die dritte Piktin stieß Raewald ein Messer in die Seite. Er teilte einen weiteren, nun schon schwächeren Schwerthieb aus, der sein Ziel jedoch vollkommen verfehlte. Raewald, halb blind vor Schmerzen, überkam eine fürchterliche Wut – aber nicht nur, weil er von Frauen besiegt wurde, die kaum älter als Kinder waren, sondern auch, weil er sah, wie Cynric unweit von ihm inmitten seiner Leibwachen in Ruhe alles beobachtete, ohne ihm zu helfen.

Während die Frauen den erschöpften Kämpfer weiter bedrängten, zog Guinevere ein Würgeisen aus ihrem Gürtel, legte es um Raewalds Hals und riss ihn mit all ihrer Kraft nach hinten. Raewald fiel auf Guinevere und rang verzweifelt nach Luft. Zwei der jungen Piktinnen traten zurück, während die beiden anderen ihm ihre Schwerter in die Brust rammten. Sein Körper zuckte ein paar Augenblicke lang krampfartig, während sein Blut wie eine sprudelnde rote Quelle himmelwärts aufstieg und Guinevere durchnässte. Dann hörte das Zucken auf, und Raewald blieb reglos liegen. Zwei der Piktinnen zogen seinen

Leichnam von Guinevere herunter und halfen ihr auf die Beine.

In einem anderen Bereich des Schlachtfelds schossen zwei muskulöse sächsische Armbrustschützen gelassen, schnell und treffsicher ihre Pfeile auf Pikten und Söldner ab. Als Tristran sie sah, trieb er sein Pferd zum Angriff. Während sein Ross über einen der Kämpfer sprang, schlang Tristran ihm seine Bogensehne um den Hals und zerrte ihn zu Boden. Er trieb sein Pferd weiter an und zog den hilflosen Bogenschützen hinter sich her über den steinigen Boden, bis er ihn erdrosselt hatte.

Der zweite Armbrustschütze schwenkte seine geladene Waffe herum und schoss Bors in die Brust. Dieser mühte sich, im Sattel zu bleiben, und hob, so schnell er konnte, seinen eigenen Bogen. Mit einem einzigen wohl gezielten Schuss streckte er seinen Gegner nieder. Tristran ritt schnell zu Bors; seine Besorgnis war ihm anzusehen.

«Du bist getroffen!», schrie er.

«Mir geht's gut», beteuerte Bors. Er versuchte zu lächeln, doch der brennende Schmerz in seiner Brust verzerrte das Grinsen zu einer Grimasse. «Töten wir sie alle!»

Wie ein Furcht erregendes Tier bäumte sich Bors im Sattel auf und schoss Pfeil um Pfeil in die Linien der Sachsen, während er sein Pferd mit den Knien lenkte. Doch obwohl seine Pfeile eine Schneise des Todes in die Reihen der Feinde schlugen, war deren Übermacht zu groß. In kürzester Zeit waren Bors und sein Pferd eingekreist, und er wusste, dass es keinen Ausweg mehr gab. Er hörte kurz auf zu schießen und starrte seine Gegner an. Seine hoffnungslose Lage und der Schmerz in seiner Brust machten ihn so wütend, dass er sie anspuckte, während sie mit blitzenden Klingen auf ihn zukamen.

Arthur kämpfte noch immer zu Fuß. Nun unterstützte ihn nur noch Tristran, der von seinem Pferd aus in rascher Abfolge Pfeile auf die vielen Armbrustschützen in seiner Nähe schoss.

Mit einem Mal entdeckte Tristran einen würdigeren Gegner als die Fußsoldaten, die unter seinen Pfeilen so schnell zu Boden gingen. In etwa fünfzig Schritt Entfernung sah er Cerdic, den größten sächsischen Krieger, auf dem Schlachtfeld.

Cerdic hatte Tristran im selben Augenblick gesehen und schaute zugleich wütend und gebannt zu, wie der Bogenschütze einen seiner Armbrustschützen nach dem anderen tötete, als wäre er bei einer Schießübung. Cerdic war vom Mut des Ritters so beeindruckt, dass er beschloss, diesen Gegner in eigener Person zu töten. Er schrie seinen Männern etwas zu und hielt seine Faust erst in die Höhe und dann an seine Brust. Darauf sammelten sich die überlebenden Armbrustschützen in der Mitte des Schlachtfelds und bildeten einen schützenden Gürtel um Cerdic.

Auch einige Pikten hatten Cerdic erkannt und gingen sofort auf ihn los. Cerdic wartete ruhig ab, bis sie in seiner Reichweite waren, und schlug sie mit seiner Streitaxt nieder. Seine Art, die piktischen Krieger zu bekämpfen, erinnerte an einen wütenden Stier.

Tristran stieg aus dem Sattel und schleuderte seinen Bogen fort. Danach zog er sein Breitschwert und schlug sich einen Weg zu Cerdic frei. Einige sächsische Kämpfer wollten ihn abfangen, doch Tristran streckte einen nach dem anderen nieder. Ein Arm oder ein Bein fehlte ihnen, wenn sie brüllend zu Boden fielen, und wer nicht schrie, hatte keinen Kopf mehr.

Grimmig lächelnd blickte Cerdic Tristran entgegen. Der

sächsische Anführer ergriff seinen reich verzierten Rundschild und seine Streitaxt und machte einen Schritt in die Richtung seines Gegners. Zwei piktischen Kriegern, die in vollem Lauf auf ihn zurannten, fügte er mit einem einzigen Schlag seiner Streitaxt klaffende Wunden in der Brust zu. Überall um ihn herum kämpften Sachsen, Pikten und Söldner wie wilde Tiere. Cerdic erkannte, dass er sich durch diese entfesselte Menge erst einen Weg bahnen musste, bevor er sich mit Tristran messen konnte. Tristran seinerseits schlug quer durch die sächsischen Soldaten eine Schneise auf Cerdic zu, ohne dabei den Blick vom Gesicht seines Feindes zu wenden.

Hinter Tristran kämpfte nur noch ein einziger Armbrustschütze. Als er gerade einen neuen Schuss vorbereiten wollte, bemerkte er verblüfft, dass der blutbefleckte Bors auf ihn zutaumelte. Wenige Schritte entfernt stand Bors' Pferd wie ein Ungeheuer über einer beträchtlichen Anzahl toter Sachsen, die es kurz zuvor niedergetrampelt hatte. In einem verzweifelten Kampf gegen die Zeit lud der Armbrustschütze hastig seine Waffe, um diesen bösen Geist niederzuschießen. Doch Bors blieb ruhig stehen, hob seinen bereits gespannten Bogen und schoss dem Sachsen den Pfeil geradewegs in die Brust. Die Entfernung zwischen ihnen war so kurz, dass der Pfeil den Armbrustschützen fast ganz durchschlug und nur noch ein paar zerzauste Federn aus seinem Brustpanzer ragten.

Mit einem zufriedenen Lächeln wandte sich Bors wieder in die Richtung seines Pferdes. Auf einen kurzen Pfiff hin galoppierte das Ross auf ihn zu. Unvermittelt aber wurde es von einem Pfeil im Widerrist unterhalb seines langen Halses getroffen. Mit einem tiefen Stöhnen stürzte das Pferd auf die Seite, wo es reglos liegen blieb. Mit wütendem Gebrüll versuchte Bors zu seinem geliebten Ross zu gelangen, als er von einer kleinen sächsischen Gruppe angegriffen wurde.

Endlich Auge in Auge, griffen Tristran und Cerdic einander an. Das Schwert des einen wurde von der Streitaxt des anderen abgewehrt. Sie trafen aufeinander, traten einen Schritt zurück, um einander abzuschätzen, und stießen erneut zusammen.

Einige brutale Augenblicke lang war der Kampf nahezu ausgeglichen. Dann gewann Tristran kurz die Oberhand, als er mit einem einzigen harten Schlag seines Schwertes ein Viertel von Cerdics Schild abtrennte. Die Wucht des Hiebes ließ Cerdic zurücktaumeln, doch er erholte sich rasch und ging sofort wieder zum Angriff über. Tödlich entschlossen umklammerte er das Heft seiner Streitaxt, bereit, sie mit jeder Unze Kraft, die in seinem Körper steckte, auf Tristrans Kopf niederfahren zu lassen.

Mit weit gespreizten Beinen stand Tristran da, als Cerdic auf ihn losging. Tristran konnte den Schlägen ausweichen, doch er spürte den Luftzug im Gesicht, als die Axt nur eine Handbreit von seiner Nase entfernt vorbeizischte. Danach versuchte Cerdic, wilde Schläge von oben zu landen, und ließ die schwere Axt mit aller Wucht auf Tristrans Schild krachen. Tristran dachte daran, dass der Arm, mit dem er den Schild hielt, unter einem dieser gewaltigen Schläge brechen könnte, und beschloss, seinem Gegner ein schnelles Ende zu bereiten. Er holte weit und hoch mit seinem Schwert aus und zielte mitten auf Cerdics Kopf. Cerdic aber duckte sich gerade noch rechtzeitig und rettete sich damit das Leben; dennoch konnte er nicht mehr verhindern, dass sein Helm unter dem Aufprall von Tristrans Klinge wegflog und diese sein Ohr durchschnitt.

Während Cerdic das Blut aus der Wunde tropfte, hieb er erneut mit seiner Streitaxt auf Tristrans Schild ein. Gleichzeitig stieß Tristran durch das fehlende Stück im Schild des Sachsen nach Cerdics Brust. Tristrans Schwert erreichte zuerst ihr Ziel, glitt jedoch von Cerdics Brustpanzer ab.

Mit einem Mal ließ ein mächtiger Schlag Cerdics Tristrans Schild bersten und landete im Nacken des Ritters. Tristran ging zu Boden. Er lag auf dem Rücken und war unfähig, sich zu bewegen. Für Momente spürte Tristran seinen Körper nicht mehr und hatte keine Schmerzen, doch als er seinen linken Arm bewegen wollte, hörte er ein knackendes Geräusch, und im selben Augenblick zog sich ein stechender Schmerz über seinen Nacken. Er wusste, dass sein Schlüsselbein gebrochen war und er wahrscheinlich noch andere Verletzungen hatte.

Cerdic trat zu dem gefallenen Ritter und stieß mit dem Fuß sein Schwert weg. Unvermittelt aber zog Tristran mit der rechten Hand ein Messer, setzte sich auf und stieß damit nach Cerdic. Doch der Stoß war zu schwach, der sterbende Ritter zu langsam. Unbarmherzig hieb Cerdic in aller Ruhe Tristran die Klinge seiner Axt quer über die Brust. Der Ritter fiel unter dem Schlag nach hinten und versuchte vergebens, sich mit einem Arm abzustützen. Mit der anderen Hand griff er nach seinem Messer, aber der Arm wollte ihm nicht gehorchen.

Zu entkräftet, um weiterzukämpfen, brach Tristran zusammen. Für Augenblicke ging ihm der Gedanke durch den Kopf, dass er in diesem Moment unendliche Schrecken, Schmerzen oder zumindest Trauer empfinden müsste, aber nichts davon war der Fall. Gefasst, nahezu gleichgültig schickte sich Tristran in das, was ihm geschah. «Das ist also der Tod», dachte er. Dann sah er, wie Cerdic mit gespreizten Beinen über ihm stand. Tristran jedoch wollte die letzten Augenblicke seines Lebens nicht mit dem Anblick der bösartigen, hassverzerrten Fratze des Sachsen verschwenden. Er richtete den Blick auf die Wolken, die weihevoll über die Wipfel der Bäume zogen. Während nahe am Boden noch immer dichter Rauch lag, leuchtete der Himmel über Tristran in einem viel versprechenden Blau.

Cerdic hob seine Streitaxt hoch über den Kopf und ließ sie auf ihr Ziel niederfahren.

Aus einiger Entfernung musste Arthur entsetzt und wütend mit ansehen, wie Tristran von Cerdics Hand starb. Sofort bahnte er sich quer durch die Sachsen seinen Weg zu Cerdic, er watete nahezu in dem Blut derer, die er schon zuvor getötet hatte, und derer, die nun von seiner Hand starben, während er sich unaufhaltsam vorwärts kämpfte. Einer der Sachsen stieß Arthur einen Dolch in die Schulter. Mit einem wütenden Aufschrei ließ Arthur Excalibur zu Boden fallen, bevor er sich umwandte und den Krieger mit der linken Hand an der Kehle packte. Dann griff er mit der rechten Hand nach hinten und riss sich den Dolch aus der Schulter. Trotz seiner furchtbaren Schmerzen schaute er dem entsetzten sächsischen Kämpfer fest in die Augen, rammte ihm den Dolch in die Brust und ließ seinen erschlaffenden Körper zu Boden sinken. Dann nahm er Excalibur wieder auf und kämpfte sich weiter in Cerdics Richtung vor.

Dass Raewald von Guinevere und ihren wilden Kriegerinnen getötet worden war, wertete Cynric als persönlichen Vorteil. Zusammen mit seinen Leibwächtern kreiste er die Piktin ein. Nun, da Guinevere vom Kampf geschwächt war, sah Cerdics Sohn seine Gelegenheit gekommen. Guinevere auf dem Schlachtfeld zu besiegen war für ihn die einzige Möglichkeit, in den Augen seines Vaters seine Ehre wiederherzustellen.

An seine Leibwachen gewandt, deutete Cynric auf die piktischen Frauen und rief: «Holt sie euch! Keine darf übrig bleiben!» Dann zog er sein Schwert und ging auf Guinevere los.

Lancelot und Gawain wehrten auf ihren Pferden den Angriff eines halben Dutzends sächsischer Krieger ab und töteten sie alle mit entschlossenen Schwerthieben. Von seinem erhöhten Sitz auf dem Pferd konnte Lancelot über die Flammenwand hinwegblicken. Sofort nahm er wahr, dass Guinevere in Bedrängnis war. Der Ritter trieb sein Pferd durch die Flammen und kam wie ein Rachegott über die entsetzten sächsischen Kämpfer. Einer von Cynrics Leibwächtern wurde zur Seite geschleudert, und noch bevor sein Pferd zum Stehen kam, sprang Lancelot aus dem Sattel, in jeder Hand ein Schwert. Wütend hieb er auf sämtliche Gegner ein, die in seine Reichweite kamen. Sein erster Stoß streckte einen jener Soldaten nieder, die Guinevere am nächsten waren, und brachte Cynric dazu, Hals über Kopf zu flüchten. Zwar wusste er, dass er kaum einen besseren und ehrenvolleren Feind haben konnte als Lancelot – aber nicht von Angesicht zu Angesicht. Lancelot seinerseits hatte Cynrics Nähe kaum bemerkt, sondern widmete seine Aufmerksamkeit stattdessen dem Ziel, einem von Cynrics Leibwächtern nach dem anderen den Garaus zu machen. Gegen Guinevere, ihre vier Kämpferinnen und Lancelot konnten die Sachsen nichts ausrichten.

Im Weglaufen sah Cynric noch eine letzte Möglichkeit, sein neues Versagen in einen Sieg zu verwandeln. Er hob eine Armbrust vom Boden auf und schlich sich in sicherer

Entfernung um Lancelot herum, bis er hinter dessen Rücken stand. Der Ritter drehte sich in seine Richtung, während er den letzten seiner Leibwächter mit dem Schwert tötete, und wandte sich dann wieder Guinevere zu. Cynric nutzte die Gelegenheit und schoss. Der Pfeil traf Lancelot mitten im Rücken, und der Ritter stürzte mit dem Gesicht voraus auf die Erde.

«Lancelot!», schrie Guinevere.

Arthur hörte den Schrei und blickte über das Schlachtfeld. Als er sah, dass Lancelot verwundet war, rief auch er den Namen seines Freundes, sodass seine und Guineveres Rufe wie das Echo ihres Leids und ihres Entsetzens über den Kampfplatz hallten.

Mühsam quälte sich Lancelot hoch, während das Blut aus seiner Rückenwunde strömte. Cynric trat mit einem Schwert in der Hand vor. Die Aussicht, seinem Gegner gleich den letzten Streich versetzen zu können, befriedigte ihn zutiefst. Mit einem einzigen heldenhaften Schwerthieb würde er den hochmütigen Ritter töten. Lancelot war noch immer zu Guinevere gewandt, deren in Tränen schwimmende Augen fest in seine blickten. Er lächelte ihr grimmig zu, bevor er unversehens herumwirbelte und die kurze Lanze aus der Scheide auf seinem Rücken zog. Bevor sich Cynric darauf einstellen konnte, schleuderte Lancelot ihm den Speer mit all der Kraft entgegen, die ihm noch geblieben war. Cynric sah den Speer auf sich zukommen wie in einem Traum. Obwohl das Wurfgeschoss nur langsam in seine Richtung zu schweben schien, war er unfähig, ihm auszuweichen. Die Lanze bohrte sich in seinen Bauch und schleuderte Cynric mit Wucht nach hinten. Fassungslos lag er auf dem Boden, und aus seiner Wunde sprudelte das Blut.

Lancelot schleppte sich zu ihm hinüber. Er sank neben dem sterbenden Cynric auf die Knie, packte ihn an der Schulter und zog sein Gesicht so nah an sein eigenes, dass es aussah, als wollten sie sich küssen. Lancelot spuckte Cynric Blut ins Gesicht und stieß hervor: «Du hast dieses Land mit meinem Blut geheiligt!» Dann zog er ein kurzes Schwert und überlegte, ob er Cynric die Kehle durchschneiden sollte. «Nein», sagte er zu seinem um Luft ringenden Gegner, «du sollst so lange wie möglich leiden.» Er stieß Cynric weg und stand mit größter Mühe auf. Cynric versuchte im Liegen, sich die Lanze aus dem Bauch zu ziehen, doch jedes Mal, wenn er den Schaft greifen wollte, rutschten seine Hände am Blut ab.

Lancelot blickte erneut zu Guinevere und tat einen Schritt auf sie zu. Einen Moment lang hatte sie den Eindruck, als würde er sich wieder erholen. Er stand aufrecht vor ihr und lächelte. Bevor er jedoch den zweiten Schritt machen konnte, brach er zusammen. Augenblicklich fielen die Sachsen wie Aasfresser über ihn her. Lancelot stieß einem von ihnen sein Schwert von unten nach oben in die Leistengegend. Dann holte er ein letztes Mal knapp über dem Boden aus und trennte einem weiteren Gegner die Füße in Höhe der Knöchel ab. Schreiend sank der Mann zu Boden.

Nun eilten die Pikten herbei und vertrieben oder töteten die anderen Sachsen, während Guinevere neben Lancelot niederkniete. Sanft hob sie seinen Kopf an und hielt ihn, als wollte sie das Leben in seinen Körper zurückzwingen. Während ihre Tränen auf sein Gesicht tropften und in dem Schmutz, den der Rauch und die Schlacht hinterlassen hatten, helle Spuren zogen, suchte sie verzweifelt nach einem letzten Gruß in seinen Augen. Lancelot schaute zu ihr hoch, doch er konnte kein Wort mehr sprechen. Sein Atem bildete eine blutige Blase. Als diese geplatzt war, lag Lancelot reglos da.

Noch immer über Tristrans Leichnam stehend, ließ Cerdic den Blick über das Schlachtfeld schweifen. Weil die zahlreichen Feuer allmählich erstarben, erkannte er, dass Raewalds Truppen aufgerieben waren. Wütend sah er auf und bemerkte, dass Arthur mit grimmigem Blick auf ihn zukam wie der leibhaftige Tod. Noch einmal nahm Cerdic seine riesige Streitaxt auf.

Im selben Augenblick schleuderten mehrere sächsische Krieger ihre Speere auf Arthur. Er hob seinen Schild zwar rechtzeitig genug, um sie abzulenken, doch zwei der Speere durchdrangen den Schild, und die Wucht ihres Aufpralls warf Arthur auf den Rücken. Er blieb bewegungslos liegen, sodass die Sachsen zunächst glaubten, der große Ritter sei tot. Ein paar Augenblicke lang war es still. Die sächsischen Krieger wechselten verunsicherte Blicke; sie wussten nicht, was tun. Ganz anders Cerdic: Zufrieden lächelnd und mit hoch erhobener Axt schritt er über das Schlachtfeld in Arthurs Richtung.

Auch Jols eilte zu Arthur. Er warf sein Schwert zur Seite und machte verzweifelte Versuche, seinen benommenen Freund aufzurütteln. «Arthur», flüsterte er eindringlich. «Arthur … steh doch auf …»

Unvermittelt fiel ein Schatten über Jols. Cerdic holte mit seiner ganzen Kraft zum Hieb auf den Kopf des jungen Mannes aus. Im letzten Augenblick gelang es Arthur, seinen verzierten Schild vor Jols zu schieben, sodass Cerdics Axt mitten in das brennende Kreuz krachte, das der wilde, kriegerische Christus auf Arthurs Schild in der Hand hielt. Jols rollte sich seitlich weg und sprang auf. Er hätte nie gewagt, sich in einen von Arthurs Kämpfen einzumischen, und so blieb er nur in der Nähe, für den Fall, dass sein Freund ihn brauchen sollte.

Arthur stand auf und stieß Cerdic mit seinem Schild zurück. Stark blutend mühte er sich, einen Fuß vor den anderen zu setzen. Er hielt Excalibur bereit und starrte Cerdic an. So standen sie eine halbe Ewigkeit lang, schauten einander schweigend in die Augen und dachten daran, dass der Moment, den sie beide herbeigesehnt hatten, nun gekommen war.

Mit einem Mal hob Cerdic die Axt. Die Begegnung der beiden größten Krieger begann mit einem donnernden Krachen. Zunächst sah es aus, als wären sie einander ebenbürtig, wie dies auch bei Cerdic und Tristran der Fall gewesen war. Beide sprangen sofort zurück, um ihren nächsten Angriff vorzubereiten. Da spürte Cerdic, dass aus einer Schnittwunde auf seiner Stirn Blut floss, und für einen Augenblick überkam ihn Furcht; er hatte den Schwertstreich, der ihn getroffen hatte, nicht einmal bemerkt.

Kaltblütig drehte Arthur Excalibur so, dass Cerdic das Kreuz auf seinem Heft sehen konnte. Es war, als wäre das brennende Kreuz, mit dem Cerdic diese Schlacht begonnen hatte, nun zurückgekehrt, um sich an ihm zu rächen. Vorsichtig umrundeten die beiden Männer einander inmitten Hunderter von Leichen, während um sie herum auch weiterhin kleinere Kämpfe geführt wurden.

Gewitterwolken verdunkelten den bisher blauen Himmel über dem Hügel, von dem aus eine einsame Gestalt gebannt den Zweikampf der beiden Männer inmitten des Schlachtfelds beobachtete. Auf einen Speer statt wie sonst auf einen Stab gestützt, wirkte Merlin auf seinem erhöhten Standort wie ein beeindruckender Kriegsgott.

Unter ihm kreisten Arthur und Cerdic noch weiter umeinander. Immer wieder täuschten sie Hiebe an, ohne einander zu berühren. Beide waren erfahren genug, um zu wissen, wann ein Schlag sinnlos war – und sie wussten, dass sie unendlich viel Zeit hatten.

Schließlich gingen sie wieder aufeinander los. Der Himmel war mittlerweile fast nachtschwarz, und während ihre Waffen durch die Luft zischten, durchzuckte ein gewaltiger Blitz unter fast gleichzeitigem Donner die Wolken. Arthur erschien es fast so, als wollte Gott den heldenhaften Kampf mit seinen eindrucksvollsten Kriegsgeräuschen begleiten.

Langsam näherten sich die beiden Kämpfer dem mit Pech gefüllten Graben, aus dem noch immer Flammen züngelten, die zusammen mit dem schwarzen, beißenden Rauch eine undurchdringliche Mauer bildeten. Cerdic und Arthur wussten, dass ihr Zweikampf an dieser Stelle auf die eine oder die andere Weise sein Ende finden würde.

Cerdic, der die sengende Hitze schon im Rücken spürte, holte mit seiner Axt weit nach oben aus, um den einen entscheidenden Schlag anzubringen. Im selben Augenblick landete Arthur mit Excalibur einen seitlichen Hieb, der den Kopf von Cerdics Axt vom Schaft trennte und ihn durch die Luft fliegen ließ. Der unerwartete Verlust seiner Waffe überraschte Cerdic so sehr, dass er einen Augenblick lang ungläubig auf den nutzlos gewordenen Griff in seiner Hand schaute. Noch bevor er sich darauf einstellen konnte, nutzte Arthur seinen momentanen Vorteil: Er schwang Excalibur mit der letzten Kraft, die ihm geblieben war, und schlug Cerdic den Kopf ab. Während dieser über den Boden kugelte, blieb Cerdics Körper noch einen Moment wie unschlüssig stehen, bevor er rücklings in die Flammen des Grabens fiel. Arthur schleppte sich zu der Stelle, wo Cerdics Kopf lag und in stummer Verblüffung in den Himmel starrte. Wortlos stieß er den Schädel mit der Fußspitze an, sodass auch dieser ins Feuer rollte. Entkräftet und mutlos stützte sich Arthur auf Excalibur. Unter anderen Umständen hätte ihn sein Sieg über Cerdic zweifellos mit Stolz erfüllt, doch nun konnte er nur an Tristran, Lancelot und Dagonet denken. Überall auf dem Schlachtfeld hatten Pikten, Dorfbewohner und Söldner mittlerweile die Oberhand gewonnen. Die Sachsen wehrten sich zwar noch immer, doch ihr Kampfgeist begann sie zu verlassen. Arthur sah, dass einige bereits auf das Tor des Hadrianswalls zurannten, um sich dahinter in Sicherheit zu bringen.

Arthur aber wollte, dass nicht ein einziger Sachse überlebte. Für ihn waren sie alle am Tod seiner Freunde mitschuldig, und so musste er sie alle so schwer wie möglich bestrafen. Erschöpft rief er den Pikten und den verbliebenen Söldnern mit heiserer Stimme zu: «Keine Gnade!» Und dann noch einmal lauter, als hätte ihm sein Zorn neue Kraft verliehen: «Vernichtet sie alle! Keine Gefangenen!»

Als die wenigen Überlebenden der sächsischen Streitmacht Arthurs Befehl hörten, verließ sie auch der letzte Rest ihres Kampfwillens, und sie zogen sich so schnell wie möglich in Richtung Wall zurück. Die meisten von ihnen kamen nicht allzu weit. Innerhalb weniger Augenblicke waren sie von Pikten, Söldnern, Bauern und drei Rittern umringt. In hoffnungsloser Todesangst stellten sich die Sachsen, führungslos und blindwütig um sich schlagend, ihrem letzten Kampf.

Auf Excalibur gelehnt, beobachtete Arthur mit schmerzenden Augen das Töten. So stand er noch immer, als sich über dem Schlachtfeld Stille ausbreitete. Nun wusste er, dass die Sachsen endgültig geschlagen waren.

Zweiundzwanzig

Galahad und Gawain gingen mit lahmen Schritten zwischen den Toten hindurch. Sie suchten nach einem ganz bestimmten Gesicht. Galahad sah es als Erster. Er legte seinem Freund die Hand auf die Schulter und zeigte auf Tristrans Leichnam. Sein Schädel war gespalten, doch seine Augen blickten noch immer mit einem Ausdruck heiterer Gelassenheit himmelwärts. Beide Ritter knieten sich neben ihren Gefährten und warteten, bis der erste überwältigende Schmerz nachgelassen hatte. Nach einiger Zeit standen sie wortlos auf, hoben Tristrans Leichnam hoch und trugen ihn zu Arthur.

Tieftraurig hinkte Bors quer über das Schlachtfeld zu seinem Pferd. Die Kämpfe hatten ihn in die andere Richtung verschlagen, und er hatte mehrfach versucht, zu seinem vierbeinigen Weggefährten zurückzukommen. Doch erst jetzt konnte er seinem besten Freund seine Achtung erweisen. Er stand einen Augenblick lang fassungslos da und kniete dann, den Tränen nahe, neben ihm nieder, um dem treuen Streitross zärtlich über den Hals zu streichen und ihm Koseworte ins Ohr zu murmeln. Unversehens schnaubte das Pferd lautstark und stand auf. Aufgrund seiner Pfeilwunde hielt es sich zwar noch ein wenig unsicher auf den Beinen, doch es lebte. Überglücklich stieß Bors einen Freudenschrei aus. Er sprang auf, schlang seine Arme um den Hals des Pferdes und bedeckte es mit Küssen.

Arthur betrachtete das Schlachtfeld mit finsterem Blick. Alles war vorbei; es gab niemanden mehr, den man hätte töten können. Blau bemalte tote Pikten, Rauch, Sachsen in schwarzem Leder – es war wie ein Bild aus der Verdammnis.

Dann sah Arthur, wie Lancelots Pferd mit dem Maul Lancelots Leichnam anstieß, als wollte es ihn ermuntern, endlich wieder aufzustehen. Guinevere kniete noch immer neben ihm und hielt den Kopf des gefallenen Helden mit den Händen. Bors humpelte zu ihnen, behutsam sein Pferd hinter sich herführend. Bald leisteten ihnen auch Jols und Ganis Gesellschaft, die beide die Schlacht fast ohne Kratzer überstanden hatten. Schließlich kamen noch Gawain und Galahad mit Tristrans Leichnam dazu, den sie behutsam neben den von Lancelot legten.

Arthur beugte sich zu Lancelot hinab und berührte ihn. Die Bewegung verstärkte seinen Schmerz und ließ ihn jäh zu Boden sinken. Er verzog das Gesicht, äußerte aber nichts. Liebevoll strich er Lancelot übers Haar, während er den Blick über eine nahe Wiese mit Glockenblumen schweifen ließ. Der Sturm war vorüber, und die Nachmittagssonne brach Wärme spendend durch die Wolken.

Ohne Lancelots Kopf loszulassen, legte Guinevere Arthur sanft eine Handfläche auf die Wange. Seine äußere Ruhe schien sich unter ihrer Berührung in Luft aufzulösen, und Arthur begann zu schluchzen – aus Trauer, körperlichem Schmerz, schierer Erschöpfung und innerer Leere. Durch seine Tränen sah er Lancelots Drachenamulett, das er von Kindheit an getragen hatte und das nun mit dem Blut des großen Ritters bespritzt war. Sanft ließ Arthur die Finger über den Anhänger gleiten, den er, wie es ihm schien, jeden einzelnen Tag seines Lebens an Lancelots Hals gesehen hatte.

Während er das Amulett in der Hand hielt, flüsterte Arthur: «Lancelot, du warst der Treueste von allen.» Dann blickte er zu Tristran hinüber, und seine Tränen flossen noch ungehemmter.

«Meine tapferen Ritter», sagte Arthur mit erstickter Stimme zu seinen beiden toten Freunden, «ich habe euch im Stich gelassen. Ich habe euch weder von dieser Insel weggebracht noch euer Schicksal geteilt.»

Hinter ihm erklang eine andere Stimme. «Ihr Schicksal war nie das deine, Arthur», erklärte Merlin.

Arthur erhob sich. Auch Guinevere stand auf und hielt ihn liebevoll fest. Jols brachte ein Tuch und versuchte das Blut zu stillen, das aus seinen Wunden quoll. Auch Merlin kam an seine Seite und wollte ihn stützen. Um sie herum sammelten sich die Pikten und die Dorfbewohner; fast alle hatten aus den Kämpfen Verletzungen davongetragen, doch alle waren stolz darauf.

«Merlin hat Recht, Arthur», warf Bors ein. «Sie haben ihr Schicksal selbst gewählt, so wie wir alle.» Bors legte seinem Pferd einen groben Verband an und saß vorsichtig auf, immer darauf achtend, wie sehr sein blutbefleckter Gefährte in seiner Bewegungsfreiheit behindert war.

Mit einem Blick auf Bors fragte Arthur: «Und wo soll es jetzt hingehen, alter Freund?»

«Höchste Zeit, meine Familie zurückzuholen», erwiderte Bors. «Diese Kolonne kommt so verdammt langsam voran, dass es mir keine Schwierigkeiten machen dürfte, sie einzuholen, selbst mit meinem wertlosen alten Gaul.» Das Pferd schnaubte, als wollte es sich gegen die Beleidigung wehren, und Bors strich ihm liebevoll über den Hals. Er bedachte seine Freunde mit einem letzten langen Blick, bevor er wortlos sein Pferd wendete und langsam davontrabte. Traurig blickten Guinevere und die Ritter ihm nach, bis er hinter dem Hügel verschwand.

Stunden später, als sich schon die Dämmerung über den Friedhof der Ritter senkte, stand Arthur vor zwei frischen Grabhügeln. Am Kopfende jeden Grabes markierte ein langes Schwert die letzte Ruhestätte Tristrans und Lancelots.

Doch Lancelot lag nicht in seinem Grab. Arthur hatte sein Versprechen nicht vergessen. Wenige Schritte entfernt wurde Lancelots Leichnam am Rand des Friedhofs von den lodernden Flammen eines Scheiterhaufens verzehrt.

Galahad betrachtete nachdenklich zuerst das Grab und dann den Scheiterhaufen. «Und du, Arthur?», fragte er schließlich. «Wo willst du hin?»

Traurig schüttelte Arthur den Kopf. «Nirgendwohin. Unser Abenteuer ist vorbei. Es gibt keine Ritter von der Tafelrunde mehr und keine Taten, die vollbracht werden müssten.»

«Du irrst, Arthur», erklärte Merlin. «Die größte Herausforderung liegt noch vor dir. Deine Größe liegt in der Zukunft.»

Arthur blickte den Anführer der Pikten an. «Du bist derjenige, der sich irrt, Merlin. In mir ist keine Größe, und ich fürchte, das war schon immer so.»

Merlin trat auf Arthur zu und fasste ihn am Unterarm. «In dir, Arthur», sagte er, «ist das Beste von dem, was Rom ausgezeichnet hat. Und in dir ist all die Größe, zu der du Britannien führen wirst.»

Arthur erwiderte nichts, sondern starrte nur weiter in die Flammen, die Lancelots Leichnam verschlangen. Seine

Asche wirbelte anmutig über dem Feuer herum, bevor sie sanft wie Schnee zu Boden fiel.

Lucan kam zu einem dritten Grabhügel, der nach nur drei Tagen noch ebenso frisch aufgeschüttet aussah wie die beiden neuen. Der Junge blickte auf das Grab, als bräche ihm das Herz. Mit einem Mal nahm sein junges Gesicht einen Ausdruck wütender Entschlossenheit an. Er packte das Heft von Dagonets Schwert und zerrte daran mit all seiner Kraft, bis er vor Anstrengung stöhnte. Doch das Schwert rührte sich nicht von der Stelle. Lucan versuchte es weiter, bis er erschöpft und tränenüberströmt auf die Knie sank. Guinevere ließ Arthur stehen und ging zu dem weinenden Kind hinüber.

Auch Arthur trat zu Lucan und kniete sich neben ihn. Wie einst Dagonet strich er ihm das Haar aus der Stirn. Lucan sah ihn mit gequälter, hoffnungsloser Miene an.

«Du weißt ja, wo das Schwert ist», sagte Arthur leise. «Wenn du stärker bist, kannst du wiederkommen und es dir holen.»

Lucans Miene hellte sich ein klein wenig auf. Er würde zurückkehren und eines Tages mit Dagonets Schwert in den Kampf ziehen. Eines Tages würde auch er sich stolz Ritter nennen dürfen. Arthur lächelte dem Jungen zu. Er wusste, dass ihn in diesem Augenblick die Zukunft ansah – noch klein und verängstigt, aber lebendig und voller Entschlossenheit. Als er Guineveres Hand nahm, wusste Arthur, dass Merlin Recht hatte und seine größten Abenteuer noch vor ihm lagen.

Merlin blickte sich in der Gruppe um und musterte sorgfältig jedes einzelne Gesicht. «Und ihr, die ihr noch am Leben seid», sagte er, «die ihr auf schnellen Pferden über die weite Erde fliegt und die Menschheit vom er-